U0024331

隱痛與暗疾

——現代文人的另一種解讀

魏邦良 著

自序——

照我思索，可以閱讀

魏邦良

　　2003 年，我的大學同學張俊先生向我約稿，在一種極其自由的心態下，我寫出了短文〈唱高調還是唱低調：這是個問題〉，這篇文章後被《書屋》雜誌胡長明先生選用，刊發在同年的《書屋》雜誌上，並於次年被廣為人知的《讀者》轉載。此文的成功使我明白了這樣一個淺顯的道理：要想使寫作成為樂趣，必須學會為自己寫作。

　　長久以來，我因為無所事事而沉迷在閱讀中不可自拔。不過，冗長而枯燥的閱讀會令人厭倦而疲憊，於是，我不能不在我的閱讀之旅中稍作休整——對閱讀過的文本來一次靜靜的反芻。在我看來，這種反芻就是所謂的回味、所謂的思索。子云：學而不思則罔，思而不學則怠。沒有反芻、沒有思索，博學不過是一襲中看不中用的外衣罷了。

　　我特別喜歡沈從文的一句名言：照我思索，能理解「我」；照我思索，可認識「人」。這裏，我不妨斗膽來一句續貂：照我思索，才讀懂「書」。未經思索的人生不值得一過；未經思索的閱讀不值得一提。

　　在我看來，閱讀的目的不是為了讓自己成為兩腳書櫥；也不是為了讓自己的大腦成為別人思想交鋒的疆場。我以為，閱讀，意味著從他人的「軍火庫」裏「偷」來幾件合手的「武器」；意味著用他人的思想之光「照亮」自己的人生之旅。

我喜歡的另一句格言是：己之外有人，己亦在人中。既然「己之外有人」，就應該「推己及人」；既然「己亦在人中」，就不要美化自己。

梁漱溟先生曾說：「思想或云一種道理，原是對於問題的解答。他之沒有思想正為其沒有問題。反之，人之所以有學問，恰為他善於發現問題，任何微細不同的意見觀點，他都能覺察出來，認真追求，不忽略過去。問題是根苗，大學問像是一棵大樹，從根苗上發展長大起來；而環境見聞（讀書在其內）、生活實踐，則是他的滋養資料，久而久之自然蔚成一大系統。」

不才如我者自然不敢奢望能擁有「像是一棵大樹」那樣的大學問，但發現問題的「根苗」卻是我寫本書的最初動機和最大目的。

理解他人，不易；認識自己，更難。從這個意義上看，與其說筆者在本書中解析了一個又一個他者，不如說筆者在本書中自剖了一次又一次自我；與其說筆者在診斷他人的「隱痛」，不如說筆者在探尋自身的「暗疾」。

是為序。

目　次

唱「高調」還是唱「低調」

　　吳小如先生是北大講授《古典文學》的教授，他曾經在好幾篇文章中痛斥自己的某個兒子。其中用到了諸如「令人髮指」、「倘能保存一線天良」等足以振聾發聵的字眼。有讀者撰文盛讚吳小如的文章。俗話說，家醜不可外揚。吳小如先生卻不僅「外揚」了「家醜」，而且在不同場合一而再再而三地「外揚」了「家醜」，這種壯士斷臂般的勇氣確實可貴，這種嫉「子」（當然是吳小如眼中的不孝之子）如仇的精神也確實可嘉。本著「奇文共賞」的原則，現將吳小如這篇題為〈老年人的悲哀〉的文章中關鍵段落摘抄如下：

> ……說到我本人，雖說情況特殊，命運並不例外。我有子女四人，三個都不在北京。只有一個兒子在北京工作，由於兒媳是獨生女，因此兒子婚後便「嫁」了出去。始則每週回來看望一次，繼則不定期前來，遇到有事，還能召之即來。……今年三月四日，老妻突然腳腫不能沾地，痛得流淚，我急以電話召兒子，盼他助我一臂之力，答以「現在我發燒，過幾天再說」。次日幸好有一熱心大夫肯惠臨寒舍，為老伴處方治療。我一人無法兼顧內外，只好打長途電話把在上海工作的小兒子急召來京，他用了一周時間幫我渡過難關，匆匆返滬。令人髮指的是，在北京的兒子為了想發財打電話到上海找他兄弟幫忙，從而知道其弟為母病已來北京，於是把電話打到家中，隻字不問父母，只同其弟談生意。我

忍無可忍，在電話中申斥他幾句，從此掛斷電話，杳如黃鶴。一晃一年半，儼然同父母「斷交」了。……[1]

吳小如先生的一頓訓斥，把兒子「訓」得一年半沒露面。見硬的不行，吳小如只好來軟的，在文章的最後，吳小如換了一種口氣說：

我只想對尚有父母在堂的中青年朋友（包括已同我「斷交」的那個活了四十多歲的兒子）說兩句心裏話：一是不要只為了發財與謀利而把與生俱來的先天良知擠出了你們的軀殼，倘能保存一線天良，勿忘父母在那艱難歲月裏哺育你們成長的苦心，等你們到了我這把年紀時或者能稍減自己的惶恐與慚愧；二是把你們「孝順」你們的獨生兒女的全部愛心拿出百分之一二來對待父母，那麼我們這些七、八十或六、七十的老人就百分之百地心滿意足了。[2]

憐老惜貧之心，人皆有之。讀了吳小如這篇文章，筆者對他的晚景淒涼也是十分同情。不過，吳小如文章裏有幾處又實在頗堪玩味，這裏不妨提示一下。

「我有子女四人，三個都不在北京。只有一個兒子在北京工作，由於兒媳是獨生女，因此兒子婚後便『嫁』了出去。」

在吳小如看來，女兒可以出嫁，兒子怎麼能「嫁」出去！其實，在現代社會，兒子即使不「嫁」出去，也是要自立門戶的，如此簡單的道理，吳小如不是不懂，他只是心裏有點不平衡，──自立門戶倒也罷了，倒插門，豈不讓親家揀了便宜？吳小如在這裏有點吃親家的「醋」：為什麼你們的女兒不嫁到我家來，反倒讓我兒子去你家倒插門？

「把你們『孝順』你們的獨生兒女的全部愛心拿出百分之一二來對待父母，那麼我們這些七、八十或六、七十的老人就百分之百地心滿意

足了。」在吳小如看來，孝順父母，天經地義；「孝順」兒子，成何體統？然而，在兒子看來，孝順自己的老子理所應當，疼愛自己的兒子也是人情之常。這樣淺顯的道理吳小如也不可能不懂，只是兒子把「孝順」分配得不夠均勻，於是，吳小如又開始吃醋，這回，吃的是孫子的醋：為什麼疼你兒子沒完沒了，對你老子敷衍了事？

「倘能保存一線天良，勿忘父母在那艱難歲月裏哺育你們成長的苦心」這句話，最堪玩味。鄉下婦人對付強兒子的法寶之一是，眼淚鼻涕雙管其下，哭訴道：「老娘一把屎一把尿把你拉扯成人，你現在翅膀硬了，不聽老娘的話了，莫非你良心讓狗給吃了不成。」和村婦的哭訴相比，吳小如這句話當然文縐縐得多，但基本意思大致相同。

其實，兒子要不要記住「父母在那艱難歲月裏哺育你們成長的苦心」？不記住這份「苦心」，就是沒有「保存一線天良」？這個問題，大可商榷。胡適博士在長子胡祖望出生時，曾寫了一首題為〈我的兒子〉的詩。他的這首詩，宣揚的恰恰是「非孝」，現在讀這首詩，彷彿北大校長胡適之故意和北大教授吳小如「抬槓」。在這首詩中，胡適寫道：

> 我實在不要兒子，
> 兒子自己來了。
> 「無後主義」的招牌，
> 於今掛不起來了！
> 譬如樹上開花，
> 花落偶然結果，
> 那果便是你，
> 那樹便是我。
> 樹本無心結子，

　　我也無恩於你。

　　但是你既來了，

　　我不能不養你教你，

　　那是我對人道的義務，

　　並不是待你的恩誼，

　　將來你長大時，

　　莫忘了我怎樣教訓兒子：

　　我要你做一個堂堂的人，

　　不要你做我的孝順兒子。[3]

　　此詩一出，在當時引起軒然大波，有贊同叫好的，也有反對漫罵的。於是，胡適又寫了一篇題為〈我的兒子〉的文章，在文章中，他又申述了詩中關於「父母於子無恩」的看法：「我想這個孩子自己並不曾自由主張要生在我家，我們做父母的不曾得他的同意，就糊裏糊塗的給了他一條生命。……我們既無意，如何能居功？……這個人將來一生的苦樂禍福，這個人將來在社會上的功罪，我們應該負一部分的責任。」在這篇文章中，胡適一再強調，做父母的，對於子女絕不可居功，絕不可示恩，千萬不可把自己看做一種「放高利貸」的債主，而是要徹底解放孩子。同時，胡適也不贊同把「兒子孝順父母」列為一種「信條」。[4]

　　胡適的看法，吳小如不會苟同。不過，在一個競爭激烈的社會，兒子即使有孝心，恐怕也很難有時間有能力盡孝，所謂心有餘而力不足是也。關於這一點，老北大教授周作人說得極為透徹。周作人在年過半百之後，曾在一篇文章中詳細而周密地談論過「孝」：

　　以余觀之，現代的兒子對於我們殊可不必盡孝，何也，蓋生活艱難，兒子們第一要維持其生活於出學校之後，上有對於國家的義

務，下有對於子女的責任，如要衣食飽暖，成為一個賢父良夫好
公民，已大須努力，或已力有不及，若更欲採衣弄雛，鼎烹進食，
勢非貽誤公務虧空公款不可，一朝捉將官裏去，豈非飲鴆止渴，
為之老太爺老太太者亦有何快樂耶。[5]

　　如果吳小如願意像周作人這樣站在晚輩的立場看問題，他是不是還
有「激情」一而再再而三寫那些「訓子」的文章呢？

　　不過，話說回來，作為長輩，如果像胡適那樣「要徹底解放孩子」，
像周作人那樣要兒子「對於我們殊可不必盡孝」，而中國現階段又缺少
一些像美國那樣讓人放心的養老院，那麼，老年人的養老問題也確實是
一樁讓人頭疼的事。看來，不依賴晚輩也不成，不過，讓晚輩成為傳統
的「孝子」，既無必要，也行不通，所以，像吳小如那樣想要兒子「召
之即來」，不來，就「忍無可忍，在電話中申斥他幾句」恐怕不行了，
退而求次，只要晚輩能像看望老友那樣「常回家看看」父母，父母理應
心滿意足。還是借周作人的話來說明一下這個問題：

　　我想五倫中以朋友之義為最高，母子男女的關係所以由本能而進
　　於倫理者，豈不以此故乎。有富人父子不和，子甚倔強，父乃語
　　之曰，他事即不論，爾我共處二十餘年，亦是老朋友了，何必再
　　鬧意氣。此事雖然滑稽，此語卻很有意思。我便希望兒子們對於
　　父母以最老的老朋友相處耳，不必再長跪請老太太加餐或受訓
　　誡，但相見怡怡，不至於疾言屬色，便已大佳。這本不是石破天
　　驚的什麼新發明，世上有些國土也就是這樣做著，不過，中國不
　　承認，因為他是喜唱高調的。凡唱高調的亦並不能行低調，那是
　　一定的道理。[6]

　　吳小如就是「喜唱高調」而「不能行低調」──一頓申斥，讓兒子一年半沒露面。

　　寫到這裏，這篇文章本可結束。但碰巧，筆者前不久偶然看到中央電視臺《新聞調查》播放的一期節目《父子協議》，談的就是父子之間如何相處的問題。看來，這個問題是我們回避不了的，也是十分迫切的。

　　這份《親子雙向自立協議》，是天津社會科學院研究老年問題的專家郝麥收在自己的三口之家裏進行的一項現代親子關係實驗。六年前，父親郝麥收與剛滿二十歲的郝丁簽下了一份「親子雙向自立協定」，協議內容分為兩部分：第一部分是兒子郝丁承擔的責任，第一條是他自力承擔受高等教育的經費，第二條自力謀業、自己創業，第三條是自力結婚成家，第四條是自己培育子女；父親郝麥收承擔的是第二部分，第一條是養老費和醫療費自我儲蓄，第二條是日常生活和患病生活的自我料理，第三條是精神文化生活的自我豐富，第四條是回歸事宜的自我辦理。

　　在父親的執意要求下，兒子郝丁賭氣在協議上簽了名。但當時的他覺得不能理解。甚至對父親「非常仇視」，後來也有過輕生的念頭：「遺書都寫好了」。父親的態度一直很堅決，兒子也漸漸冷靜下來，開始找工作。其間郝丁「不止做過打字員，然後還在酒廠釀過酒，還賣過包子，包包子、賣包子」「感觸最深的是釀酒，我們大家看過電影《紅高粱》，工人們，那是一種什麼樣的氛圍。那時候是冬天，外面是零下十幾度，屋裏的酒要發酵的話，它必須要達上零上四十多度才能夠發酵。在屋裏我就只穿著背心，可到外面零下十幾度，我穿著軍大衣。因為晚上都不能睡覺的，溫度不能降下來，到凌晨七點它那個酒必須要出來，一晚上都不能睡覺，只有我一個人和一條狼狗陪著我。沒有

任何抱怨，很自豪，有很多年輕人現在在睡覺。體驗到一種別人體驗不到的一種樂趣，我在體驗這些，最真實的。」

終於「三年前，郝丁以優異的成績和良好談吐在數百位應聘者中脫穎而出，成為天津一家大型廣告公司的職員。」

現在，郝丁對父親當初的良苦用心已開始理解，他說：「我一點點讀懂父親。如果說按照我以前二十多年前的那種，二十年前那樣慣性下去的話，我覺得不會形成我這樣一步一步對社會的認知，一步步對自己的認知。」

兒子郝丁已完成兩項自立責任，而即將退休的郝麥收現在也在積極準備自己的養老事宜，並繼續宣傳自己的家庭關係主張。

對於傳統的家庭觀念，郝麥收不以為然，他說：「談到家庭，談到父子關係，我們少的是理性，我可以說我們現在考慮親子關係的時候，一考慮就是『情』，沒有感到親子關係這裏面更多的是『理』，更重要的是『理』。傳統的家庭觀念，過去是雙向依賴的制度，問題是現在走不動了，走不了了。那麼微觀社會呢，它成為一個小結構家庭『四二一』家庭，在這種情況下，家庭結構都不能維繫這種雙向依賴的制度，不是說我們要這樣做而是非這樣做不可了。」

其實，吳小如寫那篇文章，考慮的都是「情」，對「理」的一面鮮有提及。其文章可商榷之處即在此。

節目的最後，兒子郝丁說：「我父親對於我這種教育模式，我嚐到了甜頭。那並不見得說大家去效仿它，至於我今後怎麼去對我的子女，我覺得可能不見得會去像我父親跟我簽一份協議那樣，可能不會採取很極端的這種手段。但是我會從小去培養他一種自理、自立那種能力，更早地去塑造他那種獨立的人格。」另外，郝丁還強調「不會放棄贍養責任」。

吳小如因為「喜唱高調」──要兒子牢記父母的養育之恩，務必做到「召之即來」；結果兒子「不能行低調」──不僅召之不來，甚至打算「斷

交」，而郝麥收唱的是「低調」──「兒子」自謀生路，「老子」自己養老，結果兒子郝丁卻願意唱「高調」──自立之路要走，養老重擔也要挑。

　　這種反差，十分耐人尋味。

註　釋

[1] 吳小如：《書廊信步》，遼寧教育出版社 1995 年版，第 264-265 頁。
[2] 同注【1】。
[3] 沈衛威：《胡適周圍》，中國工人出版社 2003 年版，第 332-333 頁。
[4] 同注【3】。
[5] 周作人：《瓜豆集》，河北教育出版社 2002 年版，第 25-26 頁。
[6] 同注【5】。

失去勇氣之後

　　魯迅在〈罵殺與捧殺〉一文中，諷刺了某些文人，不通古文，亂點古書，結果鬧出了笑話。在文中，魯迅所舉的例子出自劉大杰標點、林語堂校閱的《袁中郎全集》。在這本書中，劉大杰把「色，借日月、借燭、借青黃、借眼，色無常。聲，借鐘鼓、借枯竹竅、借……」點作「色借，日月借，燭借，青黃借，眼色無常。聲借，鐘鼓借，枯竹竅借……」魯迅說：「借得他一塌糊塗，正如在中郎臉上，畫上花臉。」

　　劉大杰這個錯誤確實犯得很低級。而魯迅的文章又流傳甚廣，所以很多人（包括劉大杰的一些學生）都知道劉大杰的這個笑話。二十世紀五十年代初，復旦大學的幾個中文系學生，曾做過幾首〈教授雜詠〉的打油詩，其中「色借青黃借，中郎遂借光」就是諷刺其時正在復旦大學任教的劉大杰的。

　　讀過劉大杰《中國文學發展史》的，應該知道劉大杰的學問其實相當紮實，做學問的態度也相當嚴謹，那麼，古文底子好，舊學根底深的劉大杰，難道連袁中郎的書都看不懂，難道會犯斷句不當的錯誤？

　　近日讀陳四益先生的《臆說前輩》，方知個中原委：「……一位明白底裏的朋友告訴我，那本由時代圖書公司印行的《袁中郎全集》的標點，其實並非出自大杰先生之手，而是一位從事革命活動的朋友（也是一位文化界名人），因生活無著，借大杰先生之名，標點此書，弄幾文稿費謀生的。」[1] 雖然，陳四益先生上面這番話乃「道聽塗說」，且是孤證，但對這種說法，我是寧可信其有，也不信其無。因為像劉大杰這樣飽學之士，基本不可能犯這樣常識性的錯誤。那麼，這位「從事革命活動的

朋友」、「文化界名人」又是誰呢？為什麼劉大杰甘願為他背黑鍋背罵名呢？在《臆說前輩》另外一篇文章中，陳四益為我們揭開了謎底。此人原來是阿英。「我聽友人告知的情況恰恰相反：劉大杰先生曾說過，標點是阿英搞的，他那時從事革命工作，經濟上比較拮据，需要找點事換點稿費，但他不好公開露面，所以名字用的是劉大杰。至於標點的疏漏，可能是因為革命工作繁忙，無法靜下心來的緣故吧。解放後，此事已成過去，劉先生從不願談及此事，只對幾位非常熟悉的朋友談過內情。」[2]

我想，很多讀者會和我一樣好奇：為什麼「劉先生從不願談及此事」？當時不談，是阿英「不好公開露面」？那麼解放後，劉大杰還有必要背這個黑鍋嗎？對這個問題，陳四益以劉大杰學生的身份為我們作了揣測：「大杰先生當時既不能道破，後來又不願使朋友難堪，寧可自己背著這罵名。這樣，我才看到了大杰先生可敬的一面，……」這樣的解釋在我看來十分蒼白與勉強，如果是一般的黑鍋，背了也就背了，但考慮到被魯迅點了名，考慮到魯迅文章的不朽性，那麼，如果劉大杰不出面澄清這個問題，他活著，背這個黑鍋；死了，還要背這個黑鍋。也就是說，魯迅的文章流傳多久，他的這個黑鍋就要背多久。如此一來，劉大杰的不澄清，是不是「虧大發了」。再說，這個錯誤太低級，低級到了足以讓一個學者名譽掃地；低級到了讓學生也敢肆無忌憚地諷刺他，在這種情況下，劉大杰先生仍堅守「沉默是金」的古訓恐怕太令人費解了。

被魯迅諷刺，遭學生嘲笑，劉大杰卻能安之若素，將黑鍋背到底，陳四益從中「看到了大杰先生可敬的一面」──虛懷若谷、坦蕩豁達；而我卻從中看到了大杰先生可悲的一面──膽怯懦弱、萎縮窩囊。我認為，對於此事的真相，劉大杰不是不願說，而是不敢說。既然對方是「從事革命活動的朋友」，是「文化界名人」，是來頭不小背景顯赫的角色，劉大杰哪敢說破？如果冒名頂替者是個身份卑微的無名小卒，而劉大杰

仍然這樣堅持將黑鍋一背到底，我當然會像陳四益先生那樣從中「看到了大杰先生可敬的一面」，而現在，冒名頂替者是個很有背景的角色（名望與身份均不在劉大杰之下），愚鈍如我者就很難斷定，劉大杰是出於大度主動去背這個黑鍋，還是出於膽怯被動去背這個罵名的。考慮到冒名頂替者的顯赫身份，考慮到劉大杰的生性軟弱，我認為後者的可能遠遠大於前者。

說劉大杰先生生性軟弱，不是筆者的輕率之語而是陳四益先生對老師的精彩剖析：「大杰先生是有他的弱點的。一個是軟弱，經不起風波。五十年代初的思想改造運動時，他便因一段歷史一時講不清楚而去跳黃浦江。……軟弱，使他不能抗爭；……」[3]在這裏，我不妨加一句，軟弱，使他不敢說清事實真相，背了一輩子黑鍋，將來還要背下去。（陳四益文章中所提供的僅僅是一個孤證，雖然筆者認為這更接近事實真相，但要說服更多人，僅憑這個孤證遠遠不夠）。

有了陳四益先生以上的分析，我下面的結論應該不算武斷：劉大杰在被魯迅辛辣諷刺之後，絕口不談自己被冒名頂替，是出於怯懦而不是什麼大度。所謂「大度」，所謂「豁達」，不過是冠冕堂皇的藉口，不過是掩蓋怯懦的「遮羞布」而已。

有人因為怯懦，不敢說真話，結果背了一輩子的黑鍋；有人則因為怯懦，不敢直面自己的錯誤或醜行，挖空心思為自己辯解。前者有劉大杰為例，後者有曹聚仁為證。

關於曹聚仁，有人曾做過這樣的評介：「曹聚仁先生即使談不上多麼偉大，卻至少屬於『走一個少一個』的類型。我們可以說他是報人、記者、行者，或別的什麼，如統戰人士，但他首先是一位不辱沒職業擔當的作家，一位邊走邊讀、邊讀邊寫的路上文士。」[4]關於曹先生是否偉大，關於曹先生的文化業績，本人由於學識淺陋，無法多談。但下面

這段話，足以證明，曹先生在「邊走邊讀、邊讀邊寫的路上」還做了其他讓人羞於啟齒的事，而且，在我看來，這件發生在曹先生身上的事，不僅辱沒了「作家」的頭銜，也順帶辱沒了「人」的稱號。

抗日戰爭時期，曹聚仁曾做過戰地記者。南京陷落那年，曹聚仁因追趕隊伍，途經皖南小鎮深渡。當時，小鎮沒有旅館，只有飯鋪。曹聚仁想找一個房間，店夥說樓上有一個房間，不過，要和別的房客夥住，因住房緊張，曹聚仁只能將就。「哪知房中有兩張床，右邊那張床，住著中年婦女，帶著一位十六歲少女。……到了半夜，那婦人一定要她女兒睡到我的床上。那少女一聲不響，真的睡到我的身邊來了。也就糊裡糊塗成其好事了。後來，我才知道他們欠了飯店六塊大洋，身邊又沒一文錢，只好聽店夥的安排，走這麼一條路了。……第二天早晨，我便替她倆付了房錢，還叫了一輛獨輪車，送她倆上路，還送了十塊錢。她倆就那麼謝了又謝，把我看作是恩人似的。」[5]

首先，必須說清的是，曹聚仁的這次「豔遇」，絕非如他說是什麼「好事」，而是一次真正意義上的嫖，因為那一夜，少女出賣了肉體，曹聚仁則支付了現金，如果花錢買性交不算嫖，那麼什麼才算得上嫖呢？雖然，曹聚仁事後既支付房費又額外送了母女十塊錢，但這不能改變這件事的性質，只能說曹聚仁支付的嫖資較別的嫖客豐厚罷了。

不可思議的是，曹聚仁做了這件事後，竟十分心安理得，彷彿他做這件事是於人有利於己有益，堪成「雙贏」──對方有了回家的路費，自己有了一夜的纏綿。多年之後，回憶這件事，曹聚仁無半點悔意，甚至還有一絲不易察覺的得意：「我說了上面第三個事例，希望讀者不必用道學家的尺度來衡量這一類的課題；在戰時，道德是放了假的。……臨別時，那婦人暗中塞給我一方手帕。我偷偷地看了。原來是腥紅血跡的白手帕，我當然明白是什麼了。在戰時，如雷馬克《西線無戰事》中

所寫的，一位手拿兩隻麵包鳧水過河去的德軍，彼岸的法國少女便投向他的懷中來了。所以，吃飽了飯的道學家，在邊上說說風涼話，實在太可笑了呢！」[6]

以上文字，出自曹聚仁的回憶錄《我與我的世界》。曹聚仁寫這本書時已年過古稀，所以文字顯得特別「老奸巨滑」。先是用一句似是而非的「在戰時，道德是放了假的」，把自己洗刷得一乾二淨；接著，又借母女倆之口，告訴我們，他做的不是壞事而是好事，「她倆就那麼謝了又謝，把我看作是恩人似的」；最後，他還試圖一勞永逸地堵住所有膽敢對他的行為不以為然的人的嘴。你不贊成少女出賣肉體，你就是道學家；你批評曹聚仁的「糊裡糊塗成其好事」，你就是在說風涼話。另外，曹聚仁還意味深長地提到那一塊帶血的白手帕，真難為了一個老人，事隔多年，這樣的「小事」，這樣的一塊白手帕，他居然還牢記在心。如果不是記憶力好，那就是這塊白手帕有深意存焉，所以，曹先生才會銘心刻骨。

在我看來，那位少女為生活所迫出賣肉體，是屈辱的，也是令人同情令人唏噓的；而曹聚仁以戰地記者的身份在行軍途中竟然「糊裡糊塗成其好事」，於情於理都說不過去。在我看來，曹聚仁這種行為豈止是渾水摸魚，簡直就是是趁火打劫。（抗戰時期，傅斯年先生曾這樣說：「我們是救火的人，不是趁火打劫的人。」）而曹聚仁作為戰地記者，竟然一面「救火」，一面「趁火打劫」。如果是在太平盛世，曹聚仁做了這種事，我們可以說他一句「意志薄弱」，而在國難當頭，外敵入侵的非常時期，曹聚仁做出這種事則是可恥甚至可憎的。當曹聚仁與那位不幸的少女苟合時，放假的，豈止是道德，更有一個記者的良知乃至做人的底線！

　　表面上看，曹先生似乎很有勇氣，用滿不在乎的口氣說出一樁難以
啟齒的事，做到了「要寫，必以真面目對人」（張中行語），但他那看似
漫不經心實則用心良苦的辯白，卻使他內心的懦弱暴露無遺。他越是虛
張聲勢，越是強詞奪理，越說明了他內心的軟弱──不敢正視自己的醜
行，不敢正視問題的實質。

　　不過，用虛張聲勢、強詞奪理來掩蓋自己的醜行和內心的懦弱，註
定是徒勞的，在我看來，這種遮羞布如同皇帝的新衣，穿上它，只會有
一個效果──欲蓋彌彰。

　　劉大杰忍氣吞聲，不敢說出事情的真相，是出於政治上的恐懼，不
敢講真話。在劉大杰所處的時代，說真話是需要勇氣的。那時候，說真
話，輕則影響仕途，重則危及腦袋。劉大杰缺少的正是說真話的勇氣。
為了保住官位和腦袋，劉大杰不得不背著本不該屬於自己的黑鍋與罵
名，作為後人，我們不必苛求他的沉默。但問題的真相必須澄清：他是
因為膽小怕事而不是因為虛懷若谷才作出這一選擇的。

　　曹聚仁強詞奪理，不敢直面問題的實質，是出於道德上的擔心。
他在回憶錄中披露這件事，是既想顯擺自己敢作敢當、實話實說的「勇
氣」，又想以攻擊「道學家」的方法來為自己開脫。道學家固然是迂腐
的僵化的教條的，但一個戰地記者以「戰爭時期，道德可以放假」來
為自己的「越軌」開脫，恐怕很難讓人接受。試想，如果一個軍隊，由
「道德可以放假」的士兵組成，其戰鬥力如何就無須多說了。婦人與女
孩盡可以把一個慷慨的嫖客視為恩人，而嫖客自己不能因為支付了雙
倍的嫖資就可以心安理得，更不可以嫖客的身份來譏刺道學家。在我
看來，道學家和嫖客在「性」趣上可謂一丘之貉，一個是「過」，一個
是「不及」。

　　年輕人犯了一次錯，有過一次醜行，本不是什麼大不了的事。只要能正視自己的錯，能從醜行中吸取教訓，那麼，壞事也會變成好事，自己的人格和名望也不會因此受到影響。但像曹聚仁這樣極力為自己辯解，只會弄巧成拙，欲蓋彌彰。知恥者勇，曹聚仁缺少的正是這個「勇」。

　　通俗小說作家包天笑，在日本「訪問遊歷」時曾「做了一次荒唐的事」，晚年，他在回憶錄裏「交代」了這件事：「我們這個記者團，在將欲回國的時候，各人有兩日的自由行動。在這兩日自由行動裏，我做了一次荒唐的事，和余大雄兩人作了一次狹斜遊，這是應當懺悔的。」[7]平心而論，包天笑無論是其人其文都不能和曹聚仁相提並論，但就事論事，包天笑回憶錄中這一次的「交代」可謂言簡意賅、乾淨俐落，而曹聚仁回憶錄裏的「辯白」則顯得夾纏不清、吞吞吐吐。

　　走筆至此，筆者內心十分惶恐不安。小子何人，竟敢對文壇泰斗曹先生說三道四。其實，筆者斗膽撰寫此文的動機有二。其一：筆者既欣賞曹聚仁其文，也服膺曹聚仁其人，正因如此，堪稱筆者人生偶像的曹先生偶然一次的「越軌」不能不使筆者產生痛心疾首之感，倘若筆者對曹先生偶然一次的「越軌」批評過激，那完全是因為愛之深才責之切；其二，以曹先生的名望，他對年輕人的感召力和影響力都不可低估，若有輕薄少年以曹先生的偶然一次的「越軌」作為自己尋花問柳的藉口，那曹先生豈不要稀裏糊塗背上「誤人子弟」的罪名，基於此，對曹先生偶然一次的「越軌」來一次「正本清源」的「酷評」，恐怕並非毫無必要。

　　魯迅曾云：有缺點的戰士終竟是戰士，完美的蒼蠅也終竟不過是蒼蠅。套用魯迅這句話，我們可以這樣說：有缺點的大家到底是大家，完美的小人也終究不過是小人。瑕不掩瑜，曹聚仁就是這樣的大家。

註 釋

[1] 陳四益：《臆說前輩》人民文學出版社 2003 年版，第 6、258 頁。

[2] 同注【1】。

[3] 同注【1】。

[4] 《書屋》，2003 年第 7 期，第 51 頁。

[5] 曹聚仁：《我與我的世界》(下) 北岳文藝出版社 2001 版，第 735-736 頁。

[6] 同注【5】。

[7] 包天笑：《釧影樓回憶錄》，山西古籍出版社 1998 年版，第 561 頁。

艱難的自由選擇

近日讀高爾泰《尋找家園》，在〈上帝擲骰子〉一文中，作者寫道：

> 1956年，我二十歲。初入社會，不通世故，懵懂之極。對周圍人
> 際關係的複雜矛盾毫無感覺，對任務的壓力也毫無感覺。書呆子
> 一個，生活在別處，不知前途為何物。身不由己，本無前途，無
> 意識地聽任擺佈，少了很多煩惱，算是歪打正著。那年我糊裏糊
> 塗幹了兩件事，竟然改變了我的一生，偶然地。其中一件事且撇
> 開不談，另一件事，是拜訪呂斯百先生。那時工作刻板單調，下
> 班後沒處去，除了讀書寫作，就是畫畫。畫了一批油畫，古典寫
> 實的那種，想請個人批評指點。聽說大名鼎鼎的油畫家呂斯百先
> 生就在我們蘭州，在西北師範學院藝術系當系主任。捲了幾幅
> 畫，去登門求教。先生看了，叫我以後有畫，都拿去看。我少不
> 更事，不知道一個大名家這樣對待一個陌生的小青年，是多麼的
> 難能可貴，還以為他該當如此。從此常去，技藝銳進。[1]

在呂斯百的引薦下，高爾泰結識了當時的省委書記張仲良。高爾泰
的命運因此改變。

> 張仲良因此記住了我的名字，五九年籌辦「十年建設成就展覽」
> 的時候點名要我。那時我正在戈壁灘上的夾邊溝農場勞動教養，
> 由於疲勞饑餓周圍的人們都在紛紛死去。我也已極度衰弱，到了
> 臨界線上。突然被兩個員警帶到蘭州畫畫得以死裏逃生。生死一

髮，繫於偶然。繫於三年前一個風沙彌漫的早晨，我洗了個臉，夾著畫卷，去拜訪一位陌生的畫家。[2]

由這篇文章，我們不難得出一個結論：細節決定命運。或者說，生活中的每次貌似輕描淡寫的決定都有可能為我們人生的重要轉折埋下伏筆。既然如此，人生的每次決定都應該慎之又慎，更重要的是，這種決定權一定要牢牢控制在自己手中，如果將決定權拱手讓出，你將不可避免淪為一枚為他人所擺佈的棋子。「從此就有了一種根深蒂固的行貨感，這是一種很悲慘的感覺。」[3]

然而，在現實生活中，總有各種各樣的原因使我們或主動或被動放棄了自己的決定權，使我們甘心或不甘心地聽任別人的擺佈，從而吞下別人為自己種下的苦果。放眼望去，在我們周圍，能在人生的諸多問題上不受干擾、自由選擇的人，真是少之又少！正如王小波所云：「我倒見過很多想要設置別人生活的人，還有對被設置的生活安之若素的人。」耐人尋味的是，在很多時候，這種對別人生活的「設置」被說成是對別人的「關心」。

查海生：「你聽著：我現在判你去投河淹死！」[4]

查海生，即詩人海子。在很多人的筆下，查海生（海子）的臥軌自殺帶有強烈的殉道色彩，人們不厭其煩地談論他、頌揚他，說他是為詩而死，為詩獻身。受此影響，筆者也一直把海子視為詩歌烈士。但最近讀了《海子傳》，才知道，這種說法過於浪漫。海子自殺前留下的幾封遺書表明，海子是死於病而非死於詩。

遺書一[5]

今晚，我十分清醒地意識到：是××和××這兩個道教巫徒使我耳朵裏充滿了幻聽，大部分聲音都是他倆的聲音，他們大概在上個星期四那天就使我突然昏迷，弄開我的心眼，我的所謂「心眼通」和「天耳通」就是他們造成的。還是有關朋友告訴我，我也是這樣感到的，他們想使我精神分裂，或自殺。今天晚上，他們對我幻聽的折磨達到頂點。我的任何突然死亡或精神分裂或自殺，都是他們一手造成的。一定要追究這兩個人的刑事責任。

海子89·3·34

遺書二[6]

另外，我還提醒人們注意，今天晚上他們對我的幻聽折磨表明，他們對我的的言語威脅表明，和我有關的其他人員的精神分裂或任何死亡都肯定與他們有關。我的幻聽到心聲中大部分陰暗內容都是他們灌輸的。

現在我的神智十分清醒。

海子89·3·24夜5點

遺書三[7]

爸爸、媽媽、弟弟：

如若我精神分裂、或自殺、或突然死亡，一定要找某某學院某某人報仇，但首先必須學好氣功。

海子89·3·25

　　由以上幾封遺書可看出，海子當時已經精神錯亂。「這種精神崩潰，最終導致了詩人的死亡。」海子自殺後，醫生對海子的死亡診斷也是「精神分裂症」。看來，說海子是以身殉詩，是詩歌烈士，明顯不妥；不過，說海子因寫詩過於投入過於勞累而患上精神分裂症並導致自殺，倒是有幾分道理。

　　海子大學時學的是法律，工作後教的是哲學，寫詩是典型的不務正業。斗膽設想一下，如果海子沒有與詩結緣，他後來的精神崩潰是否可以避免？在我看來，這種可能性不僅有而且相當大！

　　《海子傳》的作者告訴我們，海子的精神崩潰與海子瘋狂的詩歌創作有很大關係：

> 隨著《弒》創作的深入，海子的幻覺大大出現了問題，他頭腦的容量超越了巨大的空間想像力，按照能量守恆定律，這部大詩的構制範圍遠不能被一些簡單的漢字、片語以及平常的想像空間所容納，而且海子的製作中心是「太陽」──本身的能量可以產生巨大的爆炸、迅速燃燒、形成耀眼的火球。時間和速度的比重與「太陽」的能量發生嚴重失差，這就導致他只能以一種敬畏者的身份出現在「太陽神」的面前。他無地自容，深深陷入不平衡的非守恆定律中，這是可怕的事實。這完全是由他的《太陽》詩篇創作而引起的可怕的事實。[8]

　　其實，海子並非是個天生的詩人，也不是對詩早有興趣，他是在大二時結交了幾個包括駱一禾在內的密友後，耳濡目染，相互影響，才與詩歌結下不解之緣的。

　　海子是 1977 年進入高中的，當時，在全國各地流傳著這樣一句話：學好數理化，走遍天下都不怕。既然全國各地普遍存在重理輕文現象，

加上海子的數學極好，所以在分文理科時，海子和海子的家人一心想報理科。對海子來說，學文科還是學理科，將直接影響到他的未來。設想一下，如果海子學的是理科，以海子的天賦，他極有可能成為一名出色的工程師甚至一位有影響的科學家，並且，一旦選擇了理科，海子迷戀詩歌的可能性將幾近於零，這樣，他因精神崩潰而自殺的厄運也就可以避免了。

然而，海子後來學的卻是文科。是海子的高中班主任不由分說地為海子做了學文科的選擇。「老師讓他選擇學文科的另一個原因是班上學文科的人寥寥無幾，文科和理科學生在比例上嚴重失調，學習氣氛難以帶動起來。他希望海子選擇文科班就讀，給文科班的同學帶好頭，爭取在來年的高考中整個班級結出更多的碩果。」班主任的決定遭到海子家人的強烈反對，（海子其時只有十五歲，懵懵懂懂，不諳世事，對學文學理的重要性知之甚少，所以也就稀裏糊塗把決定權交給了班主任），班主任不氣餒，他深入到海子的家中，對其父母進行了一番深入細緻的思想工作，最終「說服」了海子的父母，讓海子學了文科。

從高考結果來看，班主任的這一決定堪稱「英明」，因為海子後來不負重望，考上了北大；但從海子後來成為「詩歌烈士」的角度看，班主任的決定又十分糟糕甚至致命，因海子如學理工科，他就極有可能與詩與後來的厄運擦肩而過了。

當然，如果我說是班主任的決定導致海子後來的自殺，那我就輕率得近乎荒唐了。本文不想探討班主任的決定與海子之死有無因果聯繫，本文想探討的是，學文學理應是海子的自由選擇（如果海子當時因未成年不能做出選擇也應由其父母代為選擇），而班主任出於「希望海子選擇文科班就讀，給文科班的同學帶好頭，爭取在來年的高考中整個班級結出更多的碩果」的考慮，讓海子學文科，是粗暴的干涉，也是一種自

私的越俎代庖（如果「整個班級結出更多的碩果」，海子的班主任肯定會得到校方物質和精神的雙重獎勵）。

倘若是海子自己決定學文科的，無論成功與失敗，他都可以自豪地說：是我自己主宰了命運；而一旦將決定權拱手讓出，即使成功，真正的勝利者也是那個做出英明決定的人，而海子本人不過是決定者所布下的一枚棋子。也就是說，他的成功，很大程度上，是別人運籌帷幄的結果；他的生活，很大程度上，是被別人所設置而成的。

如果說海子讀高中時歲數太小，對學文學理這樣直接影響到一個人的未來的重大選擇還無法做出明智的決定，聽從班主任老師的安排實屬迫不得已（如果出於更好地發揮海子的特長來替海子做選擇，班主任的越俎代庖本也無可厚非）的話；那麼，海子大學畢業後，就完全具備了選擇職業決定未來的資格和能力了。然而，就在海子精神崩潰前不久，他的一個業已成熟的跳槽計畫因家長的反對而胎死腹中。

「當海子欲把法大教師的職務辭掉，和幾個朋友去海南辦報紙一事認真地和父親查振全提起時，父親勃然大怒，拍桌子狠罵兒子。海子害怕極了，父親很少這樣。」[9]

父親為什麼反對海子跳槽，理由很簡單：大學教師是鐵飯碗。「好好的一個鐵飯碗不要，去海南做什麼？流浪？」「好不容易把你培養出來，你卻要自己毀掉自己。」[10]

在父親義正詞嚴的斥責下，「海子嚇得雙腿直哆嗦，哭了起來，像個受傷的孩子。」當時的海子已經二十五歲，並在大學教了五年書，可他卻不得不違心地放棄自己跳槽的念頭，不得不忍著身心的巨大痛苦接受父親給予他的決定。（海子當時在昌平已處於走投無路的境地，換個環境對他的身心健康和事業發展絕對有好處）。

　　海子無疑是個孝子，但在我看來，卻是愚孝。海子父親是個一輩子沒離開過巴掌大村莊的老農，而海子卻是北大高材生且身為高校教師，幹農活方面，海子父親當海子的老師綽綽有餘；其他方面，尤其是有關海子未來發展方面，海子父親囿於文化水平恐怕很難提出高明的看法。事實上，「鐵飯碗」云云已足以表明海子父親的看法落伍得近乎陳腐。因父親的粗暴干涉，海子被迫放棄了跳槽的打算，幾個月後因精神崩潰而自殺。可以設想，如果海子跳槽成功，他就很有可能逃過後來的精神崩潰、臥軌自殺的厄運。因為，正如詩人弗羅斯特在一首詩中所說的那樣：林中的路有兩條，選擇了一條就選擇了一種可能一種命運，毫無疑問，在人生的十字路口上，一個不同的決定會帶來一個不同的人生。

　　當然，如果我據此得出結論，把海子的精神崩潰歸咎於海子父親的一次錯誤決定，那我也就草率得近乎荒唐了。本文不想探討海子之死與其父親對他的干涉有無因果聯繫，本文想探討的是，像海子這樣一個天馬行空、桀驁不馴的詩人，竟然因為父親一頓訓斥，就放棄自己業已成熟的打算，將主宰命運的決定權拱手讓出。可見，在中國，想主宰自己的命運，想特立獨行、拒絕別人的安排，有多麼難！

　　也許有人說，海子父親阻撓海子跳槽下海是出於對兒子的關心，用家長的口頭禪來說，就是「為你好」，撇開好心辦壞事這一層不說，我認為這種一廂情願的「關心」至少存在著兩種錯誤：1，好為人師。如果孩子未成年，家長可以充當孩子的老師，可以在各方面為孩子出謀劃策；如果兒子已大學畢業且在高校當了五年的教師，仍不分青紅皂白強迫業已成年的兒子聽從自己的安排，就有點說不過去了；2，蠻橫專制。即使勸孩子接受自己的忠告，也要採取擺事實講道理的方式，說服孩子；如果以家長的威嚴，以斥罵的方式逼迫孩子聽自己的話，就純屬蠻不講理了。當然，海子父親不和海子講道理，也是意料中的事。做為一

個一字不識的鄉下老農，對於該不該「下海」這樣的問題，他又能談出多少道道來！不懂裝懂，還強迫兒子聽從自己的安排，海子父親的這一做法，儘管確實出於好心，儘管確實是對兒子的關心，但卻分明帶有專制、蠻橫的色彩！

哲學家伯林曾說，家長制是可以想像的可能的最大的專制主義，之所以如此，是因為家長制不把人當作自由的人來看待，而把他們看作是我仁慈的長者根據我自己而不是他們的自由意圖來塑造的材料。海子父親的言行恰好為這一論斷提供了論據。

海子父親對海子跳槽計畫的粗暴否決，讓我無法不聯想到卡夫卡的名篇〈判決〉。格奧爾格的父親對格奧爾格的判決是：「我現在判你去投河淹死！」海子父親對海子的判決則是：不許跳槽！判詞雖不同，但兩位父親判決理由之荒唐，態度之蠻橫，口氣之嚴厲之不容辯駁，均如出一轍！對於父親的判決，兩個兒子的反應也完全相同，一個乖乖就範投河自殺，一個「懸崖勒馬迷途知返」。看來，卡夫卡的小說真是力透紙背，直指人心，你不服不行。

聶紺弩：「家庭底事有煩憂？天壤何因少自由？」

「家庭底事有煩憂？天壤何因少自由？不做夫妻便生死，翻教骨肉判恩仇！」[11]

這是聶紺弩為「寶玉與黛玉」題詩中的前四句。詩是對《紅樓夢》風物情思的詠歎，但其中也蘊涵著詩人晚年人生經歷給他帶來的人生愴痛。而這一「不足為外人道」的內心愴痛，在我看來，與一位師長對聶紺弩的關心有著顯而易見的聯繫。

　　聶紺弩，湖北京山人。早年參加北伐。先後在黃埔軍校、莫斯科中山大學就學。「文革」中因在公開場合痛罵林彪、江青而被捕入獄，被判無期徒刑。後在友人幫助下，以國民黨特赦犯的身份於 1976 年出獄。聶紺弩生性狷介，嫉惡如仇，一生飽經磨難和打擊。但聶紺弩的晚年生活應該算得上安逸、平靜。名譽平反了，工資補發了，在舊體詩的創作方面也取得了令人矚目的成就，連胡喬木這樣的高層領導都主動請纓為他的詩集作序。按理，對如此逍遙自在風平浪靜的晚年生活，聶紺弩本應該心滿意足頤養天年了，可是，聶紺弩對這種貌似平靜安寧的生活卻極不滿意。一次，他對前去看望他的章詒和母女說：「小愚（指章詒和——筆者注）出來了，很好。可我想回去。」原來，聶紺弩心頭有個結解不開，這個結是他的愛女海燕在他出獄前不知何故突然自殺身亡。

　　「我想不通，海燕到底為什麼死？說他們（指海燕夫婦）夫妻關係不好，小方有外遇？可死前兩口子還發生了性關係。按說我坐了牢，母女（指海燕和周穎）應該是相依為命的。可我後來讀到海燕早就寫好了的遺囑，才知道事情很複雜。女兒在遺囑裏說：『我政治上受騙了，生活上也受騙了。』又說『我的兩個孩子千萬不要讓母親帶』。為什麼女兒不信任母親？所謂『生活上也受騙了』，是指誰？是小方一個人騙了她，還是連同周穎兩個人都騙了她？海燕是怎麼知道自己受騙的？她看到了或者發現了什麼？這些到底都是怎麼回事？李大姐，我總該弄清楚吧？」[12]

　　老年喪女，且失去的是唯一的愛女，聶紺弩內心的悲苦可想而知，何況，愛女之死還是一個未解之謎，聶紺弩的內心就更不安了。不過，不久之後，女兒自殺之謎倒是解開了，但聶紺弩內心的痛苦沒有因此減少反而隨之加深了。

聶紺弩能以國民黨戰犯的身份被特赦，應歸功於一個名叫朱靜芳的老農工黨員的慷慨相助。聶紺弩出獄後，朱靜芳順理成章成了聶家的貴客。一次，朱靜芳去探望聶紺弩，後者把內心深處羞於啟齒的痛苦向對方和盤托出。朱靜芳後來向章詒和的母親轉述了聶紺弩的難言之苦。

「聶紺弩對我和陳大姐講：『你知道我現在頭上的帽子，有幾頂？』『幾頂？』老聶拍著腦袋說：『有三頂。』我倆奇怪：『怎麼會三頂？』『當然是三頂啦！』我扳著手指給他算──『右派帽子一頂，反革命分子的帽子一頂。還有一頂呢？』我問老聶。『這最後一頂，還用我說穿？』老聶講到這裏，臉色鐵青。」[13]

章詒和的母親聽了這番話，驚駭不已，而朱靜芳仍壓低嗓音繼續說：「老聶又講：『她要是美人，閉月羞花，也行。英雄愛美人嘛！她要是少女，也行，春心難抑嘛！可她什麼都不是，是又老又醜。年輕的時候，就有過這種事。那時是因為年輕，可現在是因為什麼？是因為我坐了大牢，判了無期？老朱，你這個當法官的，能解釋給我聽嗎？』老聶越講越激憤，他又對我們說：『現在她和我只剩下一種關係了。』我和陳大姐聽不大懂，便問：『這剩下的一種關係是指什麼？』老聶瞪大眼睛，說：『金錢關係呀！還能是別的？』」[14]

最後，朱靜芳告訴章詒和的母親：「老聶反覆念叨的一句話是──『我知道女兒為什麼自殺了，我也知道那個遺囑的含義了。』」[15]

章詒和母親聽了朱靜芳這番轉述，臉色慘白，情緒激動。待內心漸漸平靜下來後，她對朱靜芳和章詒和說：「解放前他們的婚姻就出現過裂痕，紺弩想離婚。周穎把事情告到鄧穎超那裏，紺弩受到了周恩來的批評。這件事後來一直影響著周公對紺弩的看法。沒想到啊！他們夫妻頭髮白了，卻又起波瀾。」[16]

　　夫妻雙方鬧離婚，按中國人的習慣，向來是勸合不勸分的。諺云：寧拆十座廟，不破一樁婚。所以，總理夫婦對聶紺弩的「批評」、「忠告」不僅不會讓聶紺弩（包括其他人）反感，反而會讓聶紺弩（包括其他人）對總理夫婦更為敬重。總理是聶紺弩的老上級，而周穎的姐姐和鄧穎超是同學，有了這層關係，聶紺弩一旦產生離婚的念頭，總理夫婦當然會責無旁貸給予批評和忠告了。

　　不過，關於婚姻，有一個妙喻：婚姻如同鞋子，合腳不合腳，舒服不舒服，只有穿鞋者自己清楚。如此看來，當某人的婚姻出現危機時，外人（無論是誰）的出謀劃策總有隔靴搔癢之嫌，而當事人不假思索地接受他人的忠告聽從別人的安排便不可避免帶有很大的風險。

　　糟糕的婚姻如同一件濕布衫，如果因為某人的批評和忠告違心地將這件濕布衫一穿就是幾十年，箇中滋味非筆墨所能形容。倘若當初聶紺弩一意孤行、排除干擾，一咬牙一跺腳，把婚離了，愛女海燕或許就能逃過一劫，自己晚年也就不會因為戴上「第三頂」帽子而陷入啞子吃黃連有苦說不出的境地。如此設想當然是於事無補的「馬後炮」，但讓人不甘的是，這種可能性實實在在存在著。聶紺弩是文質彬彬的書生，也是鐵骨錚錚的漢子，對於惡勢力的威逼利誘他能夠斷然拒絕；但對於長者──尤其是令他十分敬重的長者的「批評」、「忠告」，他卻難以說「不」，與其說是不敢，不如說是不忍。他害怕自己的拒絕會刺痛長者的心，他擔心自己的固執會辜負長者的厚望，所以，對長者的「批評」，除了心悅誠服的接受，他幾乎別無選擇。對於知書達理的中國書生來說，無形的親情之網是最難掙脫的。

　　關心別人是一種美德，但如果強迫對方接受你的關心，這種關心也就變味了。因為不是每個人都那麼笨，非要你強行關心才能走上正道的。在人生的十字路口，每個人都需要師長、朋友的指點和忠告，但必

須在理解了這種指點和忠告的深層內涵後才能付諸行動。如果對於師長、朋友的指點、忠告，「理解要執行，不理解也要執行」，這不是盲從就是逆來順受，而盲從和逆來順受只會給自己的人生帶來苦果。王小波曾說：「你有種美好的信念，我很尊重，但要硬塞給我，我就不那麼樂意：打個粗俗的比方，你的把把不能代替我的把把，更不能代替天下人的把把啊。」[17]此可謂話糙理不糙。

　　現在，筆者想說一下親身經歷的事作為本文的結束。筆者大學畢業後很長一段時間未能談上戀愛，筆者的父母憂心如焚。後家父多方託人為我介紹對象。皇天不負有心人，不久，家父終於為我物色了一個「合適」的人選。在安排好時間、地點後，家父揮汗如雨地趕到我的住處，勒令我前去赴約。對家父的這份熱心，我卻一點不領情，公然違抗家父的命令，為此和家父大吵了一頓。生性懦弱的筆者為何在這件事上如此寸步不讓，是因為筆者固執地認為，即使家父為我介紹的那個姑娘是我「於千萬人之中遇見你所要遇見的人，於千萬年之中，時間的無涯的荒野裏，沒有早一步，也沒有晚一步，剛巧趕上了」[18]的意中人，即使我和這位「意中人」相見恨晚情投意合，後來的婚姻生活幸福得像天堂，我也會悶悶不樂鬱鬱寡歡，終身走不出生活「被別人安排」的陰影。哪怕這個「別人」是筆者的父親，筆者也不樂意。

　　作為一個成年人，一個大學畢業生，婚姻大事理應由自己來決定，哪怕為此頭破血流，吃盡苦頭，我也無怨無悔，因為「不斷地學習和追求，這可是人生在世最有趣的事啊，要把這件趣事從生活中去掉，倒不如把我給閹掉……」[19]後來，我終於找到了自己的「另一半」，迄今，我仍認為，自己的婚姻大事是我所做的最有成就感也最讓我感到自豪的事。因為，她（指婚姻）不是別人出於關心的饋贈，亦非家長對我的安排，而是我努力不懈自由追求的結果。

　　作為師長，對子女、學生給予足夠的關心和指導是必要的，但這種關心和指導，不是居高臨下的頤指氣使，亦非蠻橫獨斷的強迫命令，更非不由分說的越俎代庖。在我看來，這種關心必須是和風細雨的說服開導，必須是平等友好的溝通交流，對於業已成年的子女或學生，這種關心和指導，常常只能是悉聽尊便的僅供參考。

　　在筆者看來，一個人超過了十八歲，就應該而且必須為自己的人生做出選擇，就應該而且必須承擔自我選擇所帶來的後果。成功靠自己去追求，失敗也要靠自己去承擔。作為師長可以為晚生出謀劃策、指點迷津，但卻無法代替對方的成長。即使晚輩們冥頑不化，把師長們的苦口婆心當作耳旁風；即使晚輩們不識好歹，把師長們的好心腸當作驢肝肺，師長們也不必捶胸頓足痛心疾首，因為生活是最好的老師，這個老師會把這些不知天高地厚的小傢伙們教訓得服服貼貼，這個老師會讓這些楞頭青們在摸爬滾打中慢慢成材。

　　最後，我想向那些好為人師的師長們進一言：生活是一個不斷學習的過程，與其急於求成把你的真知灼見強行灌輸給晚輩，不如循序漸進讓他們在學習的過程中慢慢掌握這些真知灼見，何況，你所謂的真知灼見是真是偽還有待檢驗呢！

　　「一個人不顧勸說與提醒而可能犯下的所有錯誤，其為惡遠不及允許別人強制他做他們認為於他有益的事。」穆勒這句話令人深思。

註 釋

[1] 高爾泰:《尋找家園》,花城出版社 2004 年版,第 95、97 頁。
[2] 同注【1】
[3] 王小波:《沉默的大多數》,中國青年出版社 1997 年版,第 90 頁。
[4] 卡夫卡:《變形記》,武漢大學出版社 1995 年版,第 13 頁。
[5] 余徐剛:《海子傳》,江蘇文藝出版社 2004 年版,第 212-214、211 頁。
[6] 同注【5】。
[7] 同注【5】。
[8] 同注【5】。
[9] 余徐剛:《海子傳》,江蘇文藝出版社 2004 年版第 208 頁。
[10] 同注【9】。
[11] 章詒和:《往事並不如煙》,人民文學出版社 2004 年版,第 255 頁。
[12] 章詒和:《往事並不如煙》,人民文學出版社 2004 年版,第 240 頁。
[13] 章詒和:《往事並不如煙》,人民文學出版社 2004 年版,第 254 頁。
[14] 同注【13】。
[15] 同注【11】。
[16] 同注【11】。
[17] 王小波:《沉默的大多數》,中國青年出版社 1997 年版第 43 頁。
[18] 張愛玲:《私語》,花城出版社 1990 年版,第 179 頁。
[19] 同注【17】。

同飲了一杯酒

胡風是曾把喬冠華引為知己的。

1943 年，喬冠華等人在重慶創辦了《群眾》雜誌，登載了陳家康、胡繩和喬本人寫的探討哲學的文章。此時也在重慶的胡風，感到這是在國統區討論唯物論與唯心論的一個極好的鍛煉機會，因而對喬的做法表示欣賞和支持。當時，胡風正籌辦《希望》雜誌，也準備發表一點關於這方面的文章。喬冠華對胡風也予以了支持，並特意為《希望》翻譯了〈費爾巴哈論綱〉一文。

這段時間，胡喬二人惺惺相惜，甚至到了心心相印的程度。「在反教條主義這個問題上，特別有共鳴」。（胡風語）

一次，兩人一道去喝茶，在茶桌上，喬冠華對胡風在桂林時期所發表的文章很是讚賞。在《胡風自傳》中，胡風對此有充滿溫情的回憶：

> 談到我在桂林寫的文章，他覺得我是在不顧一切，意即，我批評錯誤傾向，完全不顧及誤會和攻擊。談到整風，我說，現在出現了用教條主義反教條主義，他表示了同意。這使我很高興，引為知己。他到重慶後，和陳家康感情相投，常在一起，我有時間就去看望他們，一起談天。[1]

胡風把喬冠華「引為知己」並非剃頭挑子一頭熱。對胡風，喬冠華也說過一番動情的話：「我過去是你的朋友，現在是你的朋友，將來還要做你的朋友。」[2]話說得很動聽，但真做到，談何容易。事實上，胡、喬兩人的友情並未經受住時間的考驗。1948 年，當胡風因文藝理論問題

招致批評後，其時，人在香港的喬冠華就在《人民與文藝》第二輯發表了〈文藝創作與主觀〉一文，點名批評了胡風，指斥胡風的文藝觀點是「主觀唯心主義」，同時也作了自我批評。在〈喬冠華臨終前身世自述〉中，喬提及了這篇文章，「我聽說延安的有些領導同志，對我採取這種自我批評的態度是肯定的。這篇文章，《人民日報》曾經把它編入批判胡風的文集」。[3] 既批判了胡風，也作了自我批評，看來，喬冠華是借這篇文章來檢討自己和胡風那段「不拘形跡」的交往，用胡風夫人梅志的話來說，就是「他不過是借胡風來洗了手」。

不過，胡風對他和喬冠華的友情倒是報有一絲幻想的。

1966 年 2 月 11 日，胡風在被迫去四川服刑的前夜，給昔日知己喬冠華寫了一封信，信的全文如下：

> 喬公足下：
>
> 十年多以來，常常瞻望行旌所向；聲音在耳，笑容更在眼中。歷史在前進，雖面壁之人，亦能感到神旺。
>
> 定論之後，曾向監獄當局提過，希望領導上代我向你轉詢，如還不至完全見棄，希望能給我一個見面機會，在思想上從你得到幫助。
>
> 因為，當時突出地記起了最後一次見面，提到某一問題時，你動情地說過：「如果那樣，活下去有什麼意思。」大意在我，無論在怎樣困難和失敗的情況之下，也從未發生過「活下去有什麼意思」的問題。糊塗人對階級事業的理想、對黨，總有一種糊塗的自信或癡想。但這時候深深地記起了你的話和你的表情。我不由自主地面對著了這個問題，這才想起了你的真情何在，因而想有所請教。但後來想到了：我這個階下之身，提這樣的要求，就成為對你的一種不敬。寫書面感想時只好取消了。

現已受命即日遠戍（雖要求略緩時日亦似不可能），想到後會無期，前塵種種，對你應感謝的，對你應請責的，不斷地襲上心頭。語言有時是無能為力的，何況又在神情無緒之中，那麼，就請以言不盡意、語無倫次見諒罷。匆匆

敬禮

夫人均此

胡風[4]

1966 年 2 月 11 日

雖說是「言不盡意」，雖說是「語無倫次」，但胡風寫這封信的目的，明眼人一望便知，他是在尋求幫助，希望通過老朋友的關係改變一下自己的處境。這當然是幻想。對胡風來說，他和喬冠華那段友誼，也許是根救命稻草，而對喬冠華來說，他和胡風那段交往早就成了一塊心病。所以，喬收到這封信，立即致信章漢夫、姬鵬飛及周揚：

漢夫、鵬飛同志並轉周揚同志：

忽接胡風一信。最後一次，大概是 1955 年，根據定一同志指示，我曾去勸過他一次，講過些什麼具體內容，已經記不清楚了。來信這樣寫的用意很明顯是希望對他的處理有所緩和。此人已不可救藥，我的意見是，不邊（便）再理會他了。胡信附上。

即此敬禮

喬冠華[5]

1966 年 2 月 12 日

對胡風的「病急亂投醫」，喬冠華的「不便再理會」想來也是意料中事，既然胡風成了欽點的罪犯，他當然會避之惟恐不及。不過，一句

「此人已不可救藥」，到底讓人有些心寒。其實，喬冠華說這句話，不過是在章漢夫、姬鵬飛及周揚面前表明一下自己鮮明的立場：絕不會顧及舊情，同情一個反革命。

在重慶時，喬冠華之所以和胡風攪和在一起，恐怕還是因為幼稚，因為對官場險惡缺乏瞭解。隨著閱歷的增長，喬冠華對官場險惡有了足夠的認識，這時的他，便將明哲保身這一信條當作了護身法寶。喬冠華的第二任夫人章含之在這方面和喬堪稱「心有靈犀一點通」。

1973 年 10 月，喬冠華夫婦在紐約參加聯大。「我們預定 10 月中旬回國，因為基辛格 11 月上旬要到北京與冠華會談。一想到回北京可能又捲入複雜的環境，我真是不寒而慄。於是我給冠華出了個主意要他發個電報回北京，就說今年安理會辯論劇烈，他有必要多停留一段時間，請示國內是否同意他不參加基辛格訪華的談判。冠華很猶豫，說總理會不高興。中美會談的事總理是交給他承擔的。我當時的確私心很重，我說：『我總有點不祥之感，不知基辛格訪華又會闖出什麼錯誤。我們還是為自己想想吧，反正你是副部長，從名義上也可以不參加。躲開中美會談這種風險大的事也許可以保個平安！』在我反覆勸說下，冠華發了這個電報。不出所料，回電傳達了周總理嚴厲的批評，說冠華不應該把安理會辯論放在中美會談之上，令他必須按原計劃回國。冠華說都是我出的餿主意，惹得總理發火。」[6]

看來，在明哲保身方面，章含之比喬冠華走得更遠，為了不「捲入複雜的環境」，連總理的話都敢不聽。

喬冠華是周總理的老部下，「近水樓臺先得月」，他因此得到總理的格外關照也就順理成章了。然而，當總理遇到麻煩時，喬仍一如既往採取了明哲保身甚至隔岸觀火的策略。他後來為此曾向總理當面認錯。

儘管在那個特定的歷史條件下沒有一個被捲入的人能夠蔑視權威，主張公道，但畢竟作為自我良心的剖析，我們為了自身的生存與「前程」，隨著那洶湧而至的濁浪說了違心的話，做了違心的事，傷害過好人。尤其是在周總理蒙受屈辱時。我們並未能為他做一點事減輕他的壓力。這一點在冠華的心頭尤為沉重，一直到兩年後的 1975 年的秋天，當他有機會當面向周總理痛切剖析自己當年的懦弱並得到周總理的諒解時，他的心才略為平靜。[7]

如果胡風知道這件事，他的心裏會平衡多了。在令人敬愛的總理蒙受屈辱時，作為老部下的喬，「為了自身的生存與『前程』」，選擇了明哲保身、袖手旁觀，且「說了違心的話，做了違心的事」，對胡風這樣的「階下之身」，喬沒有落井下石，已經算格外開恩了。

然而，官場的殘酷在於，明哲保身就一定能保住身保住官位嗎？粉碎「四人幫」後，喬冠華受到了審查，當時加在頭上的罪名有不少，「其中最突出的一條是所謂將『按既定方針辦』寫進聯大報告」。關於此事的來龍去脈，章含之寫得很清楚：

> 毛主席逝世後，從 9 月 16 日起，《人民日報》以及一切宣傳工具都連篇累牘地宣傳主席遺言「按既定方針辦」。實際上在 8 月份的一次計畫工作會議上已經傳達了這句話。但是在冠華起草聯大報告時，並沒有寫進文件。9 月 26 日，冠華第一次發生心絞痛緊急住院。28 日，政治局通知晚上開會討論聯大發言稿。冠華從醫院請假去大會堂參加會議。將近午夜，冠華散會後匆匆回家，要我幫他立即通知國際司的有關人員到家裏來。他們很快到了。冠華說政治局剛開完會，對報告提了些意見。醫院在他 30 日出發前不准他在外面過夜，他必須趕回醫院，不能和他們一起改稿。

冠華說他傳達一下會上各人的意見，因為誰也沒有反對別人意
見，都是政治局委員，我們也只好每條意見都寫進去，免得添麻
煩。於是冠華逐條講了會上的意見，總共大約十多條，其中就有
一條說主席逝世，全國都在學習主席遺言「按既定方針辦」，聯
大報告中怎麼沒有寫？應當加進去。講完他就急匆匆回醫院了。[8]

其實，喬冠華知道「按既定方針辦」的遺言是假的，因為早在 1976
年的 4 月，當時的總理華國鋒就曾給他看過主席親筆寫的條子：「照
過去方針辦」。「這天，冠華說：『主席今天又寫了三張條子，是在外
賓走後單獨與華總理談國內問題時寫的，被華總理收起來了。』他說
見完外賓，華國鋒總理來到福建廳時，很高興地給冠華看那三張主席
親筆寫的條子：『照過去方針辦』、『慢慢來，不要招（著）急』以及
『你辦事，我放心』。」[9]

明明知道「按既定方針辦」的遺言是假的，為什麼還要把它寫進報
告？當然是因為膽小怕事，「免得添麻煩」，是因為想保身保官位。既然
全國都在學，他哪敢不寫進去？然而，正是這件事成了他後來怎麼也難
圓其說，怎麼也澄清不了的「罪名」。看來，他越想躲過是非，越是惹
上是非，真可謂「是福不是禍，是禍躲不過」。

粉碎「四人幫」後，當喬冠華試圖向當時的中央作檢查時，他以
為自己的事是完全可以說清楚的。「該我檢查的錯誤我會檢查的。該說
清楚的也會說清楚的。」然而，此時的他卻陷入了類似於當年胡風所
陷入的境地。

沒有人願意聽他的解釋，也沒有人想真正瞭解真相。當他打電
話，寫報告要求過去幾乎天天或經常見面的領導至少能聽一次他
的陳述時，竟也被拒絕了。任何調查還未開始，向冠華甩過來的

一句話已是：「你已經陷入到只剩下兩隻耳朵聽一聽群眾的批判
了！」冠華的絕望是深刻的，他意識到這一次沒有人會像過去周
總理那樣關懷他，幫助他了。[9]

不知陷入深刻絕望中的喬冠華會不會想到胡風，想到胡風給他寫求
助信時的苦澀心情。我想，倘絕望的喬冠華能想到胡風的絕望，倘陷入
山窮水盡的喬冠華能想到面臨四面楚歌的胡風，那他的深刻絕望也算物
有所值，至少，這杯辛辣的絕望苦酒，會讓他反思一下自己的過往歲月，
會讓他反思一下自己的所作所為。

「希望別人怎樣對待自己，就應該怎樣對待別人。」[10]這句話所包
含的道理，相信小學一年級的學生都能懂，但多少成人，甚至偉人，終
其一生，卻未能參透其中的奧義。個中緣由，耐人咀嚼。

註　釋

[1] 章立凡主編：《往事未付紅塵》，陝西師範大學出版社 2004 年版，第
308-309、313 頁。
[2] 梅志：《胡風傳》，北京十月文藝出版社 1998 年版，第 549、615 頁。
[3] 同注【2】。
[4] 同注【1】。
[5] 同注【1】。
[6] 章含之：《跨過厚厚的大紅門》，文匯出版社 2002 版，第 131-132、167、
302 頁。
[7] 同注【6】。
[8] 同注【6】。
[9] 同注【6】。
[10] 伯林著、胡傳勝譯：《自由論》，譯林出版社 2003 年出版，第 193 頁。

誰是胡適的真正弟子

近日讀《非常道：1840-1999 的中國話語》（余世存編，社會科學文獻出版社 2005 年出版），本書第 31 頁談及沈從文首次上講臺的情形：

> 沈從文第一次登臺授課，慕名而來的學生甚眾，教室裏擠得滿滿的。他抬眼望去，只見黑壓壓一片人頭，心裏陡然一驚，竟呆呆地站了近十分鐘。好不容易開了口，一面急促地講述，一面在黑板上抄寫授課提綱。預定一小時的授課內容，在忙迫中十多分鐘便全講完了。他再次陷入窘迫，無奈，拿起粉筆在黑板上寫道：「我第一次上課，見你們人多，怕了。」下課後，學生議論紛紛：「沈從文這樣的人也來中公上課，半小時講不出一句話來。」議論傳到胡適耳裏，胡適微笑著說：「上課講不出話來，學生不轟他，這就是成功。」

這是一段廣為人知的佳話，胡適的愛才由此顯露無遺。士為知己者死，沈從文對破格重用他的胡適自是念念不忘，對這件事，沈從文有一段飽含深情的回憶：「第一次送我到學校去的，就是北大主持者胡適之先生。1929 年，他在中國公學作校長時，就給了我這種機會。這個大膽的嘗試也可以說是適之先生嘗試的第二集，因為不僅影響到我此後的工作，更重要的還是影響到我工作的態度，以及這個態度推廣到國內相熟或陌生師友同道方面去時，慢慢所引起的作用。」

關於沈從文首次上課的情形，我在羅爾綱筆下看到一個極富文學色彩的版本：

> 沈從文唯讀過小學，是胡適把他安排上大學講臺的。選他課的約
> 有二十多人，但當他第一天上課時，教室卻坐滿人，他在講臺上
> 站了十多分鐘，說不出話來。突然他驚叫了一聲說：「我見你們
> 人多，要哭了！」這一句古往今來堪稱奇絕的老師開場白，剛剛
> 說過，就奔流似的滔滔不絕把當代中國的文壇說了一個小時。

　　說的活靈活現，但卻與事實完全不符，一個學歷史的，居然會如此
信口開河，實屬少見。

　　對羅爾綱信口開河的毛病，其老師胡適至少嚴厲批評過三次。

　　胡適第一次嚴厲批評羅爾綱是在 1935 年春天，當時，羅爾綱在《大
公報》第七十二期發表書評〈聊齋文集的稿本及其價值〉的書評。在這
篇急就章裏，羅爾綱對《聊齋文集》的批評過於隨意，胡適看了此文，
大為光火，他對羅爾綱說：「聊齋〈述劉氏行實〉一文固然是好文章，但
他的文集裏面的好文章還有不少哩，你概括的說都要不得，你的話太武
斷了。一個人的判斷代表他的見解。判斷的不易，正如考證不易下結論
一樣。做文章要站得住。如何才站得住？就是，不要有罅隙給人家推翻。」

　　對胡適的批評，羅爾綱的反應是：「我回到家中，立刻把適之師的
教訓記在副刊我那篇文章上面。幾年來，經過了多少次的播遷，那張副
刊，我總好好的保存著，為的是要珍重師教。」

　　然而，不久，羅爾綱率爾操觚的老毛病又犯了。1936 年夏，羅爾綱
在《中央日報》副刊發表一篇〈清代士大夫好利風氣的由來〉的史論式
短文，文中的結論同樣下得草率、武斷。胡適看了這篇文章，和上次一
樣生氣，就寫一封很嚴厲的信責備弟子，在這封信裏，胡適有幾句話顯
得特別語重心長：「你常作文字，固是好訓練，但文字不可輕作，太輕
易了就流為『滑』，流為『苟且』。我近年教人，只有一句話：『有幾分

證據，說幾分話。」有一分證據只可說一分話。有三分證據，然後可說三分話。治史者可以作大膽的假設，然而決不可作無證據的概論也。」

對胡適的這次批評，羅爾綱的反應是：「我讀了適之師此信，叫我十分感激他如此嚴厲的督責我，愛護我。我一連四個晚上伏在桌上回了一封幾十頁的長信，向他懇切地表白我的感激。」

話說得很懇切，但老毛病不是說改就能改得了的。1937 年春天，羅爾綱出版了一部《太平天國史綱》，這部書的很多結論同樣很片面。胡適看了這部書，再次責備弟子說：「你寫這部書，專表揚太平天國，中國近代自經太平天國之亂，幾十年來不曾恢復元氣，你卻沒有寫。做歷史學家不應有主觀，須要把事實的真相全盤托出來，如果忽略了一邊，那便是片面的記載了。這是不對的。你又說五四新文學運動，是受了太平天國提倡通俗文學的影響，我還不曾讀過太平天國白話文哩。」對這次批評，羅爾綱的反應是：「我站在適之師面前，默默的恭聽他的教訓。」

不過，從羅爾綱對沈從文首次上課情況的隨意渲染來看，他似乎根本聽不進胡適的批評，他一而再再而三地犯同樣的錯誤，只能說明，他把老師胡適的話當耳旁風了。

胡適的另一個弟子唐德剛表面上似乎對老師很不敬，因為在文章中說了不少胡適的短處（他因此被蘇雪林指責為出賣老師的猶大），篇幅所限，在這裏僅舉兩例，一是關於胡適的文憑問題：1917 年，胡適應聘從美國回到北大做教授。同年，胡適的《中國哲學史大綱》出版，封面上印著「胡適博士著」的字樣。「其實那時他在哥大的註冊記錄上仍然只是個『博士候選人』或如今日很多人的名片上所用的『待贈博士』（Ph.D.candidate），離正式學位尚差一大截。胡先生這個『待贈』階段一直維持了十年。」1927 年胡適再到紐約時，才交上博士論文，經杜

威先生的通融，補辦了手續，校方才正式頒給他「哲學博士」的學位的。也就是說，胡適是提前十年把博士頭銜戴在頭上的，或者說，胡適冒充了十年的博士，也未為不可。二是胡適「把別人的祖宗據為己有」：「在《中國哲學史大綱》第一版蔡元培的序文中居然把徽州的『解經三胡』說成胡適的老祖宗。因而人們覺得胡適對中國哲學之所以有如此透徹的瞭解，實在是家學淵源，箕裘有自！蔡氏把胡氏當成別人的子孫，而胡氏亦默不作聲，把別人的祖宗據為己有。這些都顯示二十來歲的胡適對那浩如煙海的古籍的研究，在全國最高權威們的眾目睽睽之下，沒有太大的自信心。」

　　唐德剛在文章中指出胡適年輕時所做的兩件「平生憾事」，並不是和老師過不去，更不是想出老師的醜，事實上，唐德剛認為，這兩件事「不足為胡適盛德之玷」：「讀歷史的人絕不可把那盛名之下而成為眾矢之的的二十來歲的青年學者看成大成至聖或我主耶穌。在那種排山倒海的反胡陣營之前，一個才高八斗的的濁世佳公子打點太極拳勉圖自保，是完全正常的行為，也是絕對值得同情的。他不如此，反而不正常。試問出版了十六年的『傳記文學』裏不誠實的故事還不是所在多有嗎？青年胡適的那點小花招是任何人所不能免的。縱使是春秋責備賢者，也不應苛責於他的。」

　　唐德剛在文中提及胡適的兩件不光彩的事，其真正目的是告訴我們：「胡適不是什麼超人，更不是什麼完人或聖人。」「胡適的偉大就偉大在他的不偉大。」由於「聖人」和「超人」本身就是別有用心的人杜撰出來糊弄老百姓的，所以，唐德剛筆下的作為常人形象的胡適就顯得更為真實、親切、可信。

　　儘管唐德剛「剝除」了胡適身上的神話色彩，儘管他在文中提及了老師胡適的「短處」，但我以為這恰恰表明他是胡適的得意門生，因為

他牢記了胡適的話：有一分證據說一分話，有九分證據不說十分話。哪怕是對老師，也是有好說好，有壞說壞。而羅爾綱表面上對胡適必恭必敬，言聽計從，但事實上，他根本不配做胡適的弟子，因為老師說的「有一分證據說一分話」的做學問原則，他似乎從未恪守。從這個角度來看，說老師「壞話」的唐德剛恰恰得了老師的真傳。

「最傑出人，卻始是最普通人。」

我相信很多人和我一樣是讀了魯迅名篇〈為了忘卻的紀念〉才知道柔石這位作家的。從魯迅的文字中，我們可以看出他和柔石的關係非同尋常。

> 但他和我一同走路的時候，可就走得近了，簡直是扶住我，因為怕我被汽車或電車撞死；我這面也為他近視而又要照顧別人擔心，大家都倉皇失措的愁一路，所以倘不是萬不得已，我是不大和他一同出去的，我實在看得他吃力，因而自己也吃力。

柔石在上海時，最親近的人恐怕就是魯迅了。他那時住在景雲里，和魯迅的寓所相隔不過四五家門面，有段時間，他幾乎天天去魯迅家，幫魯迅做一些瑣事，如抄稿件、送稿費等，他被捕時，口袋裏還裝著魯迅和書店簽定合同的抄本。白莽和馮雪峰都是經柔石的介紹才認識魯迅的。關於魯迅和柔石的親密關係，馮雪峰的一段話可以驗證：

> 柔石的樸實和忠厚的性格，以及他在魯迅先生對他的友誼和愛裏面所表現的自然與純真，也是我什麼時候一想起，都栩栩如生，好像就在眼前一樣的。
>
> 我那時感覺到，現在也同樣感覺到：在柔石的心目中，魯迅先生簡直就是他的一個慈愛的塾師，或甚至是一個慈愛的父親，卻並非一個偉大的人物，而魯迅先生也是像一個父親似的對待他的。[1]

正因為一個像父親，一個像兒子，魯迅悼念柔石的文字就顯得格外悲憤沉痛，他對柔石的評價也就不能不帶有感情色彩了。

「看他舊作品，都很有悲觀的氣息，但實際上並不然，他相信人們是好的。我有時談到人會怎樣的騙人，怎樣的賣友，怎樣的吮血，他就前額亮晶晶的，驚疑地圓睜了近視的眼睛，抗議道：『會這樣的麼？──不至於此罷？……』」

「無論從舊道德，從新道德，只要是損己利人的，他就挑選上，自己背起來。」

在魯迅筆下，柔石善良、厚道，品德近乎完美，這樣的人當然令人油然而生敬意，但卻讓人敬而遠之。面對這樣一個品德上近乎完美的人，凡庸如筆者恐怕只能充滿敬意地仰望他，而不敢存向他學習向他看齊的念頭。不過，筆者最近偶然看了一本《柔石日記》，這才發現，柔石有傑出、高尚的一面，也有凡俗、普通的一面，而且普通得和筆者不相上下。

魯迅和柔石是怎樣認識的？對此，魯迅在〈為了忘卻的紀念〉中只作了簡單的交代：「我和柔石最初的相見，不知道是何時，在哪裡。他彷彿說過，曾在北京聽過我的講義，那麼，當在八、九年之前了。我也忘記了在上海怎麼來往起來，總之，他那時住在景雲里，離我的寓所不過四五家門面，不知怎麼一來，就來往起來了。」

柔石確曾在北大聽過魯迅的課，但那時他們根本不相識。後來，柔石在上海流浪，生活無著，想賣文為生，他一開始去找魯迅是有著很實際的打算的。柔石本來並不住在景雲里，他是為了找魯迅方便才搬到景雲里去住的。

在法租界一個小亭子間，我找到了他，默默握手，彼此好一會說不出話來。後來終於開口了，談了一些故鄉暴動情形，朋友近況，以及他出走經過以後，我問他目前生活如何，以後打算怎樣。

「很困難。」他說。

於是從抽斗裏取出兩厚冊《舊時代之死》的原稿，翻了翻，說：

「暫時只好靠這部稿子。」

「稿子出路找好了嗎？」

「還沒有，打算去找魯迅先生。」

對於魯迅先生，他那時還不怎樣熟，不過很久以前在北京某大學旁聽時見過面。他相信魯迅先生一定肯幫助的。

他說的沒錯。我們第二次見面時，他已經住在閘北景雲里了，離魯迅家很近，在那裏吃飯，而且在先生的指導和支持下，他和幾個朋友辦了一個小小的刊物，那便是大家知道的《朝花》。[2]

原來，柔石找魯迅的最初動機是為了解決生計，為稿子找出路。柔石在給兄長一封信中也談到此事：

「福已將小說三冊，交與魯迅先生批閱，魯迅先生乃當今有名之文人，如能稱譽，代為序刊印行，則福前途之運命，不愁蹇促矣！」[3]

柔石找魯迅的動機談不上高尚，但也不能算市儈，換了任何一個人，處在同樣的困境，恐怕也會產生同樣的念頭。柔石有這樣功利的念頭，不僅無損於他革命烈士的高大形象，反而讓這個形象變得真實、生動起來。於我而言，看到這樣的細節，我就不止敬佩柔石，而且也開始喜歡這個人物了，因為這樣的柔石就不僅是教科書裏供人仰望的英雄，也是生活中讓人信賴讓人敬畏的兄長了。

在敵人的牢房裏，柔石大義凜然，義正詞嚴，顯示了一種大無畏的勇氣；而在《日記》中，柔石顯露了另一種勇氣——自揭其短，自剖其心。

二月十一日

一回想我這半月來的生活，我就不覺淚珠的流出眼中了！我的身陷入墮落破壞的生活之網裏，我竟成被擒之魚了！……每天起床總是日上三竿，非但鄰家的小孩，說他的早餐早已吃了，就是我家的炊煙也早畢歇。

……夜裏簡直無從說起，不知做些什麼事，大概和黑暗之氣同化而同去了。然而刺激性和興奮性異常強烈，同房異床計也破壞了，反而夜夜要求她。是結婚到現在所沒有的奇怪，心如火一樣，安慰的是溫暖的柔身，簡直自笑是成了蝗蟲了！……以至精神愈萎靡，身體愈疲乏，日出三竿，才能起來了！書籍只有在身後自形懊傷，我也沒能力去安慰它。學校中的理想只有任它在九霄雲外怨恨，我更沒有法子去追悼他。竟之，我是個溝渠中的孑子，墮落青年了！[4]

因為看不到理想，人就變得萎靡頹廢，內心的苦悶也就通過性的方式發洩出來。夢醒了而又無路可走的青年，恐怕都有過類似的消沉、掙扎。看了這則日記，我們感受到了柔石當年的苦悶，但與此同時，也會為他的真誠自剖而肅然起敬。

十月十日

一場好夢，也是我作客他鄉的安慰。我眠在一間華美的房的床上，在我腦中嫋娜的意人兒，坐在我的身邊。許多人忽然出外了。我就邀伊同睡，好似對我的夫人一樣。伊再三說不好，這在我們有禮教的關係。我恨極禮教，而且說伊是一個未明瞭人生問題的女子。最後，伊的嬌態終為肉慾所感動，伊的貞潔終為我的真義所戰勝了。[5]

在道學家眼中，柔石的「一場好夢」也許是一種邪念的體現，因為，日有所思，夜有所夢，做這種「不健康」的夢定然源自內心深處一種不潔的念頭。但我同意柔石的看法，這是「一場好夢」，也是他「作客他鄉的安慰」。在我看來，柔石越做這種放縱的夢，越表明了他當時的生活之嚴謹。白天循規蹈矩，不越雷池半步，夜裏，在夢裏，就難免「越軌」了。

> 五月二十三日
> 今天的這一次舉動──獸性的指頭行為，真使我痛罵自己不是一個人，還不值得撕碎餵那頭野狗！實在想不通，所謂人是如是的一件東西。所謂有神聖的心靈的人類，也是如是做的和下等蝗蟲一樣的動物！外界的刺激，真不知道是怎樣一種刺激，竟使我內心的肉慾火焰猛燒起來。自己是知道的，這是一種青年的罪惡，用了多少清涼的水來倒注──看書呵，散步呵，和朋友談笑呵，結果仍然無效。我也認清，這有一種特別的內部發洩作用，成於精神的不安寧，和思想的不正當，──早晨三點鐘時不安眠，所以有這一次的結果。[6]

我很佩服柔石，連手淫也敢在日記裏老老實實交代一番。其實，柔石沒必要為此自責，因青春期騷動而染有此癖者，大有人在。這算不上罪惡，如果是偶或為之，恐怕連缺點都算不上。柔石把這一行為斥之為「獸性的指頭行為」，並因此「痛罵自己不是一個人，還不值得撕碎餵那頭野狗！」，實在有點小題大做。從柔石的強烈自責中，我們實在可以看出柔石的過於純真的一面。

周作人在散文〈文藝與道德〉曾說：「這是一個很古的觀察，那最不貞潔的詩是最貞潔的詩人所寫，那些寫得最清淨的人卻生活得最不清

淨。」由此可知，《柔石日記》裏「不貞潔」、「不清淨」的內容恰恰反映出當時柔石的貞潔和清淨。

謝泳曾說：傳記不如年譜，年譜不如日記。誠哉斯言，別人寫「自己」，如同霧裏看花，終隔一層；自己寫「自己」，才是如魚飲水，冷暖自知。

在魯迅筆下，柔石是個靦腆的不善交際的人，尤其和女性在一起，他顯得很拘謹。

「他的迂漸漸的改變起來，終於也敢和女性的同鄉或朋友一同去走路了，但那距離，卻至少總有三四尺的。」

柔石不善和女性交往，但他很尊重女性，對重男輕女者十分反感。柔石的同鄉魏金枝曾說：「柔石是非常熱忱的，對於他所敬佩或處境困難的人，總是無微不至地加以體貼，有時甚至帶些母性的溫柔。對於女性的照顧，也是如此。據說，他對自己的子女，也是特別疼愛他的女兒，往常出門，總是帶著女兒，向重男輕女者表示抗議。對於侮辱女性的人，他總是特別強烈地厭惡他們，甚至和他們絕交。」[7]

說柔石「迂」、不敢「和女性的同鄉或朋友一同去走路」，也許不太確切，至少，柔石的妻子吳素瑛不會同意這種說法。早在柔石在杭州讀書時，吳素瑛就因為丈夫和一個未婚少女通信而和丈夫爭執起來，以下是二人的對話：

> 「我不明了你這話！還有，你對胡君說，將來定走兩條路。」
>
> 「什麼兩條路？」
>
> 「一條，你說過又忘記了嗎？剃髮入山，想做和尚；一條，宿娼娶妾，想入下流。到底什麼意思想出這二條路來？你毫不顧念到我嗎？」
>
> 「我們要好了的朋友談天，常有一時想到，不顧前後的話。很多的毫沒意思。不過，譬如你方才對我的態度，很使我想到這兩條

路上去。你自己想想，我不過一句平常的話，你就看作霹靂在你的心裏響一般厲害，好似我是一個墮落的惡棍，你是太冤枉而欺侮我！我生了二十二年，對於過去一切行為，我毫沒有負人一回的事情，何況對你！」

「同未出嫁的姑娘通信是應該的嗎？」

「也並不應該？……好的，不應該罷！」

「我一切可隨你，我絕不阻撓你心上所計畫而將來要做的事情，我也沒能力來阻撓你！我更和你講，假如你有心愛的，你確好同她重結婚，你的父母不承認！我也代你設法。」

「不許再講這話！因為你的話，是越講越沒道理！我想不到你的心存著對我是這麼一種顏色！素瑛呀！辜負了共處的這四年，你我心靈之域上還隔著這樣遼闊的溝，不過，今夜絕不要再說了！」[8]

　　那時候，柔石的確沒有外遇，所以，吳素瑛的懷疑是冤枉他了。然而，作為一個局外人，我卻不忍責怪吳素瑛的疑神疑鬼。男人是文質彬彬的書生，且長年在外讀書；自己是土裏土氣的村婦，且大字不識幾個，害怕男人有外心，擔心自己被拋棄，也算人情之常。事實上，當柔石從家鄉跑到上海後，吳素瑛擔心的事到底還是發生了。

　　在杭州讀書時，柔石起碼寒暑假還是回家的，等他到了上海後，便經年累月不回家了。妻子吳素瑛也就越來越不放心了。請看柔石 1929 年的一則日記：

十一月二十六日

昨天接到父親底信，云：帝江弟妹（柔石的子女——筆者注）均小病，景況蕭瑟，藥石為難；且年成荒歉，告貸不易。素瑛一心要出

外，竟不願任我一人在外，逍遙自在。於是母親叮囑我年內歸家一次，以安家人之心。我讀了信，心灰意冷！問自己不知如何解脫。[9]

吳素瑛後來有沒有到上海找柔石，我們不得而知，但柔石沒有回家卻是肯定的，因為，其時，柔石已和馮鏗墮入愛河，他正苦苦思索「如何解脫」的辦法，不過，兩全之策是找不到的，要成全自己的戀愛，就只好對不起糟糠之妻了。當吳素瑛拉扯一女二子在鄉下吞咽苦難時，柔石正在大上海啜飲甜蜜的愛情，下面這封他寫給馮鏗女士的短函，足以說明他和馮女士的關係發展到怎樣的程度：「晚上沒得見你，而且空使你跑一趟，心一時頗不安；我就將這不安在你的紙條上吻了三次，不，四次，我想，『我們有明天，後天，永遠的將來的晚上……』我的小鳥兒，祝你夜安！」[10]

柔石和馮鏗是革命的同志，生活的伴侶，文學的知音，對兩人的相愛、同居，筆者理解且尊重。但筆者困惑的是，當我們在讚美柔石馮鏗的革命戀情時，為什麼不關注一下弱女子吳素瑛的內心淒苦，為什麼我們不願意站在弱女子吳素瑛的立場來看待這一問題？在我看來，柔石和馮鏗相愛當然無可厚非，但對吳素瑛來說，這卻是雪上加霜的打擊：一方面，作為妻子，她苦苦拉扯著三個孩子；另一方面，作為棄婦，她妻子的身份其實有名無實。當然，丈夫的移情別戀她可能並不知悉，然而，一直被蒙在鼓裏豈不更可悲了嗎？

知名學者季羨林留學德國時曾和一位德國少女深深相愛，然而為了不傷害老家的妻子，他忍痛將愛情拒之門外，毅然回到闊別十年的祖國，回到自己的糟糠之妻的身旁，但是，六十年來，他心中的愛情火花並未熄滅，只不過深深地埋在心底，不為人知罷了。在後來漫長的歲月裏，他獨自默默地承受著心靈上時時襲來的痛楚與折磨。

　　季羨林曾說過：「我認為，能為國家，為民族，為他人著想而遏制自己的本性的，就是一有道德的人，能夠百分之六十為他人著想，百分之四十為自己著想，就是一個及格的好人，為他人著想的百分比越高越好，道德水平就越高。」[11]

　　倘若我們就這件事來給季羨林和柔石打分，柔石的分數恐不及季羨林高。那麼，魯迅的那句話：「無論從舊道德，從新道德，只要是損己利人的，他就挑選上，自己背起來」恐怕就帶有偏愛成分了。

　　我不知道別人是怎麼看待柔石普通、凡俗的一面的，對我來說，柔石普通、凡俗的一面恰恰讓我走近了他。魯迅筆下的柔石讓我景仰但也讓我望塵莫及；而《柔石日記》裏的柔石則拉近了我和他的距離。把魯迅筆下的柔石和《日記》裏的柔石合起來，我們就可以看到一個真實、完整的柔石。這個真實的柔石才可以成為楷模，所謂「人樣子」：「每一行業中無不有人樣，所謂人樣者，謂必如此而後可供他人作楷模，為其他人人所期求到達之標準。凡為傑出人，必成為一種人樣子。然進一步言，最傑出人，卻始是最普通人。因其為人人所期求，為人人之楷模，為人人所挑選其所欲到達之標準，此非最傑出之人而何？此又非最普通之人而何？可見最標準的便成為最普通的。」[12]

　　在《柔石日記》中，柔石自陳了一些自身缺憾和弱點，但我以為，這不只是柔石的缺憾和弱點，亦是人性的缺憾和弱點。所以，我以為，這些缺憾和弱點恰恰是很寶貴的，因為沒有它們，柔石就不成其為柔石了，就不能成為一個血肉豐滿之人，也就不可能偉大、傑出了。「必愈富人性之我，乃始為最可寶貴之我。即愈具普通人性之我，乃為愈偉大而愈特殊之我。」[13]

　　錢穆在《人生十論》中還說：「中國人則注重於一種最傑出而又最普通之人格，此種人格，既廣大，亦平易，而於廣大平易中見傑出。」讀了〈為了忘卻的紀念〉，再讀《柔石日記》，我們可看出，柔石的人格正是「一種最傑出而又最普通之人格」，而柔石也正是「於廣大平易中見傑出」之人。

註　釋

[1] 趙帝江、姚錫佩編：《柔石日記》，山西教育出版社 1998 年出版，第 28、50、67、86、120、149、170、189、213、229 頁。
[2] 同注【1】。
[3] 同注【1】。
[4] 同注【1】。
[5] 同注【1】。
[6] 同注【1】。
[7] 同注【1】。
[8] 同注【1】。
[9] 同注【1】。
[10] 同注【1】。
[11] 張光璘：《季羨林先生》，作家出版社 2003 年出版，第 86 頁。
[12] 錢穆：《人生十論》，廣西師範大學出版社 2004 年出版，第 44 頁。
[13] 同注【12】。

沈從文與蕭乾的恩恩怨怨

一、恩師與弟子

　　蕭乾第一次看到沈從文是在老師楊振聲家裏。那時，蕭乾正在輔仁大學讀書。一天晚上，楊振聲託人給他帶了口信，說：「沈從文到北平了，住在我家，你來看看吧。」沈從文和蕭乾都有過流浪經歷，初次見面，兩人一見如故，都給對方留下很好的印象。「沈從文打量眼前這位青年，他的渴求知識、尊敬和誠懇的目光，使沈從文很感動。從楊振聲那裏，他瞭解到這個青年貧苦，很聰明，很用功。為了能上大學，每天半天時間去替洋人教授推草坪，看護孩子，掙的錢用來讀書。從這個青年人身上，沈從文彷彿看到自己當年流浪北京時的奮鬥和磨難，感覺到向上的精神。不由地，沈從文對秉乾（蕭乾原名──筆者注）產生一種愛憐。」[1]

　　當時，蕭乾在學校裏和同學合辦一份名為《中國簡報》的刊物。和沈從文見面後，蕭乾寫了一篇很長的訪問記，題目是〈當今中國一個傑出的人道主義諷刺作家〉。自此，兩人漸漸成了朋友。

　　1931 年，蕭乾因與系主任發生口角，一氣之下，離開輔仁，跑到福州，在一所中學當了一年的國語教師。1933 年他又回到北平，考進燕京大學英文系，後轉入新聞系。剛到北平不久，蕭乾就收到沈從文的一封信：

> 秉乾弟：
>
> 　見某日報上，載有燕大編級生一個你的名字，猜想你到了北平，我已從青島跑來北平，目前住西城西斜街 55 號甲楊先生家裏，

想出城來找你，可一時不能出城。你看有事進了城，愛依然騎你
那自行車到處跑，高興跑到我住處玩玩，我大多數總在家中。晚
上不便回校可住在我住處。

很念你

從文[2]

兩人關係之好由此可知。

1933 年 9 月 29 日，蕭乾寫下了平生第一篇小說〈蠶〉。這篇小說經
沈從文之手發表在同年 10 月中旬的《大公報》上。不久，沈從文又把蕭
乾帶進林徽因家的文藝沙龍裏，可以說，是沈從文把蕭乾帶入文學界的。

1935 年沈從文和楊振聲把蕭乾引見給《大公報》經理胡霖，蕭乾
從此開始編輯《大公報》的文藝副刊《小公園》。1937 年，因戰事緊張，
蕭乾丟了《大公報》的差事，逃難途中，沈從文、楊振聲兩位老師再
次收留了他：

> 1937 年的八一三後，報紙從十六版縮成四版，胡老闆把我辭退
> 了。我帶著當時的妻子王樹藏從上海逃難，到了武漢。恰好楊
> 振聲和沈從文二位老師由北平逃到武漢。那時他們正在編一套
> 中小學教科書，就慨然收留了我和王樹藏，並且讓我們搬進了
> 他們在珞珈山腳租下的五福堂。後來我們跟他們一道從武漢而
> 長沙，又由長沙轉到湘西沅陵沈先生大哥沈雲六的家。1938 年
> 才輾轉到了昆明。我失業的八個月期間，楊、沈二位老師收留
> 了我，這是我沒齒難忘的。[3]

在文學和生活兩方面，沈從文都給了蕭乾諸多幫助。在蕭乾心目
中，沈從文一直是自己的恩師，而他對沈也一直執弟子禮甚恭。

　　我想，沈從文和蕭乾之所以能成為過從甚密、心心相印的師生，是因為兩人在文學上有共同的志趣和語言。到了 1947 後，隨著蕭乾對政治的愈來愈熱心，兩人的關係漸漸疏遠，直至出現一道難以癒合的裂痕。

二、進取與退避

　　1947 年，蕭乾從英國回到上海，繼續為《大公報》工作，這一次，他不僅編文藝副刊，還從事國際問題研究，成為社論撰稿人之一。當時的蕭乾贊成民主的多黨競爭制，反對任何的一黨專政，夢想走第三條道路，鼓吹建立一個民主共和國。他的自由主義立場在他寫的社論裏得到充分的表露。1947 年的「五四」，蕭乾為《大公報》撰寫社論〈中國文藝往哪裡走？〉，在社論裏，蕭乾宣揚自己的自由、民主思想，他認為「五四運動」的精粹就是民主，並以「民主」這一原則來評說中國文壇：

> 我們希望政治走上民主大道，我們對於文壇也寄以民主的期望。民主的含義儘管不同，但有一個不可缺少的要素，那便是容許與自己意見或作風不同者的存在。民主的自由有其限度，文學的自由也有其限度。以內容說，戰前親日戰後親法西斯的作品也應該擯棄，提倡吸毒或歌頌內戰的也不應容納。但在「法定範圍內」，作家正如公民，應有其寫作的自由，批評家不宜橫加侵犯。這是說，紀念「五四」，我們應革除只准一種作品存在的觀念，而在文藝欣賞上，應學習民主的雅量。

　　在這篇社論裏，他還對當時左翼文藝界為郭沫若等人舉行誕辰紀念活動表示了不滿。

每逢人類走上集團主義，必有頭目招募嘍囉，因而必起偶像崇
拜作用。此在政治，已誤了大事；在文壇，這現象尤其不可。
真正大政治家，其宣傳必仰仗政績；真正大作家，其作品便是
不朽的紀念碑。近來文壇上彼此稱公稱老，已染上不少腐化風
氣，而人在中年，便大張壽筵，尤令人感到暮氣。蕭伯納去年
九十大壽，生日那天猶為原子問題向報館投函。中國文學革命
一共剛二十八年，這現象的確可怕得令人毛骨悚然。紀念「五
四」我們應革除文壇上的元首主義，減少文壇上的社交應酬，
大家埋首創造幾部硬朗作品。那樣方不愧對文學革命的先驅。
那樣，中國文藝才有活路可走。[4]

蕭乾這篇社論無疑給上海文壇扔下了一枚炸彈，也給自己帶來了麻
煩。1948 年 1 月 8 日，《大公報》再次發表了蕭乾撰寫的社論：〈自由主
義者的信念〉。這篇社論可看作是蕭乾當時的政治宣言。

自由主義不是一面空泛的旗幟，下面集合著一簇牢騷專家，失意
政客。自由主義者不是看風使舵的舵手，不是冷門不注的賭客。
自由主義者是一種理想，一種抱負，信奉此理想抱負的，坐在沙
發上與挺立在斷頭臺上，信念都一般堅定。自由主義不是迎合時
勢的一個口號，它代表的是一種根本的人生態度。這種態度而且
不是消極的。不左也不右，政府與共黨，美國與蘇聯一起罵的未
必即是自由主義者。尤其應該弄清的是自由主義與英國自由黨的
主張距離很遠很遠。自由主義者對外並不擁護十九世紀以富欺貧
的自由貿易，對內也不支持作為資本主義精髓的自由企業。在政
治在文化上自由主義尊重個人，因而也可說帶了頗濃的個人主義
色彩，在經濟上，鑒於貧富懸殊的必然惡果，自由主義者造成合

理的統制，因而社會主義的色彩也不淡。自由主義不過是通用的
的代名詞。它可以換成進步主義，可以換為民主社會主義。

蕭乾的這種「自由主義」論調當然會遭到左翼文人的迎頭痛擊。對
蕭乾最嚴厲的批評來自郭沫若。郭沫若在〈斥反動文藝〉的文章裏，直
接用「黑」給蕭乾畫像。「這是標準的買辦型。……這個『貴族』鑽在集
御用之大成的大公報這個大反動堡壘裏儘量發散其幽緲、微妙的毒素，
而與各色的御用文士如桃紅小生、藍衣監察、黃幫兄弟、白麵嘍囉互通聲
息，從槍眼中發出各色各樣的烏煙瘴氣，一部分人是受他麻醉著了。」[5]

一開始，蕭乾對郭沫若的批評不服氣，後在好友楊剛（當時《大公
報》裏的共產黨領導者）的批評教育下，他迅速轉變了態度。同樣是在
楊剛的規勸下，他決定拒絕來自英國劍橋的邀請，留在新中國。作出這
一決定後，蕭乾面臨的難題是，如何改變左翼文人對他的糟糕印象，如
何消除因鼓吹自由主義論調而造成的不良影響。為此，他在《華商報》
上發表了一系列「轉向」的文章。

在〈五四的成果〉（1949 年 5 月 4 日）中，蕭乾表明了他對中國革
命的新認識：

> 五四絕不僅是對奴隸外交的反抗，及對人民語言的要求；三十年
> 前的今天，中國人民初次感到周身的鎖鏈——文化的、政治的、
> 經濟的，而決心把那掙脫掉。從開始它便是反封建反帝。七七也
> 罷，反蔣也罷，反孔宋也罷，中國一直循著這兩大方向奮鬥著。
> 在這奮鬥過程中，人民與反人民二勢力一直是對壘著。一台一台
> 的戲唱著，每台有其死硬派，也有其出賣民族的奸細。然而中國
> 一直屹立著，中國人民一直屹立著，倒了的卻是人民的敵手及劊
> 子手。今天我們才看到了五四的成果，人民奮鬥的成果。

　　1947 年，蕭乾說「五四運動」的精粹是民主，而現在則認為，五四一開始就是反封建反帝，且把「五四的成果」等同於「人民奮鬥的成果」。這樣的轉變也許會討郭沫若的好，但只能換來沈從文的一聲冷笑。

　　在〈新方向，新生命〉（1949 年 9 月 1 日，「九一記者節特刊」，蕭乾離港前為《華商報》寫的特約稿）一文中，蕭乾寫道：

> 報人多是不事生產又不懂生產的。我們過去的技能在耍花槍，今後，對於紡織，對於農具，對於一切有關人民生活的事物，我們都不能再有驕傲自己的隔膜了。因為 1949 年的 9 月 1 日，已由賺錢由出風頭，而轉移到為人民的利益而鬥爭的方向了。在這個轉向下，黃色新聞和特務報紙自然會被消滅，而東拉西扯的「文人論政」傳統也必壽終正寢。今後的趨勢是太清楚了：順人民者存，逆人民者亡。這是蒙在鼓裏與清醒的抉擇時候了。今年這個記者節，紀念的應是報人和人民永久結合這一偉大意義！這是中國報業的新生！[6]

　　1948 年的蕭乾還在鼓吹多黨競爭，而 1949 年的他卻高呼「順人民者存，逆人民者亡」。蕭乾的立場和態度完全變了，且變得快，快得讓人無法相信他說的是真話。考慮到蕭乾要在新中國生存下去，考慮到蕭乾急於擺脫郭沫若加在他頭上的那頂「黑」帽子，他寫這種趨時應景之作，本無可厚非，但如此「趨時」如此「善變」，只能讓昔日的恩師沈從文對他「刮目相看」、「敬而遠之」了。

　　不過，對蕭乾來說，這些趨時應景之作卻帶來了實實在在的好處，他 1949 年底回到北平後，參加了第一次文代會，而被郭沫若指責為「桃紅色」作家的沈從文則沒能享受到這一待遇。「感謝楊剛和李純青兩位老友的指引，我去了香港，並於 1949 年 8 月底的一天，登上『華安輪』，

經青島來到開國前夕的北平，任英文刊物《人民中國》副主編，總算還參加了第一次文代會。然而被稱為『桃紅色』的沈從文，儘管著作等身，卻連參加文代會的資格都被剝奪了。」[7]

　　既然嘗到了趨時的甜頭，蕭乾自然會在歌頌的道路上愈唱愈歡。1951 年 3 月 1 日，蕭乾的〈在土地改革中學習〉在《人民日報》上發表了。毛澤東非常重視這篇通訊，第二天，他當即寫信給胡喬木，鄭重地推薦蕭乾這篇緊密配合新形勢的文章。毛澤東在信中說：「3 月 1 日《人民日報》載蕭乾〈在土地改革中學習〉一文，寫得很好，請為廣播，發各地登載，並可出單行本，或和李俊新所寫文章一起出一本，請叫新華社組織這類文章，各土改區每省有一篇或幾篇。」[8] 慣於諷刺的蕭乾開始沉醉在溫柔、甜美的頌揚裏。他的政治地位開始一路攀升。

> 蕭乾似乎一帆風順。反映土地改革的特寫《土地回老家》，被譯成十餘種外文出版。1952 年，又從新聞界轉至文學界任中國作協《譯文》雜誌編委。1956 年，到《人民日報》任副總編輯的楊剛。又聘他為文藝版的顧問，同時，中國作協又任命他為《文藝報》副主編。他的腳下沒有荊棘，只有鮮花。[9]

　　古人云：福兮，禍之所伏。1949 年之後的蕭乾似乎事事順心，他因此變得麻痹變得忘乎所以。那一階段，他除了緊跟形勢、響應號召外，幾乎無暇靜下心來對周圍發生的一切來一次「長考」，而一個盲目跟風的人是會一不小心就誤入「雷區」的。

　　1957 年的 3 月，蕭乾在中南海聽了毛澤東關於整風的動員報告。在這次會上，毛澤東呼籲黨外人士幫助黨整風，要大家拋棄一切精神負擔，給黨提意見。一向積極回應號召的蕭乾這一回當然也不甘人後。整風期間，蕭乾異常忙碌。一方面，作為《文藝報》的常務副主編，「第

一次獨立擔負起領導工作，由他負責起整風期間的《文藝報》的編輯事宜。他緊張地工作著，各種專欄文章。各種形式的討論，一改《文藝報》過去的單調死板，以活潑多樣、各抒己見的熱鬧，投入了全國性的整風運動。」；[10] 另一方面，作為一位黨外作家，蕭乾也寫出了一篇重要的鳴放文章〈放心・容忍・人事工作〉，發表在《人民日報》上。在這篇文章裏，蕭乾積極回應黨的號召，真誠地給黨提意見，意見中肯也尖銳。

> 在資本主義國家沒進入帝國主義階段以前，他們有一句非常豪邁的話：「我完全不同意你的看法，但是我情願犧牲我的生命，來維護你說出這個看法的權利。」在這句話裏蘊藏著他們對自己的憲法、對他們的民主傳統和制度的自豪。
>
> ……那句豪邁的話意味著：一個人說的話對不對是一件事，他可不可以說出來是另外一件事。准不准許說不對的話是對任何民主憲法的嚴重考驗。今天，至少英美這兩個自詡為「民主的」國家，在這和考驗面前早就破了產。……從「共同綱領」到憲法，我們國家對於人民享有言論、著作的自由，都有明文規定。而且解放以來，每個中國人都可以自豪地說，我們的政府從來也沒下命令查禁過一本書。可惜我們目前還不能進一步說：每個中國人都已經有了說話和寫作的自由了。
>
> 我們從 1949 年的半封建半殖民地的社會一下就飛躍到社會主義社會，這中間，我們在民主精神的鍛煉上，不能算很多。所謂「民主精神」，應該包括能容忍你不喜歡的人，容忍你不喜歡的話。由於革命進展得很快，幹部的提升有時候也與他們本身的提高難得相稱。假使在掌握「民主」與「專政」的時候有些偏，輕易地

把「亂說」當作「亂動」來辦，就會在維護憲法的名義下，幹出實質上是違背憲法的事。

……幾年來，若干有可能接近馬列主義的人卻疏遠了，這些人自己當然要負主要責任。但是那些把馬列主義神秘化、庸俗化，拿馬列主義當棍子使用的教條主義者也有責任，他們逼人家對政治起反感。我相信對於大部分人來說，越是有獨立思考、自由選擇的可能，就越會自覺地接受馬克思列寧主義，因為真理本身原是具有不可抗拒的吸引力的。[11]

蕭乾這篇文章的觀點與他解放前的「自由主義」論調倒是有一脈相承之處。這更說明了，蕭乾1949年回北京後所寫的文章絕大多數是趨時應景之作，現在有了機會，壓抑的真話就冒了出來。1949年回國後，蕭乾一味沉醉在對新中國的頌揚裏，只知道「緊跟」，只知道「回應」，早就不習慣獨立思考了。只有在中央呼籲知識份子給黨提意見，蕭乾為了響應這一號召，才大夢初醒般想到「獨立思考」四個字，他在一篇文章中這樣寫道：

可以說，人之異於禽獸者幾希，獨立思考而已矣。沒有獨立思考，馬克思、恩格斯盲目地跟著黑格爾、費爾巴哈走，就不會有辨證唯物主義。沒有獨立思考，就等於生魚生肉沒經過烹飪、咀嚼就吞下去，不但不能變成營養，一定反而會鬧消化不良。在這個意義上，我覺得「百花齊放、百家爭鳴」本身，實際上也就是全國咀嚼、消化新思潮、新文化的過程。既然說消化，就一定得有營養，也有排泄。這樣，我們的文化血脈才能舒暢，我們的創作才能繁榮。[12]

提倡獨立思考，給黨提意見，對蕭乾來說，是說真心話，是把心中的積鬱一吐為快；也是在緊跟形勢，響應號召。然而，令蕭乾始料未及的是，「整風」幾乎在一夜之間變為「反右」，蕭乾因響應「整風」號召而寫下的文章，讓他順理成章成為「右派」，這一回，他再想「緊跟」、「回應」已經是身不由己，有心無力了。因為他已被打入另冊。

在被打成「右派」，吞下人生最大的苦果之後，蕭乾被剝奪了繼續歌唱繼續「緊跟」繼續「回應」的權利，這時的蕭乾才開始了久違的思考。

> 1957 年那場「六月雪」，使我又一次完全失去重心，而且比在英國湖區那次還要感到迷茫，也更絕望，很想乾脆自己結束了生命，可三個孩子還那麼小。……
> 中國能不能避免那場風暴，我不能斷言。儘管我的右派前邊還冠以「老」字，多年來我卻時常不切實際地幻想，自己原可以躲開它，並為之悔恨萬分。批判會上或會下，我低頭坐在那裏，一直在想：你不是沒嚐過苦頭的人呀！1948 年在大權威手中你就領教過了，1949 年後，一場接著一場──尤其 1955 年的反胡風運動，那是敲得多麼響亮的一次警鐘啊！你不是沒看到那真理服從於鬥爭的原則，也就是先搞臭了再說的做法！那一擁而上的陣容，那咒罵得越狠越革命的氣勢，那沒有辯白餘地的處境，以及那身敗名裂、家破人亡的下場。這一切，你都看到了哇！而且，遠在 1950 年就已經明白，你是不受信任的呀。為什麼還那麼放縱自己？當然是咎由自取。[13]

蕭乾這番自剖可謂椎心泣血。但我認為他的反思並未觸及到問題的癥結。事實上，蕭乾被打成右派並非是他太放縱自己而是他太聽話了，太想做出一番成績而獲得黨的信任，太想表現自己，太追求「進

步」了，也可以說是離政治太近了。一個追求自由的文人，進入政治圈，往往是吃力不討好的。

在另一篇文章裏，蕭乾的反思顯得深刻多了：

> 1952年秋天的一個下午，當時任作家協會副主席的馮雪鋒突然來訪，說想調我到他主管的一個文藝團體，並徵求我個人的意見。我興奮得一夜也沒合眼。
>
> 歸隊了。回到自己的本行了。又能重新拿起筆來（而不是成天坐在打字機前）寫東西了。還能不興奮嗎！
>
> 然而1957年夏天以後，我曾多麼悔恨沒能安於當個技術幹部，多麼懊悔重新拿起那燙手的筆啊！那時，我曾羨慕過挑擔子的，擺地攤的，推小車烤白薯的。那些年常想：在這個社會，幹什麼也比握筆桿子保險。[14]

我認為蕭乾這番話說到點子上了。當文藝成為政治的喉舌時，進入文藝圈等於進入政治圈。而天性崇尚自由的文人，雖然在文字世界遊刃有餘，在政治領域卻總是捉襟見肘。沈從文早就明白了的道理，蕭乾要等到被打成右派後才恍然大悟，看來，老師畢竟是老師，「聞道」究竟要比弟子先一步。

1947年內戰全面爆發後，蕭乾參加了「第三條道路」的活動，並四處奔走，與錢昌照等人積極籌辦《新路》雜誌。此間，蕭乾還邀請沈從文在雜誌發起人名單上簽名，理所當然遭到沈的拒絕。從這件事，我們看出，蕭乾對老師沈從文的政治觀實在不怎麼瞭解。雖然沈從文也贊成民主和自由，但他和「第三種」力量並非同路人，因為沈從文既不想靠近某個黨派，也不想加入某個團體，一句話，他對政治持一種不信任態度。

> 他將重造民族生機的責任寄託在非黨派、非集團的學有專長，有
> 「理性」的知識份子身上。這種知識份子應當「游離」於國內任
> 何政治黨派與集團──包括國民黨、共產黨以及其他政治派別如
> 「第三種」政治勢力──之外。[15]

　　沈從文對政治不感興趣，也不想做御用文人，寫遵命文章。1949 年，這個著作等身的大作家進了博物館，做了一名普通的文物工作者。其實，如果沈從文想進文藝圈，他是完全有機會的。1953 年，沈從文以美術組成員的身份參加了全國第二次文代會。毛澤東和周恩來接見了與會代表。毛澤東還親切地對沈從文說：「你還可以寫點小說嘛。」儘管沈從文口頭上不便給主席一個否定性的回答，但他在心裏已經決定要割斷與文學創作的聯繫。當時，沈從文雖在博物館工作，但全國各報刊向他約稿的仍很多，他不為所動，堅決不動筆。

> 辦刊物的朋友有時輾轉相託請他寫點短稿，不是「推」就是
> 「拖」，真如老話說的，好比駱駝穿針眼。總是常用「過時了，
> 過時了」來搪塞。接著他還會說在這方面自己「已下降到接近
> 報廢程度」，所以只有「避賢讓路」之一途。有時信中虛晃一槍：
> 『老朋友來談談天，還像滿有興致，問這問那，也間或煽起一
> 點童心幻念。』但一說到真格的，請他就湯下面地寫那麼千兒
> 八百字，他就掛出免戰牌，兩手一拱，「饒了我吧」。[16]

　　沈從文主動脫離文藝圈，不是因為他不想創作，而是因為當時沒有自由創作的環境，他個人也不具備自由創作的心態。在沈從文眼中，創作和寫趨時文章是兩碼事。當然，他也知道，如果他仍像過去那樣「自由自在」地去創作，顯然不合潮流，而且必然惹來麻煩，不如躲進博物

館，埋頭做一些實實在在的具體事情，且躲進博物館，遠離文藝圈，也會躲掉多少是是非非。事實也正是如此。

不過，沈從文這樣的大家，徹底封筆，心裏的痛苦可想而知。事實上，創作之火在他的心中一直未熄。1961年年底，在王震的安排下，沈從文曾去了一趟井岡山，當時的他打算一邊體驗生活，一邊進行寫作，計畫是寫一部長篇小說，但他最終還是忍痛割愛了，因為，他一直找不到像過去那樣的創作激情、創作狀態。

> 這次井岡山之行，他是帶著自己的創作計畫而來的。按預定計劃，他將要完成一部長篇小說的創作，其內容是一個共產黨人在二、三十年代的人生傳奇。小說準備以張兆和的堂兄張鼎和即張璋及其事蹟為創作原型，表現一個舊家弟子如何背叛家庭，走上反抗黑暗社會的道路，同時記錄二、三十年代動亂的中國社會面貌和各種不同人物的人生足跡。
>
> 為此，他需要置身於一種相應的生活氛圍，從那些似變而未變的人生形態裏，獲取必要的藝術素材。然而，上山後的十多天裏，一陣熱鬧興奮過後，預期得到的全沒有得到。世變時移，人生的舊跡似乎已難尋覓。茨坪雖然已成井岡山中心，有博物館、招待所、文化禮堂、百貨大樓、醫院、敬老院等生活文化設施和相應機關單位結構而成的文化社區。人員既來自全國各地，居民成分與社會人事已全面刷新，人生已是一種新的合成形態。舊有的鄉村文化與人生形態似乎已蕩然無存。井岡山不再住有能喚起沈從文對已逝歲月回憶同感受的舊軍人、鐵匠及各種行業的平民。……而且，這種體驗生活的方式也根本不能貼近人生。人們對上面下來的作家，接待雖然充滿尊敬與熱情，

卻同時也造成一道壁障，與實在人生相去一間。無論與何人交談，聽到的都是通同共有的語言。[17]

　　舊的記憶不能喚醒，舊的感覺不能復活，不能貼近人生，找不到創作感覺，沈從文就堅決不寫。可見，創作規律在沈從文心中一直是神聖的不容違背的。事實上，違背了創作規律，硬寫出來的，只能是遵命之作、應景之作、趨時之作。而 1949 年的蕭乾，一心沉醉在頌揚與歌唱中，恐怕就無暇顧及這些了。

　　解放後的沈從文和蕭乾，一個徹底封筆，一個炮製了大量的應景之作，兩人之間的分歧自然越來越大，隔膜也越來越深。

　　1957 年，當毛澤東呼籲黨外人士幫助共產黨整風，蕭乾積極回應號召，不僅親自動筆寫下一系列鳴放文章，而且還邀請沈從文給《文藝報》寫稿，給黨提意見。沈從文一口回絕。沈從文回絕蕭乾的邀請，不是因為他料事如神預測到大鳴大放是「引蛇出洞」的「陽謀」，也不是因為，他心中無牢騷可發。沈從文不願寫這種文章，是因為他不習慣不認同寫「遵命文章」──所謂別人規定我來寫。

　　當時，不僅蕭乾，也有其他報社的人約請沈從文寫鳴放文章，他也是一概回絕。

　　1957 年夏天，當社會上大鳴大放正進行得十分熱烈的時候，沈從文家裏來了一位不速之客。
　　來人是專程從上海來京的一位青年學生。見面後，他對沈從文說，上海《文匯報》正等著要消息。你是著名的老作家，解放後對你的待遇太不公平，你對共產黨有什麼意見，儘管說！我一定代你寫出，在報上為你鳴不平。

沈從文心想：我有什麼不平？不再文學創作，那是我自己的決定，不是誰不准我寫，也不是誰規定我只能寫什麼，而是自己心裏有個限制。[18]

我認為，對寫作「自己心裏有個限制」，是沈從文和蕭乾之間的最大不同。在沈從文看來，寫作必須是有感而發，不能按別人的規定來寫，而且必須是愛寫什麼寫什麼，想怎麼寫就怎麼寫。沈從文有句名言：照我思索，能理解「我」；照我思索，可認識「人」。也就是說，文學必須突出一個「我」，另外，在沈從文看來，文學與政治與宣傳完全是兩碼事；而對解放後的蕭乾來說，寫作就是配合形勢，就是響應號召。一句話，文學就是宣傳的工具政治的附庸。兩人對文學的理解如此不同，維繫兩人之間的友誼的紐帶也就轟然斷開，兩人分道揚鑣也就不難理解了。

表面上看，蕭乾在 1957 年寫了幾篇鳴放文章，提了不少意見，發了一通牢騷，似乎顯示了一個知識份子應該具備的良知和勇氣；而沈從文則三緘其口，拒絕發言，似乎顯得怯懦而世故，有明哲保身之嫌。但我認為，事情沒有這麼簡單。蕭乾在鳴放文章裏固然給黨真誠地提了一些意見，但他是為了響應號召配合形勢來寫這些言辭尖銳的文章的，所以，某種程度而言，蕭乾寫這些文章也有自我表現、討功邀賞的目的。而沈從文拒絕寫鳴放文章，正是其「吾道一以貫之」的表現，因為他向來不按別人的規定寫作，也不看別人的臉色寫作，讓他頌揚他不幹讓他諷刺他也不幹。所以，沈從文不寫鳴放文章，不是怯懦、世故，而是對自我的堅守，對其寫作原則的捍衛。

三、誤會與和解

蕭乾 1947 年邀請沈從文參與《新路》雜誌的籌備工作，遭到對方的拒絕；1957 年，他邀請沈從文給《文藝報》寫鳴放文章再次遭拒。道

不同不相為謀，兩人關係變淡，隔膜加深，難免產生一些誤會。蕭乾在
〈吾師沈從文〉一文中，寫了這樣一件事。

> 1973 年 2 月，我由幹校請假，回京治病，順便為解決自己的住房
> 問題而奔波。沈老師已經在 1972 年返京，在東堂子胡同的一間
> 北屋裏編寫《中國古代服飾研究》。一張雙人床占去了一小半面
> 積，再加上桌椅，就幾乎轉不過身了。張兆和師母住在相隔一條
> 南小街的另一個胡同裏。這位年過七旬的老人每天得走一里多路
> 去取老伴兒為自己做好的飯。我當時蝸居在北小街門樓胡同八米
> 門洞改成的斗室裏。幹校把我們這些在京等待分配工作的外語幹
> 部納入出版口的編譯組，每天騎車上下班，必然經過沈先生所住
> 東堂子胡同口。交通之混亂，使我不斷地為老人的安全擔心，所
> 以在為自己的住房問題奔波的同時，也頻頻為他呼籲。1975 年的
> 一天，在上班途中，遇見了張兆和。就把此事當面告訴了她。幾
> 天後，我在東堂子胡同東口遇見了沈老師本人。我下了車，跟他
> 寒暄。沒想到，他聲色俱厲地對我說：「我住房的問題，用不著
> 你張羅。你知道嗎，我還要申請入黨呢。」說罷，掉頭而去。

沈從文為什麼要說這句話呢？蕭乾的理解是：「而 1974 年在南小
街，沈從文對我說：『我還要申請入黨呢。』我認為他的用意無非是奉
勸我這個『摘帽右派』少管他的閒事。我不相信他真正想申請入黨。
只不過是用此話來表明，他沒有像我那樣淪為次等公民，在政治上占
我的上風。」

蕭乾有句話說對了，就是沈從文確實不想入黨，沈從文這樣說，明
顯是諷刺蕭乾的積極與投機。沈從文若想入黨，早在 1952 年，他就有
機會成為一名黨員。下面這段話就是證明。

沈從文對工作所具有的那份高度責任心感動了博物館領導。在沈從文留館工作兩年後，黨委書記找沈從文談話，要他寫申請加入共產黨。沈從文回答說：認真做事是我的本分。入黨我沒有資格，還差得遠。1952 年，中共中央統戰部長李維漢請客，邀沈從文、老舍、周培源、馮至等人參加。席間，李維漢誠懇地對大家說：黨的事業需要知識份子，希望你們能加入中國共產黨。如果不願意，也可以加入九三學社。

大家回答說：入黨還不夠條件，只希望能多看點文件，想多知道點國家大事。[19]

不過，蕭乾說沈從文「只不過是用此話來表明，他沒有像我那樣淪為次等公民，在政治上占我的上風」卻是沒有根據的猜測。我認為，沈從文不會如此勢利如此狹隘，我想，一個年過七旬的智者，一個埋首於文物堆裏的隱者，會有心情和一個右派比誰占上風嗎？沈從文拿這句話「刺」蕭乾，不過是不滿對方的趨時和跟風罷了。1948 年，郭沫若給蕭乾扣上一頂「黑」帽子，但到了 1951 年，蕭乾就成了「紅」人，竟得到領袖毛澤東的表揚。蕭乾的趨時應變能力之強由此可知。對於固守自我的沈從文來說，蕭乾的趨時與跟風，他肯定看不慣甚至厭惡。如此，他當然不願意蕭乾干涉自己的生活，儘管這種干涉也是一種幫助。

粉碎「四人幫」後，兩人還是和解了。

1988 年春，《人民日報》記者李輝告訴我，沈老師同意見我。由於李輝要出差，我們商定，他一回來就陪我去崇文門沈老師的寓所去拜訪他。沒想到，五月間沈從文老師這顆文壇巨星，突然隕落，就失去了機會。……因為儘管我沒來得及在他生前去拜見

他，他既然已表示了願意見我，就說明我和三十年代以來的這位
恩師總算和解了。[20]

　　為什麼兩人能和解，我想最主要的原因是晚年的蕭乾不再趨時不再
跟風，又開始獨立思考，又開始說真話了。最明顯的一個例子是蕭乾在
「講真話」問題上沒有完全附和文壇領袖巴金。

　　眾所周知，巴金在晚年曾提倡講真話，引來文壇內外一片喝彩，巴
金的形象因此在人們心目中變得更加高大。如果蕭乾也附和巴金，自然
也會引來叫好一片，自然也會讓自己的形象變得高大，但可貴的是，蕭
乾儘管很尊敬巴金，但在這個問題上，他沒有附和這位文壇領袖，而是
說出了自己的觀點：「儘量說真話，堅決不說假話。」

　　蕭乾這樣說，表明他具備了可貴的勇氣：敢於直面內心的怯懦，敢
於敞開心扉說真話，敢於和文壇權威持不同的觀點。我想，蕭乾雖然沒
附和巴金的話，但他這種行為本身卻是對巴金最好的支持，因為他說的
這句話也許不夠鏗鏘有力，但卻是真話啊！

　　既然不再趨時不再跟風了，既然勇於獨立思考講真話了，那麼，沈
從文又有什麼理由不原諒這個昔日的弟子呢？兩人的「相逢一笑泯恩
仇」也就成了順理成章的事了。

註　釋

[1] 李輝：《風雨人生》，花城出版社 1998 年出版，第 36、41、290、294、304、308-311 頁。

[2] 同注【1】。

[3] 蕭乾：《蕭乾憶舊》，湖北人民出版社 2005 年出版，第 122-123、125 頁。

[4] 同注【1】。

[5] 同注【1】。

[6] 袁小倫：《摸史集》，廣西師範大學出版社 2005 年，出版第 157 頁。

[7] 同注【3】。

[8] 同注【1】。

[9] 同注【1】。

[10] 同注【1】。

[11] 同注【1】。

[12] 同注【1】。

[13] 蕭乾：《蕭乾回憶錄》中國工人出版社 2005 年出版，第 212、222 頁。

[14] 同注【13】。

[15] 引自凌宇著《沈從文傳》北京十月出版社 1988 年出版，第 334、358、362、367、370 頁。

[16] 同注【15】。

[17] 同注【15】。

[18] 同注【15】。

[19] 同注【15】。

[20] 同注【3】。

蘇雪林攻擊魯迅的背後

一

　　厲梅先生〈蘇雪林的兩種姿態〉（刊《書屋》2005 年第六期），以弗洛伊德的精神分析理論來分析蘇雪林的揚胡抑魯，立意頗新。但我認為，由於文中幾個關鍵材料不可靠，該文的觀點不能令人信服。

　　該文說：「蘇雪林的童年是一很好的體現，她像男孩子一樣淘氣好動，討厭憎恨祖母，和父親關係淡漠，唯一的溫暖來自任勞任怨的母親。」據我所知，蘇雪林和父親的關係並不淡漠。

　　在此文的另一處，厲梅寫道：

　　「按照弗洛伊德開創的精神分析理論來看，男孩和女孩在俄狄浦斯階段前期對母親都有一種眷戀和占為己有的欲望。但隨著父親角色的介入，男孩會壓抑下自己的欲望，認同父親所代表的符號秩序，女孩一般也會傾向於父親一邊，或者把興趣投向與父親一樣的男子，也就是形成她們對異性的愛戀。對蘇雪林來說，在父親膝下承歡的記憶幾乎沒有，如她所說，甚至一聽到父親的聲音，就會躲藏起來。她父親不近人情的形象，首先割斷了她向這個父親秩序的靠攏，其次使她對這個秩序的冷漠、灰暗、墮落、萎靡產生畏懼和反感。

　　而魯迅則是另一種意義上的父親，他在文學界和青年群體之間具有巨大的號召力。在此前，蘇雪林是想把魯迅當作一位父親來尊重的，但沒有想到受到了後者的冷遇，只好將此事壓抑下來，但不平之心總是潛伏的。」

　　首先，我認為，蘇雪林的父親並非如廬梅所說那樣「不近人情」，蘇雪林確實說過「我們只覺得父親威嚴可畏，從來不敢和他親近，甚至一聽見他的聲音，便躲藏起來」的話，但那是指蘇雪林的幼年，待她「稍懂人事」開始讀書後，父親對她的態度已經完全變了。

　　「父親自山東回來，閒住祖父縣署約一年，對我始漸加注意。他見我受私塾教育不及二年，居然能讀《聊齋志異》和當時風行的林譯小說，並且能胡謅一些五七言絕句，大為驚異，想加意培植。他每日撥出一二點鐘的光陰，親教大姐和我的書。古文用的是《古文觀止》，詩歌用的《唐詩三百首》，後又加《古詩源》。他見我好讀林譯，凡有林譯出版，便買了給我。記得《紅礁畫槳錄》、《橡湖仙影》、《迦茵小傳》、《撒克遜劫後英雄錄》、《十字軍英雄記》都是那時讀的。他見我好畫，又買了若干珂羅版的名家山水，後來還買了一部吳友如的畫譜。他對我益處最大的是，給我買了一部附有注解的《小倉山房詩集》。以後他又替我買了《杜詩鏡詮》以及唐宋各名家詩集，我之為詩乃漸有進境。」[1]

　　這樣的父親難道是「不近人情的形象」？事實上，如果沒有父親的理解和支持，蘇雪林既不可能去安慶女子師範讀書，更不可能出國留學。當蘇雪林準備留洋時，連母親都不敢告訴，卻告訴了父親，而父親儘管不放心她遠行，但對她的求學要求給予了理解和支持。

> 父親在他每天坐的太師椅子上坐了下去，輕聲地說：「我沒有怪罪你的意思。只是感到有些突然，不知第一年的學膳費加上旅費要多少錢？」
> 「爸，我知道家裏經濟不寬裕，這讓你為難了，我剛說過，我可以放棄這次機會，等我工作後慢慢積蓄，再考慮留學的事。」
> 「你今年二十五歲了，年齡不饒人哪！再等你工作幾年，不就成

老姑娘了。你夫婿已留學美國，過兩年他就要回來，你卻又要出
去，你們何時才能成家呦？這可是終生大事，你既然考上了，就
得去，我不會讓你放棄的。表叔說得對，考上留洋，可是個大喜
事，小妹，你就別亂想了，你只用告訴我，這一年的學費膳食費
加旅費，六百塊大洋夠不夠？」[2]

　　即使放在當代，這樣的父親也算開明的吧。這個開明父親的形象絕
不可能如厲梅所說「首先割斷了她向這個父親秩序的靠攏，其次使她對
這個秩序的冷漠、灰暗、墮落、萎靡產生畏懼和反感。」事實上，在蘇
雪林的文章裏，她一再寫出了父親的慈愛，吐露了對父親的深切的懷
念。「父親對兒女，慈愛日深。他見我能謅幾首詩，能畫幾筆劃，更另
眼相看，常說：『小梅是我家的不櫛進士，她似稟有異才，前途不可限
量。』於是逢人即誇，竟把我說成道蘊復出，清照第二，這也不過是他
老人家『譽兒癖』太強，實際我又何嘗能如他稱許之萬一？」[5]

　　其次，即便情況真如厲梅所說的那樣，蘇雪林因幼年缺少父愛，成
年後想找一位合適的對象「當作一位父親來尊重」，那她顯然會選擇溫
和的胡適，而不會選擇激進的魯迅。我們知道，胡適是蘇雪林的大學老
師，且蘇雪林對這位老師十分崇敬。

我之崇敬胡先生並不完全由於同鄉關係，所以這一層可以撇開
不談。

說到師生關係，也很淺。我只受過胡先生一年的教誨。那便是民
國八年秋，我升學北京女子高等師範國文系的事。胡先生在我們
班上教中國哲學，用的課本便是他寫的那本《中國哲學史》上
卷。……他那時聲名正盛，每逢他來上課，別班同學有許多來旁
聽，連我們的監學、舍監及其他女職員都端隻凳子坐在後面。一

間教室容納不下，將毗連圖書室的扇牆打開，黑壓壓地一堂人，鴉雀無聲，聚精會神，傾聽這位大師沈著有力、音節則潺潺如清泉非常悅耳的演講，有時說句幽默的話，風趣橫生，引起全堂譁然一笑，但立刻又沉寂下去，誰都不忍忽略胡先生的隻詞片語。因為聽胡先生講話，不但是心靈莫大的享受，也是耳朵莫大的享受。[4]

當時的胡適，是留洋博士，北大名師，光彩照人，聲名顯赫，倘「缺少父愛」的蘇雪林想找個合適的對象「當作一位父親來尊重」，那胡適簡直是不二人選。何況胡適對蘇雪林（當時還叫蘇梅）也青睞有加，曾拍案而起仗義執言幫她打贏了平生第一次筆仗。

1921 年，還是女高師二年級學生的蘇雪林在《女子週刊》發表了一篇文章，狠批北大學生謝楚楨的《白話詩研究集》，由於蘇雪林此文「文字厲害得像刀劍一般犀利」，引起了謝楚楨支持者們的極為憤慨。有位支持者化名「右」寫了篇〈嗚呼蘇梅〉刊發在《京報》上，此文語言同樣犀利無比，刺得蘇雪林不敢做聲。後有人指出，「右」即該書編輯之一易家鉞，隨即又有八位京城名流在《京報》刊發〈啟示〉為易家鉞開脫。胡適看到了這則啟示，很不滿，就也給《晨報》寫了〈啟示〉，要求這八位名流拿出否定作者是易家鉞的證據。胡適這則〈啟示〉刊出後，同情支持蘇雪林的文章多了起來，易家鉞在京城待不下去，只得去了上海。胡適的一則〈啟示〉，就四兩撥千金般讓蘇雪林反敗為勝。近水樓臺先得月，有胡適這樣的恩師在側，蘇雪林理所當然會將其視為精神之父，又何必捨近求遠「想把魯迅當作一位父親來尊重」？

「在此前，蘇雪林是想把魯迅當作一位父親來尊重的，但沒有想到受到了後者的冷遇，只好將此事壓抑下來，但不平之心總是潛伏的。」這裏所說的「冷遇」是指 1928 年 7 月，在一次宴會上，魯迅沒怎麼理

睬蘇雪林。而厲梅在文章裏又寫道:「蘇雪林和魯迅的一次很鮮明的衝突還發生在女師大楊蔭榆的事件上。魯迅支持學生運動,對她的學生劉和珍等人在此風波中的犧牲極為悲痛;而從蘇雪林的自傳中,可以看出她對楊蔭榆是非常尊敬的。」我們知道,女師大風潮發生在 1924 年,也就是說,蘇雪林和魯迅 1924 年就有了「鮮明的衝突」,那麼。1928 年的被冷遇不也就很正常了嗎?另外,既然蘇雪林崇敬胡適,尊敬楊蔭榆,敬重陳源,那她怎麼可能「想把魯迅當作一位父親來尊重」呢?不錯,魯迅確實「在文學界和青年群體之間具有巨大的號召力」,但為魯迅所感召的往往是來自底層的激進的左翼的文學青年,如蕭軍、蕭紅、葉紫、柔石等,而為魯迅所感召的青年又有誰會尊敬楊蔭榆、敬佩陳源?魯迅和這二人分屬兩個截然對立的陣營,勢同水火,所以,除非蘇雪林分身有術,否則決無可能同時出現在兩個陣營中。

看來,厲梅太想把蘇雪林這隻「鳥」塞入弗洛伊德的「籠子」裏,所以,不得不對材料做一番手腳,但既然材料不真實,進入籠中的那隻「鳥」也就成了虛擬的幻象。

二

我認為,沒有證據表明蘇雪林童年缺少父愛,也沒有證據表明蘇雪林曾經「想把魯迅當作一位父親來尊重」,至於因為一次宴會上被冷遇,就把精神之父視為精神之仇,更是無稽之談。事實上,蘇雪林在晚年也否定了這種說法。著名魯迅研究家陳漱渝在訪問蘇雪林時問她:「為什麼要對魯迅取激烈攻擊的態度呢?」蘇雪林回答:「有人說,我之所以攻擊魯迅,是因為我單相思,愛而不得轉為恨。這是沒有根據的。」[5]

我認為，蘇雪林激烈攻擊魯迅與她對胡適的過分崇拜有關。

前文說過，蘇雪林初出道時就曾得到過胡適的鼎立相助，後來的蘇雪林一直視胡適為恩師，而這位恩師也對這位女弟子關愛有加，每每在關鍵時刻，援之以手。這裏可以舉一個例子。

1958 年 4 月，胡適從美國回台，就任中央研究院院長。1959 年初，他深感臺灣大專院校教授薪水太低，便與政府相商，設立「長期發展科學委員會」，給研究科學者以高於教授薪水的津貼，其中有文教組委員十數個名額。蘇雪林得知此事後，立即給胡適寫信，表示想申請參加文教組的願望，隨信附上近 3000 字的申報屈賦研究的內容提要。胡適看了這份提要，對蘇雪林研究屈賦的方法很不贊成，但他還是幫了蘇雪林的忙，使她的研究員申請批准了。

「不久她的研究員申請批准了，她交去了一篇 25 萬字的《天問疏證》。看來她的老師雖然也不贊成她研究屈賦的路徑，但還是對她的研究表示出了同情和偏袒之心，後來她才知道，胡老師在瞭解到中院的徐芸書和楊希牧兩位老先生贊成她的屈賦新說後，為了她的論文能通過，就把她的論文交給他倆審閱，他曾對她的一位朋友說，徐、楊二人對蘇雪林的論文，非常同情，非他二人審閱，恐難得以通過。去年她的論文得以順利通過，得感謝胡老師。」[6]

蘇雪林一直把胡適視為恩人，視為命中貴人，久而久之，這個命中貴人就演變成了聖人。

「我對於當代學人，其該欽敬者我亦予以適當的欽敬，對於胡大師竟由欽敬而至於崇拜的地步，常稱他為『現代聖人』，其實胡氏生前，他的朋友及學生便背地裏喊他為『胡聖人』了。我們中國人把聖字看得太重大，只有孔子一人稱為『大成至聖』，孟子只好稱為『亞聖』。……

我以為程、張、朱、陸及王陽明是可以稱為聖人的，稱胡適之先生為聖也是絲毫不嫌其過分的。」[7]

　　蘇雪林曾經痛罵過胡適的弟子唐德剛，就是因為唐德剛沒有把胡適當聖人。唐德剛在《胡適雜憶》裏曾說：

> 胡先生是一位十分可愛的老人家。他不是官僚，他更不會擺出什麼大師或學者的姿態來裝腔作勢。他也沒有『荷蘭大叔』的怪脾氣。他和普通人一樣地有喜有怒，其喜怒的對象也不一定正確。一個人喜怒的對象如果太正確，那這個人一定不近人情，而胡先生卻是最近人情的「人」。
> 胡適不是什麼超人，更不是什麼完人或聖人。這「人」字上面的一些形容辭，原都是一批道學先生或性好阿諛的文人杜撰出來的。慈禧太后一個老太婆就佔用了十六個字。胡適的偉大，就偉大在他的不偉大。[8]

　　胡適是蘇雪林心目中的「聖人」，他當然不能容忍唐德剛說「胡適的偉大，就偉大在他的不偉大」。

　　蘇雪林崇拜胡適，是把胡適當恩人而非思想家來崇拜的。胡適的思想，蘇雪林不懂所以也就拒不接受。胡適曾給蘇雪林上過課，但蘇雪林根本聽不懂。

　　「胡先生在我們班上教中國哲學，用的課本便是他寫的那本《中國哲學史》上卷。我的頭腦近文學不近哲學，一聽抽象名詞便頭痛。胡先生那本哲學史所講孔孟老墨，本為我們所熟知，倒也不覺煩難，不過當他講到墨經所謂墨辯六篇，我便不大聽得進了。再講到名家堅白同異之辯，又《莊子》天下篇所學二十一例，更似懂非懂了。」

胡適在晚年寫過一篇〈容忍與自由〉，在此文中，胡適諄諄告誡人們要學會容忍。

> 一切對異端的迫害，一切對「異己」的摧殘，一切宗教自由的禁止，一切思想言論的被壓迫，都由於這一點深信自己是不會錯的心理。因為深信自己是不會錯的，所以不能容忍任何和自己不同的思想信仰了。……。
>
> 上帝自己的說話，還會錯嗎？為上帝的光榮作戰，還會錯嗎？這一點『我不會錯』的心理，就是一切不容忍的根苗。深信我自己的信念沒有錯誤的可能，我的意見就是『正義』，反對我的人當然都是「邪說」了。我的意見代表上帝的意旨，反對我的人的意見當然都是「魔鬼的教條」了。
>
> 這是宗教自由史給我們的教訓：容忍是一切自由的根本；沒有容忍「異己」的雅量，就不會承認「異己」的宗教信仰可以享受自由。但因為不容忍的態度是基於「我們的信念不會錯」的心理習慣，所以容忍「異己」是最難得、最不容易養成的雅量。[9]

如果蘇雪林能讀懂胡適這段話，養成「容忍『異己』的雅量」，那她還會那麼激烈地攻擊魯迅嗎？事實上，對於蘇雪林的攻擊魯迅，胡適給予了嚴厲的批評，但她拒不接受，一意孤行，仍變本加厲地攻擊魯迅。

另外，對於胡適給予的學術上的指導，蘇雪林也不接受。胡適不贊成蘇雪林研究屈賦的方法，要她按照王靜安的嚴謹方法來研究，而她對胡適的回答是：她不願走別人的研究路徑，她已經找到了一條正確的研究屈賦之路，不會因為得不到他人的承認而放棄的。蘇雪林研究《紅樓夢》的論文，在胡適看來更是錯漏百出，不堪卒讀。出於關心，胡適又給蘇雪林寫了封言辭懇切的信，在信裏，胡適說：「你依據

那部趕忙鈔寫賣錢而絕未經校勘修改的《庚辰脂硯齋評本》，就下了許多嚴厲的批評，——我覺得是最不幸的事。曹雪芹殘稿的壞鈔本，是只可以供我們考據家作『本子』比堪的資料，不是供我們文學批評眼光來批評咒罵的。我們看了這種殘稿劣鈔，只應該哀憐曹雪芹的大不幸，他的殘稿裏無數小疵病都只應該引起素來富有同情心的無限悲哀。雪林，我的話沒錯吧！你沒有做過比勘本子的工夫，你就不適宜做這種文字，你哪有資格說這樣武斷的話？我勸你不要輕易寫談《紅樓夢》的文字了。你就聽老師的好心話吧！」[10]

為了讓蘇雪林接受自己的建議，胡適不惜採取哀求的語調，可謂苦口婆心到了極點。蘇雪林對胡適的看法仍然不以為然，但她也知道胡適說這番話確實是為她好，所以，才看在恩師的面子上十二萬分不情願地接受了老師的批評，放棄了對《紅樓夢》的研究。

看來，蘇雪林對胡適的崇拜完全是盲目的，她不理解胡適的思想，也不知道胡適的偉大究竟表現在那個方面，她只知道胡適是自己的恩人，是真心對自己好。

蘇雪林把胡適當作了聖人，她當然不同意唐德剛對胡適的理性而中肯的評價。當她把胡適當神來崇拜時，她當然不願意看到有另一尊「神」的出現。這樣，我們就理解了為什麼魯迅之死會給蘇雪林如此大的刺激，從而使她在文章裏忘乎所以毫無顧忌的大罵魯迅。魯迅去世後，各界群眾自發悼念魯迅的場面隆重而空前。如此場面使蘇雪林悲哀地意識到，在大眾心目中，真正的「神」是魯迅而不是她所崇拜的胡適。不甘服輸的蘇雪林惱羞成怒之際，只好拿起筆，痛詆他人心目中的「偶像」——魯迅。

魯迅去世後，蘇雪林曾在朋友面前說：「這悲聲，這震撼，就像天外突然飛來一顆行星，撞碎了我們的月亮，又好像太平洋一夜間突然乾涸見了底那樣驚慌不已了吆。」[11]

在一篇文章的開頭，蘇雪林寫道：「近來文壇巨匠魯迅先生死了。報章雜誌，這兒也在悼魯迅，那兒也在哭魯迅，拉拉雜雜，如火如荼，似乎比什麼綏東戰訊、華北危急，還來得熱鬧而緊張。不但害得一般前進的崇拜魯迅而其實未讀魯迅一行之書的青年，痛哭流涕，如喪考妣；便是我這樣落伍的中年也給鬧得中心搖搖，不可終日。」[12]

大眾的「驚慌不已」充分證明了魯迅在中國文化界、思想界的地位之高是任何人都難以企及的，這對把胡適當神來崇拜的蘇雪林顯然是致命一擊；而大眾對魯迅的愛戴和崇敬更是讓蘇雪林「中心搖搖，不可終日」。此時，如果她不通過筆，通過罵魯迅，又如何宣洩內心的憤懣、惱火、屈辱呢？

在〈與胡適之先生論當前文化動態書〉中，蘇雪林也特別提到「關於取締魯迅宗教宣傳的問題」：

> 第四是關於取締魯迅宗教宣傳的問題。魯迅這個人在世的時候，便將自己造成一種偶像，死後他的羽黨和左派文人更極力替他裝金，恨不得教全國人民都香花供養。魯迅本是個虛無主義者，他的左傾，並非出於誠意，無非借此沽名釣利罷了。但左派卻偏恭維他是什麼「民族戰士」、「革命導師」，將他一生事蹟，吹得天花亂墜，讀了真使人胸中格格作惡。

本來，不管是魯迅還是胡適都不應該被捧為「偶像」，都不應該被尊為「神」，但蘇雪林反感他人捧魯迅，卻不是出於理性，而是因為她覺得別人的「偶像」魯迅之風頭蓋過了自己的「偶像」胡適，換句話說，既然她把胡適當作神，她又如何能容忍他人把魯迅當作更大的「神」呢？蘇雪林在魯迅死後開始攻擊魯迅，部分原因在此。

三

　　蘇雪林從魯迅去世時開始攻擊魯迅，一直攻擊到她死。其攻擊魯迅的文字尖刻、陰毒，往往到了如胡適所云「尤不成話」的地步。如下面這段：

> 叫我來評判魯迅，很簡單，三段話便可概括：魯迅的人格，是渺小，渺小，第三個渺小；魯迅的性情是兇惡，兇惡，第三個兇惡；魯迅的行為是卑劣，卑劣，第三個卑劣。更以一言概括之，是個連起碼的「人」的資格都夠不著的腳色。[13]

　　蘇雪林在攻擊魯迅時往往還顯得義正詞嚴。一次，談及魯迅的雜文，她說：「又此之外，則為十幾個雜感集，沒有一篇不罵人，沒有一篇不暴露他自己的劣根性，醜嘴臉，我那幾篇反魯文字，原來是從魯迅學來的，正所謂『以其人之道，還治其人之身。』魯迅一輩子運用他那尖酸刻薄的刀筆，叫別人吃他苦頭，我現在也叫這位紹興爺吃吃我的苦頭，不算不公道吧？」[14]

　　如果魯迅活著時，蘇雪林敢「以其人之道，還治其人之身」，那我當然要佩服蘇雪林「太歲頭上動土」的勇氣，而現在魯迅去世了，蘇雪林的文章再刻薄，也只能顯示她自己做人的不厚道，卻無法使地下的魯迅吃苦頭了。因為文章是給活人看的。

　　其實，蘇雪林還是有自知之明的。她知道連陳源、梁實秋這樣顯赫一時的名流都不是魯迅的對手，像她這樣羽翼未豐的文學青年，向魯迅挑戰，無異於飛蛾撲火，自取滅亡。所以，魯迅在世時，她不僅沒有攻擊魯迅，反而大寫肉麻文字吹捧魯迅。

蘇雪林曾說，她在女師大風潮中和魯迅就有衝突，在 1928 年的一次宴會上因遭到魯迅的冷遇而改變了對魯迅的看法。這些都是遮人耳目的自說自話。事實上，就在 1928 年，蘇雪林還贈給魯迅一本剛出版的散文集《綠天》，上面題款是：「魯迅先生教正學生蘇雪林謹贈 7，4，1928 年。」[15]遲至 1934 年，蘇雪林還發表一篇文章〈《阿 Q 正傳》及魯迅創作的藝術〉，對魯迅給予了很高的評價：「魯迅的小說創作並不多，《吶喊》和《彷徨》是他五四時代到於今的收穫。兩本，僅僅的兩本，但已經使他在將來中國文學史上占到永久的地位了。……誰都知道魯迅是新文學界的老資格，過去十年內曾執過文壇牛耳，……好書不厭百回讀，好文字也不厭百回評，只要各人有各人自己的意見，就是淺薄，也不妨傾吐一下。」[16]態度誠懇而謙遜，與那個不遺餘力攻擊魯迅的蘇雪林簡直判若兩人。

很明顯，蘇雪林對魯迅的作品是下過一番工夫的，她對魯迅作品的分析是十分深入的，如對《阿 Q 正傳》所揭示的民族劣根性，蘇雪林就做了頗為精當的概括：「一、卑怯，二、精神勝利法，三、善於投機，四、誇大狂自尊癖性。」不過，我認為，自魯迅去世後，當蘇雪林開始一而再再而三攻擊魯迅時，她恰恰暴露了她身上的「卑怯」、「精神勝利法」、「善於投機」。

魯迅活著時，蘇雪林又是贈書，又是大寫頌揚文章，其目的當然是希望魯迅能在文章裏稍稍「提攜」她一下，這樣，她就鯉魚跳龍門身價倍增了；而魯迅去世後，她知道魯迅已無利用價值，便掉轉筆頭，大加撻伐，這不是「善於投機」又是什麼？

蘇雪林好鬥，每每會挑起筆仗；蘇雪林又很怯懦，往往第一個回合就敗下陣來。學生時代，她因為批評謝楚楨的《白話詩研究集》而惹火燒身，當有人以〈嗚呼蘇梅〉來反擊時，她竟驚慌失措，不敢做聲，後

來是胡適幫她挽回了面子。儘管如此，受到刺激的她還是不敢留在這是非之地，找個藉口，溜了。

1959年，蘇雪林又撰文對臺灣象徵詩大加批評。文字火藥味十足。

「新詩園地所選刊的一些青年學生的詩作，其中竟有許多離奇古怪、莫名其妙的作品，害得這些青年趾高氣揚，儼然以詩人自命，受人『挑剔』，便寫匿名信來辱罵。青年何足責，實在是操新詩選者害了他們。」「總之，我自論李金髮詩起，到敬答覃子豪先生一文止，所抨擊的都是充斥各報刊的一些『不長進』青年的詩作，並沒有侵犯覃子豪先生半句，覃先生也承認自己不屬於象徵詩派，他的誤會似乎太多餘了吧？那些『不長進』青年的作品，無論怎樣也不能說是詩，用巫婆蠱詞、道士咒語、盜匪切口來比喻，原是百分之百的事實，怎麼說是漫罵呢？」[17]

覃子豪、余光中等人對蘇雪林的文章作了有力的回擊，而她在挑起筆戰後卻再也無膽量回應，只得偃旗息鼓、草草收兵。

胡適去世後，蘇雪林因一篇〈悼大師，話往事〉引爆了她和文史論家、作家劉心皇的筆仗。這一回，蘇雪林遇到了勁敵，她出口不遜，對方是滿嘴粗口，她有潑婦罵街的本領，對方有青皮無賴的招數。真是一場驚心動魄的惡鬥。

> 寒爵、劉心皇與之繼續論戰，使這場論戰經歷了從文學意義上的批評，到政治上的揭發和思想意義上的算舊帳，再到政治鬥爭的總抨擊這樣一個不斷變化的過程。在這個過程中，劉心皇對蘇雪林的人品文品進行了極大的污蔑，他在一篇文章中用了〈醜惡的魔鬼〉這樣的小標題，在這個小標題下面，列舉了她曾在文章中罵過的人，說她毒罵過羅敦偉、易君左、胡適、魯迅、郭沫若、郁達夫、陳獨秀、李金髮、孟子、曹雪芹、寒爵、劉心皇、

作協、青年、國家、祖母、父親、丈夫。說她是個惡魔，從古罵到今，從政治家罵到文學家，從毒罵祖母、父親，罵到丈夫，還列舉了很多牽強附會的例證，羅織很多罪名。蘇雪林也不示弱，在氣憤不過時，竟使出潑婦罵街的姿態，對敵破口大罵，揭發敵方隱私，譏諷其人格，語言幽默犀利。他們的目標早已偏離了文學爭論的範疇，而是利用學術討論達到特定的政治目的，以其人之道還治其人之身，上綱上線，都想從政治上擊倒對方，維護自己的文壇地位，保住自身的既得利益。

當蘇雪林得知劉心皇要把與之論戰的文章結集出版，題為《文壇往事辯偽》一書發行，她除了到處找文藝界有聲望的朋友去力加勸阻，邀請臺灣警備司令部的政治部副主任朱介凡去勸告劉心皇罷手，還上告員警部門。可劉心皇就是要一意孤行，不肯接受勸告，決定自費出版發行《文壇往事辯偽》一書，以實現其一心要整倒蘇雪林的目的。蘇雪林寫文以死呼救：「文化輿論界再不有所表示，我生死危在旦夕矣！」她說的死，是指要被劉心皇活活氣死，也是說被他罵死。她希望有人出來幫她說話。[18]

請員警幫忙，以尋死威脅，除了證明自己的怯懦，自然於事無補。劉心皇出版了他的書，而蘇雪林只能再次選擇落荒而逃。蘇雪林每次挑起筆戰，幾乎無一例外地鎩羽而歸，壓抑的火氣只能發洩在已故的魯迅身上。儘管蘇雪林攻擊魯迅，也遭到一些有識之士的回擊，但魯迅到底不能死而復生給蘇雪林以致命一擊。久而久之，蘇雪林漸漸陶醉在一廂情願、自欺欺人的精神勝利中難以自拔。發洩的快感是有癮的，一旦染上，想戒掉談何容易！這是魯迅死後，蘇雪林一再攻擊魯迅的原因之一。

蘇雪林曾污衊魯迅心理變態。「魯迅心理具有十分病態。他頗像外國一種獵犬，咬住人砍下它的頭還不肯放。他最愛說『復仇』二字……魯迅罵『陳源教授』足足罵了十年，一直罵到自己進了棺材才罷。這樣不近人情之事，實為古今中外文壇罕有之例。」[19] 我認為，魯迅生前一直罵「陳源教授」，恰恰體現了一種韌的戰鬥精神。魯迅罵「陳源教授」時，「陳源教授」活得好好的，只要願意，他隨時可以反戈一擊，至於理屈詞窮，不敢回應，那自當別論。而蘇雪林明知魯迅無法死而復生，不能以其特有的「匕首」、「投槍」般的文章回擊自己，才有恃無恐，肆無忌憚地攻擊魯迅，才是真正的「不近人情」，才是真正的「心理具有十分病態」。

魯迅在〈辱罵和恐嚇絕不是戰鬥〉中說：「況且即是筆戰，就也如別的兵戰或拳鬥一樣，不妨伺隙乘虛，以一擊制敵人的死命，如果一味鼓噪，已是《三國演義》式的戰法，至於罵一句爹娘，揚長而去，還自以為勝利，那簡直是『阿Q』式的戰法了。」

我想，魯迅正因為擅長「以一擊制敵人的死命」而所向披靡，蘇雪林的特長是「一味鼓噪」，是「『阿Q』式的戰法」，所以，也能在攻擊已故魯迅時，洋洋自得，「自以為勝利」。

蘇雪林因為崇拜胡適，而看不得大眾把魯迅當作文化界領袖；又因為在筆仗中屢戰屢敗，所以不得不把一腔火氣發在死者身上；既然死者不能從墳墓裏反擊自己，蘇雪林就想當然地認為自己打贏了這次筆仗，於是，便在阿Q式的精神勝利裏飄飄欲仙。蘇雪林從魯迅去世後開始攻擊魯迅，且一發不可收的根本原因，就在以上三個方面。

蘇雪林攻擊死後的魯迅，是她一生憑藉一己之力，「打贏」的唯一一次筆戰。這是一次耐人尋味的「勝利」。或許可以用海明威的一部小說來概括蘇雪林的「勝利」：《勝利者一無所獲》。

註 釋

[1] 蘇雪林：《蘇雪林自傳》，江蘇文藝出版社，第 165、199、202、310 頁。
[2] 石楠：《另類才女蘇雪林》，東方出版社 2004 年出版，第 50、172、291、298-299、318 頁。
[3] 同注【1】。
[4] 同注【1】。
[5] 王錫榮：《魯迅生平疑案》，上海辭書出版社 2002 年出版，第 366-367、369、373、378、381-382 頁。
[6] 同注【2】。
[7] 同注【1】。
[8] 唐德剛：《胡適雜憶》，吉林文史出版社 1994 年出版，第 12 頁。
[9] 徐中玉主編：《大學語文》，廣東教育出版社 1999 年出版，第 67 頁。
[10] 同注【2】。
[11] 同注【2】。
[12] 同注【5】。
[13] 同注【5】。
[14] 同注【5】。
[15] 同注【5】。
[16] 同注【5】。
[17] 同注【2】。
[18] 同注【2】。
[19] 同注【5】。

在溫柔陷阱裏迷失自我

放棄自我　只為接受

　　通常，男人在愛他喜歡的女人的過程中感到幸福。他感到美滿是因為她接受他為她做的每件事。女人則完全相反，她只要接受愛就是幸福。如果女人去愛去追求她喜歡的男子，那是頂痛苦的一件事，而且被她愛的男人也就沒有幸福的感覺了。

　　所以，很多女性寧可放棄心中最愛，甘願接受一個自己根本不愛的人對自己的追求。人生的苦酒由此釀成。丁玲與蕭紅便是這種甘願接受、放棄追求的女性。她倆的人生悲劇與此不無關聯。

　　1924 年的夏天，剛到北京的丁玲，住在西城劈才胡同的補習學校裏。在那裏，丁玲結識了一位名叫曹孟君女友。經曹女士的男友左恭的介紹，丁玲認識了胡也頻。後者當時正在北京流浪。胡也頻對丁玲一見傾心，丁玲對這位身材矮小、其貌不揚的「文學憤青」可以說是毫無感覺。兩人見了幾面後，丁玲因剛到北京，人生地疏，無聊透頂，一賭氣就回了湖南老家。

　　回家後的丁玲與母親過了一段清淨的生活。一日，丁玲與母親正在院子裏閒聊，只聽見院們「咣」、「咣」響了兩下，丁玲便去開門。門口站著一位身穿月白長衫的瘦小青年。丁玲凝眉細想了半天，才認出這個風塵僕僕的年輕人就是那位和自己萍水相逢的「文學憤青」——胡也頻。儘管丁玲對此君沒有一點好感，但他千里迢迢南下尋愛，卻不能不讓一位適齡女子芳心大亂，更何況，見面後不久，胡也頻又從口袋掏出一首

獻給丁玲的詩：「我欲隨黃昏遠去，／尋覓你如夢之腳蹤／我願如奴隸般跪在你的膝前／求你解答我命運之疑問……」雖然這首詩，可以肯定未達到發表的水平，但它無堅不摧的濫情力量，足以讓丁玲那顆多愁善感的少女之心，由「戒備森嚴」轉變為「今夜不設防」。

無論從哪方面來看，丁玲與胡也頻之間的距離也是一目了然的。論長相，丁玲端莊秀麗（曾被某電影公司看中，但她對當電影明星沒一絲興趣所以拒絕加盟），胡也頻則相貌平平，屬於扔到人堆找不著的主；論才華，胡也頻寫詩寫得憔悴不堪痛苦萬狀，寫得「人比黃花瘦」，但作品卻味同嚼蠟，不堪卒讀，而丁玲從來沒想過要當作家，後來，因閒得無聊，玩票似的寫了一篇小說〈夢珂〉，沒想到，這篇小說很快就發表在當時的知名雜誌《小說月報》上，並且是頭條。如果兩人萍水相逢之後又擦肩而過，這樣的結局才合乎情理。而胡也頻卻憑藉自己不要命的膽量（他千里迢迢、隻身南下找丁玲時，口袋裏只有幾塊錢，如果找不到丁玲，他根本買不起回程的車票）和不要臉的策略（炮製慘兮兮的情詩若干，然後像催淚彈一樣扔給丁玲）。當然，胡也頻的「苦肉計」之所以能奏效，還是因為丁玲心太軟。倘若丁玲心腸不軟，胡也頻冒險南下的莽撞行為只能被目為一次實實在在的「騷擾」；而對於心腸硬的女性而言，胡也頻的「催淚彈」或許就成了「搞笑丸」──除了招來一通「癩蛤蟆想吃天鵝肉」之類的譏笑與嘲笑，恐怕別無所獲。

丁玲是在與胡也頻同居兩個月後才意識到自己接受胡也頻的愛是犯了一個極為嚴重而又不可挽回的錯誤的。其時，她結識了馮雪峰，兩人一見鍾情。但馮雪峰並沒有像胡也頻那樣對丁玲發起情感攻勢，於是，甘心接受、不願追求的丁玲很自然地把對馮雪峰的愛封存在精神的領域。然而，正如張潔所寫的那樣：「愛，是不能忘記的。」直至晚年，丁玲還寫出了一篇散文〈不算情書〉來傾訴對馮雪峰的非同尋常的愛，

可見她對馮雪峰的感情多麼濃烈、執著、深沉，而惟其濃烈、執著、深沉，終其一生壓抑它、封存它又該是怎樣一種折磨與煎熬！

　　當胡也頻得知丁玲移情別戀、另有所愛後，當然也憤怒過、咆哮過，但他最終還是靠眼淚靠苦苦哀求留住了丁玲。他在給丁玲的一封信中這樣寫道：「呵，我的隱痛，如深谷之黑暗，永不見光明來撫摩；倘若我公佈了這衷情，當使那燦爛之朝霞，變成初死之女的乳白之顏色，為悲悼我的命運之表徵。但我終是弱者，不敢仰天狂呼，說出我的損失之重大，我只能悄悄的哀懇：懇求你，我的愛，賜我以恩典，表現你心之趨向，好使我成一個幸福的歌者或不幸的流落之窮徒！」我相信，如此哀婉幽怨的話語，喚醒了丁玲心中的母性，如果她一意孤行與馮雪峰遠走高飛的話，胡也頻乞求的話語和潦倒的形象會時常鑽進她的惡夢中，使她終生不得安寧。我相信如此催人淚下的話語，使丁玲嚐了被人所愛的奇妙感覺。作為一個視接受愛為幸福的女性，丁玲只能做出這樣的選擇：與愛我的人同床異夢，與我愛的人勞燕分飛。

　　和丁玲相比，蕭紅的人生更為不幸。丁玲雖不能愛我所愛，但畢竟能被人所愛。而蕭紅在她短暫的一生中卻一直演繹著被人所棄的悲劇。

　　蕭紅的父親，是一個典型的封建社會的家長，冷酷、專制。在蕭紅幼年，他就把女兒許配給一個富家的紈絝子弟。1930 年，十九歲的蕭紅為抗婚，離家出走，隻身來到當時的北平。一年後，這個富家子弟，居然從老家跑到北平，找到蕭紅。一番甜言蜜語，一番海誓山盟，蕭紅心軟了心動了，於是，兩人開始同居，並於次年回到哈爾濱，住進一家名叫東興順的旅館。兩人沒有經濟來源，坐吃山空。在欠下旅館六百多塊錢後，那位富家子弟撇下身懷六甲的蕭紅，回家取錢，結果一去無回。如果不是一個好心的夥計暗中相助，蕭紅差一點就被旅館老闆賣進窯子。

按理，遭受人生如此重創的蕭紅，本不該再對男人抱任何幻想，本不該再相信男人的甜言蜜語，然而，蕭紅是好了傷疤忘了痛。不久，她再次墮入愛河，被人所棄的悲劇得以重演。

1938 年，日軍逼近武漢，蕭紅其時再次身懷六甲，孩子的父親不辭而別將她孤零零一人丟在武漢。不久，蕭紅生下一個死嬰。對於蕭紅的兩次如出一轍的不幸婚戀，這名死嬰是最好的總結與象徵。

作為《生死場》、《呼蘭河傳》的作者，蕭紅的文學天賦罕有其匹。但由於不善於或者是沒有勇氣對男人的甜言蜜語說「不」，她兩度跌進「庸俗而無聊的男人懷抱中」（聶紺弩語）而使自己的文學翅膀過早折斷。

愛我所愛　盲目追求

做男人的最大缺點就是，沒有辦法珍惜他不喜歡的女人對他的愛慕。這種反感發自真心一點不虛偽，他們忍不住要流露出對那女子的輕視。輕浮的少年就更加過分，在大庭廣眾下傷害那樣的姑娘。這是男人邪惡的一面。

然而，不少才女聰明一世糊塗一時，連如此簡單的道理都不懂，於是便做出一些讓人扼腕歎息又讓人啼笑皆非的事：明知道對方移情別戀，明知道對方不愛自己，她們依然故我，一唱三歎，苦苦追求。

張愛玲的冰雪聰明是一個人所共知的事實。然而，自她結識了風流才子胡蘭成後，竟變得十分自卑。她曾送給胡蘭成小照一幅。小照背面有她手書的一行娟秀小楷：「見了他，她變得很低很低，低到塵埃裏，但她心裏是歡喜的，從塵埃裏開出花來。」如此哀婉動人的話，卻不能使風流成性的胡蘭成回心轉意。對於張愛玲，他只會給予一時的纏綿，但絕不會付出一生的鍾愛。把胡蘭成這樣一個「到此一遊」的「過客」當成朝思暮想的「歸人」，或許正是張愛玲所犯下的一個「美麗的錯誤」。

　　1946 年，胡作為一個被搜捕的漢奸，潛逃溫州，張愛玲在不知胡的確切位址情況下，放下大家閨秀的架子，千里迢迢去溫州找胡。待她飽受舟車之苦找到胡時，胡的身邊又變戲法般冒出個風韻猶存的少婦，至此，張愛玲仍對胡心存幻想，委曲求全地向胡討一個完整的愛，結果，遭到拒絕。在分手的最後一刻，張愛玲陷入深深的絕望中，她滿含幽怨地說：「我倘使不得不離開你，亦不致尋短見，亦不能再愛別人，我將只是萎謝！」文學上敢於創新的張愛玲愛情上卻落入俗套：重蹈「癡心女子負心漢」的古老覆轍。好在那個動盪的社會成全了張愛玲。急遽變化的社會，使她無暇舔舐愛情的傷口就匆匆踏上逃亡之路，否則，天知道無望的追求還會給她帶來怎樣的煎熬？

　　關於胡蘭成，張愛玲曾留下八字箴言：「因為懂得，所以慈悲。」其實這句話與實情不太相符，因為張愛玲並不是對所有「懂得」她的男性心懷慈悲的，譬如，傅雷先生就很「懂得」張愛玲，但張愛玲卻寫了一篇貌似謙和實則剛硬的文章對大名鼎鼎的傅先生表示了不滿。我想張愛玲這句話如果改成：「因為欣賞，所以慈悲。」也許就一語中的了。問題的癥結在於，胡蘭成既欣賞張愛玲的才情，也迷戀其他女性的身體。在胡蘭成看來，這兩者是可以並行不悖的。在武漢養病時，胡蘭成與一位身材窈窕的護士眉來眼去，在溫州逃難時，他又和一個體態豐腴的少婦形影相隨，胡蘭成對這兩位女性身體的眷戀不亞於他對張愛玲文字的癡迷。看來，胡蘭成首先是一個傳統文人，其次才是一名現代才子，所以，他對紅袖添香的需求遠甚於對紅顏知己的渴盼。而張愛玲同樣是個披著現代外衣的古典女人，雖然她能面帶微笑專心致志傾聽胡蘭成大談他的戀愛故事，但那顯然是強顏歡笑，因為從一而終的念頭在她的心中一直深藏未露。

　　愛美的女人會瘋狂地往臉上塗脂抹粉，全然不顧化妝品對她們皮膚的傷害；惜才的女人會無原則地對才子俯首貼耳，全然不顧才子們的「花心」對她們心靈的戕害。張愛玲如此，當代女詩人蝌蚪也如此。

　　從惺惺相惜這個角度來看，才華橫溢的女詩人蝌蚪愛上同樣是才華橫溢的男詩人江河幾乎是必然的事，而如此一來，蝌蚪的為情所累便成了一種宿命。

　　婚後不久，蝌蚪就發現江河身上有著才子常有的通病：喜新厭舊，用情不專。對於丈夫的「花心」，蝌蚪採取了與張愛玲的相同的辦法：忍氣吞聲、委曲求全。「他是男人，你是女人；他是丈夫，你是妻子；他愛了別人，你卻總想留在他身邊。」為了說服自己接受這樣另尋新歡的丈夫，蝌蚪對「愛」作了新的解釋：「他愛不愛你這無關緊要，你關心的只是自己愛不愛他。當你把他的一切一切都拋開不想時，當他只作為一個人站在你面前時，你知道你需要的就是愛他。至於他如何動作，這無關緊要，你關心的只是你的心。你需要的只是形式。你把形式當作內容，幸福只是一種主觀感受。」「愛，只是你一個人的事，跟別人沒什麼相干，甚至跟他都不相干。你愛，這就夠了，就算他要分手，也不會使你變成心中無所愛的空心人。」與其說這是一個女詩人對愛所作的富有新意的詮釋，不如說它是一個棄婦對自己為人所棄的心有不甘的開脫與辯護。不過，在我看來，這更像一個癡情女子瀕臨絕望時的譫妄之語。看似冷靜實則悲憤的語句隱含一絲不祥的氣息。後來的事實驗證了這一點：說出這些含義曖昧的言辭後不久，蝌蚪就自縊身亡了。她的死表明：她想通過重新詮釋愛的方式來自我安慰的想法落空了。

　　儘管「呼喚的人和被呼喚的很少能互相應答」（哈代語），但那是因為時空的阻隔使他們不能相互應答，而如果與自己朝夕相處的丈夫都不願應答這種「愛的呼喚」，那麼這種泣血呼喚，這種苦苦追求，雖然感人，未免偏執。

最難堪的還不是呼喚得不到應答，最難堪的是當男人不愛這個女人時，女人越是苦苦追求，越會引起男人的反感。所以，張愛玲悽婉的話語，打動了世人，卻打動不了胡蘭成；蝌蚪哀怨的傾訴，或許會招來世人的憐惜，但也肯定會招來「負心郎」的白眼。

在男人，追求意中人，失敗了，並沒有破壞追求時的美感；在女人，追求意中人，失敗了，則成了一生一世的恥辱。

我相信女詩人蝌蚪的自縊，不是殉情，亦非絕望，我相信是不堪忍受追求失敗所帶來的奇恥大辱，她才辭別人世的。我相信她是為捍衛尊嚴而死。

三個女人一齣戲

　　現在的一些影視明星常常被目為「大眾情人」，如鞏俐、章子怡之流。不過，能做中國文人的「大眾情人」，恐怕既非已經過氣的鞏俐，亦非眼下正紅的章子怡。對於喜歡舞文弄墨的中國文人來說，恐怕只有一個已死去多年的女人才有資格有可能成為他們共同的「夢中情人」。這位非同尋常的女子便是清人沈三白的妻子，姓陳，名芸，字淑珍，暱稱芸娘。

　　向芸娘大拋媚眼暗送秋波的中國文人，可謂不計其數。以下文字便是明證：

> 芸，我想，是中國文學上一個最可愛的女人……她只是我們有時在朋友家中遇見的有風韻的麗人，因與其夫伉儷情篤令人盡絕傾慕之念，我們只覺得世上有這樣的女人是一件可喜的事，只顧認她是朋友之妻，可以出入其家，可以不邀自來和她夫婦吃中飯。[1]（林語堂）
>
> 但我更感興趣的卻是較近的古人，清朝乾嘉時期作《浮生六記》的沈復和其妻陳芸。他們的家在滄浪亭附近，書中曾記他們到滄浪亭遊樂、陳芸女扮男裝的事，可見園中一定多有他們的足跡。這本書寫的人，內心和外貌，都可愛，寫的坎坷生活直到死別，使許多讀者灑了同情之淚，所以我每次進園，總想到他們，也就不免興起陳子昂「前不見古人」之歎。[2]（張中行）

以上舉例當然有掛一漏萬之嫌，不過也足以證明芸娘在中國文人心目中舉足輕重的地位。多數文人對芸娘情有獨鍾，在我看來，是一樁再自然不過的事情。對枯守書齋的文人來說，有芸娘這樣秀色可餐的佳侶紅袖添香，青燈黃卷的生涯也就不那麼枯寂了。精神上，芸娘堪稱理想的知音：心有靈犀一點就通；生活上，芸娘就是稱職的保姆：端茶送水隨喊隨到。不過，在我看來，文人們對芸娘頻送秋波，恐怕還有一層說不出口的原因，那就是，芸娘不僅溫柔似水恪守婦道，而且善解人意虛懷若谷──竟然勸夫納妾，並不辭辛苦為此四處奔走、牽線搭橋。

沈三白的表妹婿徐秀峰，自粵東歸，帶回一位美妾。徐豔稱新人之美，邀芸賞新人。芸娘則對徐秀峰說：「美則美矣，韻猶未也。」徐秀峰就對她說：「然則若郎納妾，必美而韻者乎？」芸娘說：當然。芸娘說到做到「從此癡心物色」，終於為三白覓得一名「瓜期未破，亭亭玉立」的名叫憨園的女子，經過一番打探，費了不少周折，芸娘說動了憨園，使後者甘當「窮措大」三白的小星。「芸欣然告余曰：『麗人以得，君何以謝媒耶？』」

默許丈夫納妾，已屬難能可貴；甘當丈夫媒人，更是空前絕後，難怪文人們要興「前不見古人，後不見來者」之歎了。為丈夫納妾而四處奔走、多方打探，芸娘此舉真有點匪夷所思。也許她對自己的才貌有足夠的信心，相信丈夫即使娶了新人，也不會忘了舊人；也許她對丈夫的品性有足夠的信心，相信丈夫會對她滴水之恩湧泉相報，絕不會過河拆橋喜新厭舊；也許她對男人的鬼心思明察秋毫，知道男人拈花惹草的習慣根深蒂固，與其讓他在外頭鬼鬼祟祟四處留情，不如讓他光明正大娶個二房，如此，至少，男人患花柳病的幾率會大大降低。

可以設想，一旦三白娶了小妾，芸娘便極有可能成為「一個容易受傷的女人」。但如果芸娘願意「把悲傷留給自己」，把快樂像小妾一樣送

給丈夫，作為局外人的我們也只能「哀其不幸，怒其不爭」了。雖然芸娘是一個心地善良的女人，雖然芸娘自我犧牲精神令人欽佩，但我認為，芸娘在無意間做了一次「幫兇」，一個男權文化的「幫兇」，一個封建社會的「幫兇」。當她為丈夫納妾而四處奔走時，她事實上是為鞏固納妾制度盡了一份綿薄之力。至少，當一個男人因為金屋藏嬌而遭到元配夫人的斥罵時，芸娘為這個花心男人提供了一面擋箭牌：「看看人家芸娘，不辭辛苦，四處奔走，為丈夫物色小妾，你倒好，為這點破事，和我大吵大鬧，不依不饒？」

當受害者本人不僅絕對臣服於這種男權文化，並且為這種文化添磚加瓦、鋪路搭橋，那麼，這種文化當然會固若金湯、牢不可破了。

文人們之所以對芸娘念念不忘，不僅因為芸娘的才貌俱全、善解人意，更是因為這樣的女人太罕見了。在愛書成癖的文人眼中，芸娘豈止是「善本」，簡直就是「孤本」。

絕大多數的女人，恐怕不會有芸娘的「雅量」，當她們風聞丈夫有了外遇後，第一反應往往不約而同：怒從心頭起，惡向膽邊生。這些女人在才貌上或許遠遠不及芸娘，但她們卻懂得一個粗淺的道理：臥榻之側，豈容他人酣睡？胡適夫人江冬秀就是這樣一個女人。

胡適四歲喪父，是寡母將其一手拉扯成人。在他十三時，其母為他定下「終身大事」，對方是一個村姑名叫江冬秀，江冬秀沒什麼文化，並且纏了腳。訂親後，江冬秀一直以童養媳的身份在胡家忙裏忙外，她的溫順和肯吃苦贏得了胡老太太的賞識。以胡適的才學與身份，他哪裡看得上江冬秀，但胡適是個孝子，對母親的話惟命是從。於是，1917年，胡適留美歸來，在母親的催促下，一肚子不滿意的胡適只能把自己和江冬秀的完婚當作一件禮物饋贈給母親，「以博吾母歡心」[5]；與此同時，他也把和江冬秀的完婚當作一枚苦果，留給自己品嚐。

胡適和江冬秀兩人之間的差距太大，胡適的內心世界，江冬秀永遠走不進去。（「但我心中總有一角之地，是不能給她的」）[4]。如此，胡適的另覓新歡幾乎是不可避免的事。

1917 年胡適和江冬秀結婚時，江冬秀的伴娘叫曹誠英。後者自此與胡適相識。1923 年 4 月，胡適到杭州煙霞洞修養，在杭州的績溪老鄉常去看他。曹誠英此時正在杭州「浙江女子師範大學」讀書，也常和同學結伴去看胡適。你來我往地看了幾回，兩人情投意合，關係急劇升溫，也日趨明朗。很快，曹誠英有了身孕，胡適不得不向江冬秀攤牌，要求離婚。江冬秀當然是大吵大鬧，誓死不離婚。江冬秀是如何鬧的，可看下面三個片段。

一次，江冬秀在胡適某朋友面前哭訴胡適的無情無義，講到激憤處，江冬秀摸出一把剪刀要刺胡適，多虧這位朋友好言相勸，胡適才免遭皮肉之苦。

另一次胡適提到離婚，江冬秀就從廚房拿出菜刀對胡適說：「你要離婚可以，我先把兩個兒子殺掉，我同你生的兒子不要了！」胡適聞言，噤若寒蟬。

還有一次，胡適再次提到離婚，江冬秀懷裏抱著小兒子思杜（時二歲），一手拉著大兒子祖望（時五歲），一手拿著菜刀，對胡適說：「你要同我離婚，我母子三人就死在你面前。」

或許是江冬秀鬧得太凶，或許是胡適害怕因小失大──因為一場婚外戀而壞了「大名」，胡適放棄了離婚的打算，讓曹誠英去墮胎，並安排她出國留學了事。

雖然江冬秀對胡適的反抗行為跡近撒潑耍賴，但筆者對她還是同情多厭惡少，因為，江冬秀如果不像溺水者抓住一根救命稻草那樣抓住自己的丈夫，離婚後的她極有可能像魯迅夫人朱安一樣悲慘地終老一生。

在這場婚姻大戰中，守「城」者江冬秀得勝回「巢」，而圍「城」者曹誠英則鎩羽而「滾」。但得勝者江冬秀後來做的一件事，卻使筆者不能不減少對她的同情，增加對她的厭惡。

在胡適幫助下，曹誠英後來在美國康乃爾大學農學院專攻農學。回國後在復旦大學任教，其間，她與一位曾姓男子相愛，在兩人正準備談婚論嫁時，江冬秀向曾的親戚透露了曹誠英曾經與胡適有過一次如火如荼的婚外戀，曾姓男子當即取消了婚約。曹誠英一氣之下，遠赴四川峨眉山，不能出嫁索性出家，後在家兄的勸說下，曹誠英雖未出家當尼姑，但也終身未婚，在孤寂淒苦中了此一生。

胡適的另覓新歡當然給江冬秀帶來了很大的傷害，但「罪魁禍首」是胡適，卻不是曹誠英。胡適的花心傷害了妻子江冬秀，胡適的怯懦傷害了情人曹誠英。既然兩人均是受傷的女人，江冬秀揭曹誠英老底的行徑真有點相煎何急的味道！江冬秀對胡適可謂委曲求全，只要胡適不離婚，她是不會干涉他的婚外戀的，而對曹誠英，一個敗下陣來情敵，她卻痛下辣手，如此一來，筆者同情的天平一下傾向曹誠英這邊。

胡適的始亂終棄，讓曹誠英的身心遭到重創，而江冬秀的一劍封喉則徹底堵死了曹誠英走向新生的大門。無庸諱言，曹誠英一生的幸福即斷送在胡適夫婦之手——「罪魁」是胡適，「幫兇」是江冬秀。對婚外戀的「主謀」胡適，江冬秀忍氣吞聲，委曲求全；對婚外戀的「從犯」曹誠英，江冬秀卻窮追猛打，絕不手軟。江冬秀這種欺軟怕硬的行為，我們看了十分眼熟。當阿Q欺負小尼姑時，阿Q身上便有了江冬秀的影子，而曹誠英無疑扮演了小尼姑的角色。江冬秀的這種心理當然也十分陰暗：被別人欺負了，難道我就不能找個出氣筒出出氣，找個受氣包練練拳？一旦某人習慣向弱者揮以老拳，那麼，挨強者痛揍時他（她）就會安之若素。一個人若遵循「欺軟怕硬」的處世原則，一方面，他（她）

會對比他（她）弱的對象大發淫威，另一方面，他（她）的反抗強權的意識也會被徹底閹割。或許，這就是「欺軟怕硬」心理所帶來的最有害的後遺症。一個人如此，一個民族也如此。

百歲老人章克標的原配陳翠娥也是個「芸娘」式的人物，對章克標娶妾的念頭十分理解。當章克標把內心的「想入非非」對妻子和盤托出時，「她並不染酸吃醋，而且還很樂意玉成其事的樣子」。

章克標二十六歲那年，第一次嫖宿就染上淋病，後多方尋醫問藥才治癒。結婚後，因當時醫治花柳病的特效藥已問世，章克標便放心大膽地照嫖不誤。「有一次，我同章老闆、劉叔琴、劉熏宇一同去荒唐了一晚。後來覺得陰部一直發癢，於是解開來檢查一下，發現了陰毛當中有白色的小粒子，這是蟲子的卵，生蝨子了，仔細查看了果然有陰蝨，在陰毛叢中寄生著怪不得要發癢了。把這事告訴了妻，她說我看看。就這樣，她仔仔細細為我捉起陰蝨起來了。有過這樣一樁事，可見得她的性情，對於我是過分地友好寬大了。」[5]

對丈夫的「荒唐」不加干涉，竟然「仔仔細細為我捉起陰蝨」，對此，章克標的解釋如下：「這也是舊式的中國傳統的所謂良妻賢母的典範，她的這種性情，我是早已明白了的。」不過，我認為，陳翠娥如此大度，一定有其難言之隱。果然，章克標下面這番話為我們揭開了謎底：「因為結婚幾年後還沒有孩子，她很想有個大胖兒子，可是她擔心因為她的身體病弱之故，一心想叫我再置一個側室，講了不知多少次了。我總勸她不要性急，等等自然會有的。所以她要我把看中的人，請來家裏跟她先結交結交。」[6]

原來如此。原來陳翠娥是因為「無後」才不能不對丈夫百依百順的。因為不生養，丈夫隨時可以名正言順地將其休掉。與其做棄婦，被掃地出門，不如發揚風格，「退居二線」。這是一種無奈的策略，與「所謂良

妻賢母」無關。由此，我們也可想到，江冬秀之所以鬧得「理直氣壯」，鬧得「有恃無恐」，不是因為她師出有名，而是因為她的肚皮爭氣，一連生了兩個兒子。儘管，胡適一點也不愛江冬秀，但當長子胡祖望出世後，胡適還是十分激動，情不自禁賦詩一首。若江冬秀肚皮不爭氣，不能生養，或生的都是「丫頭片子」，她還敢這樣鬧嗎？即使敢鬧，恐怕也因為底氣不足而草草收兵或早早敗下陣來。肚皮決定命運，對中國傳統女性恐怕不是戲語而是實情。

　　林語堂說芸娘是「最可愛的女人」，章克標誇妻子是「中國傳統的所謂良妻賢母的典範」，其實是別有用心地給中國女性灌「迷魂湯」，套「緊箍咒」。一旦喝了這樣的「迷魂湯」戴上這樣的「緊箍咒」，妻子們會變得十分溫良、賢慧，即便男人在外面尋花問柳，她們也不慍不怒溫順如初，否則，就不「可愛」不「賢慧」了。再說，大吵大鬧，「歇斯底里」，也與「良妻賢母」的身份不符。

　　和芸娘、陳翠娥相比，江冬秀似乎是另外一種女人，對丈夫的另結新歡，她的態度不是「友好寬大」，而是大吵大鬧。但是，她的反抗是針對丈夫的離婚要求，而不是丈夫的婚外戀情；她真正痛恨的也不是自己的丈夫，而是情敵曹誠英。對胡適，她的「鬥爭」是給出路的，也是適可而止見好就收的；對曹誠英，她的「反擊」是毀滅性的斬草除根。很顯然，她把罪魁禍首當作了曹誠英而非胡適，這恰恰說明她也痛飲了一碗男人們「煲」出的「迷魂湯」。這道「迷魂湯」的學名應該叫做「紅顏禍水論」——明明是皇帝昏庸無能斷送了江山社稷，偏偏說是妃子們惹的禍；明明是自己的男人不安分，偏偏說是外頭「狐狸精」把他的魂勾走了。「1946 年，冬秀寄居我家三樓。她有時至我母房中作私人談話，以她一人寓滬而感歎流淚，提起當年胡適、曹誠英一事時，雙手緊握拳頭，咬牙切齒地怒罵曹誠英是『狐狸精』不已。」[7] 對花心的丈夫姑息

遷就，對所謂的「情敵」，不依不饒，江冬秀的行為當然有失公正。她「欺軟怕硬」的反抗行為無損於丈夫一根毫毛，無損於男權文化一根毫毛，只是讓世上多了一個心碎的女人，多了一齣淒惻的悲劇。從這個角度來看，江冬秀與芸娘、陳翠娥雖然經歷、性格、境遇迥然相異，但在我看來，她們卻屬於同一類女性，在她們思想深處有著驚人的一致性──都因為誤喝男人們「煨」出的「迷魂湯」而喪失了自我。

某種程度而言，她們都上了男權文化的當，自覺自願走進男人們「巧妙」設置的圈套，渾然不覺。她們是一齣悲劇中的三個女主角。

註釋

[1] 李歐梵、李玉瑩著：《過平常日子》，經濟日報出版社 2003 年版，第 1 頁。
[2] 張中行：《負暄三話》，黑龍江人民出版社 1994 年版，第 96 頁。
[3] 沈衛威：《胡適周圍》，2003 年版，第 261-262、282 頁。
[4] 同注【3】。
[5] 章克標：《世紀揮手》，海天出版社 1999 年版，第 170 頁。
[6] 同注【5】。
[7] 同注【3】。

胡適的腎病與文憑

1920 年，胡適患腎炎，當時，既沒抗生素，更沒激素，西醫對這種病束手無策，最終還是上海的中醫陸仲安妙手回春醫癒了胡適的病。為感謝陸仲安，胡適在 1921 年 3 月 30 日《題陸仲安秋室研經圖》中寫下這樣一段話：

> 林琴南先生的文學見解，我是不能完全贊同的。但我對於陸仲安先生的佩服與感謝，卻完全與林先生一樣。
>
> 我自去年秋間得病，我的朋友學西醫的，或說是心臟病，或說是腎臟炎，他們用藥，雖也有點功效，總不能完全治好。後來幸得馬幼漁先生介紹我給陸仲安先生診看。陸先生有時也曾用過黃芪十兩，黨參六兩，許多人看了，搖頭吐舌，但我的病現在竟好了。去年幼漁的令弟隅卿患水鼓，腫至肚腹以上，西醫已束手無法，後來頭面都腫，兩眼幾不能睜開，他家裏才去請陸先生去看。陸先生用參芪為主，逐漸增到參芪各十兩，別的各味分量也不輕，不多日，腫漸消滅，便溺裏的蛋白質也沒有了。不上百天，隅卿的病也好了，人也胖了。
>
> 隅卿和我的病，頗引起西醫的注意，現在已有人想把黃芪化驗出來，看他的成份究竟是些什麼？何以有這樣大的功效？如果化驗的結果，能使世界的醫學者漸漸瞭解中國醫學藥的真價值，這豈不是陸先生的大貢獻嗎？[1]

關於陸仲安醫治胡適的經過，當時有名的西醫俞鳳賓也有簡明扼要的記載：

「胡適之先生，患腎臟病，尿中含蛋白質，腿部腫痛，在京中延西醫診治無效，某西醫告以同樣之症，曾服中藥而癒，乃延中醫陸君處方，數月痊癒。處方如下：

生綿芪四兩　潞黨參三兩
炒于術六錢　杭白芍三錢
山萸肉六錢　川牛膝三錢
法半夏三錢　酒炒芩三錢
雲伏苓三錢　福澤瀉三錢
宣木瓜三錢　生薑二片
炙甘草二錢

此係民國九年十一月十八日初診，治至十年二月二十一日止之藥方。[2]

晚年的胡適，在給朋友的兩封信中談到陸仲安，但令人奇怪的是，胡適在信中否認了自己患腎臟炎的事實。在一封 1954 年 4 月 12 日〈覆余序洋〉的信中，胡適寫道：

你看見一本醫書上說，我曾患糖尿病，經陸仲安醫好，其藥方為黃芪四兩……等等。

我也曾見此說，也收到朋友此信，問我同樣的問題。其實我一生沒有得過糖尿病，當然沒有陸仲安治癒我的糖尿病的事。

陸仲安是一位頗讀古醫方的中醫，我同他頗相熟。曾見他治癒朋友的急性腎臟炎，藥方中用黃芪四兩，黨參三兩，白術八錢。（慢

性腎臟炎是無法治的，急性腎臟炎，則西醫也能療。）但我從沒
有聽見陸君說他有治糖尿病的方子。

造此謠言的中醫，從不問我一聲，也不問陸仲安，竟筆之於書，
此事真使我憤怒！[3]

胡適上面的話有真有假。「一生沒有得過糖尿病」是真的，（他得的
是腎臟炎）；「曾見他治癒朋友的急性腎臟病」「慢性腎臟炎是無法治的，
急性腎臟炎，則西醫也能療」則是假話，至少與當時的情形不符。事實
是：陸仲安治好了他的腎臟炎，並且是在西醫束手無策的情況下治好的。

在另一封寫於 1961 年 8 月 3 日的〈覆沈某〉的信中，胡適徹底否認
了自己患過腎臟炎這一「傳說」。

急性腎臟炎，我的朋友中有人患過，或用西法，或用中藥，均得
治癒。

慢性腎臟炎，友人中患者，如牛惠生，如俞鳳賓，皆是有名的西
醫，皆無法治療，雖有人傳說中醫有方治此病，又有人傳說我曾
患慢性腎臟炎，為中醫治好，──其實都不足信。大概慢性腎臟
炎至今尚未有特效藥。

在三十多年前，我曾有小病，有一位學西醫的朋友，疑是慢性腎
臟炎，後來始知此友的診斷不確。如果我患的真是此病，我不會
有三、四十年的活動能力了。我並未患過此病。[4]

否定得很徹底，但完全不符合事實。明明是自己患了腎臟炎，西醫
束手無策，是中醫陸仲安醫好。胡適卻說自己沒得過這種病，陸仲安治
好的是他的朋友。

胡適為什麼不承認板上釘釘的事實？為什麼要說假話？對此，胡
適的弟子羅爾綱有過以下的揣測：「胡適最恨人說假話。他為什麼自己

反說假話呢？這是因為他主張『充分世界化』，主張科學。他認為中醫不科學，他患腎臟炎，西醫束手無法，而中醫陸仲安居然醫好他，社會盛傳，發生了不信西醫的傾向。胡適怕對科學的發展有害，所以才不得不這樣說的。」[5]

出於對老師胡適的敬重，為老師講假話找了一個冠冕堂皇的理由，羅爾綱的良苦用心筆者自然理解。但羅爾綱的這番揣測過於牽強附會，因為當時的胡適已進入暮年，境況很落魄，早就失去了當初一言九鼎、一呼百應的身份和地位了，暮年的落魄的胡適，恐怕不會自視甚高到以為自己為中醫說兩句好話，就會立竿見影產生「社會盛傳，發生了不信西醫的傾向」這樣大的效果；再說，以說謊的方式來「主張科學」，豈不讓人笑得打跌；並且，即使出於一個高尚的動機──「怕對科學的發展有害」，胡適的講假話也很不妥。

胡適曾云：有一分證據說一分話。既然沒有充分的證據證明，胡適講假話是出於「主張科學」、「怕對科學的發展有害」這樣良好的願望，那麼，與其為胡適這次講假話找一個冠冕堂皇的理由，不如把它作為一個問題提出來。前者失之輕率，後者則不失嚴謹，因為孔老夫子早就說過：知之為知之，不知為不知，是知也。另外，從做學問的角度來看，提出一個問題應比草率解決一個問題更有價值。胡適就曾說過：「問題是一切知識學問的來源，活的學問，活的知識，都是為了解答實際上的困難，或理論上的困難而得來的。」[6]

除了這一次的說假話，胡適還做過一次「平生憾事」（唐德剛語）。1917 年，胡適應聘從美國回到北大做教授。同年，胡適的《中國哲學史大綱》出版，封面上印著「胡適博士著」的字樣。「其實那時他在哥大的註冊記錄上仍然只是個『博士候選人』或如今日很多人的名片上所用的『待贈博士』（Ph.D.candidate），離正式學位尚差一大截。胡先生這個

『待贈』階段一直維持了十年。」[7] 1927 年胡適再到紐約時，才交上博士論文，經杜威先生的通融，補辦了手續，校方才正式頒給他「哲學博士」的學位的。也就是說，胡適是提前十年把博士頭銜戴在頭上的，或者說，胡適冒充了十年的博士，也未為不可。那麼，以胡適的才學，以胡適的「海龜」身份，他有必要借一個尚未到手的博士學位給自己撐門面嗎？對此，唐德剛的理解如下：

「當年的北京大學——這個擠滿了全國鴻儒碩彥的大學，豈可隨便插足？以一個乳臭未乾的小夥子，標新立異，傲視士林，胡適多少有點膽怯。『夜行吹口哨』，壯膽嚇鬼，所以在『中國哲學史大綱』的封面上，也印上個『博士著』字樣。在博士多如狗的今日，誰要來這麼一下，別人會嗤之以鼻的，但是六十年前卻是另外一個時代啊！……那時的中國士大夫被洋人嚇昏了頭，對自己的文明完全失去了信心。一個留學七載，行萬里路、讀萬卷書，重洋歸來的洋翰林是大可以唬人的。他們是那個文化真空時代裏浪頭上的風雲人物，所以胡適在他的處女作上加個『博士著』來嚇鬼是完全可以理解的。」[8]

為了「嚇鬼」，胡適不僅提前把「博士」的頭銜戴在頭上，並且還「把別人的祖宗據為己有」：「在《中國哲學史大綱》第一版蔡元培的序文中居然把徽州的『解經三胡』說成胡適的老祖宗。因而人們覺得胡適對中國哲學之所以有如此透徹的瞭解，實在是家學淵源，箕裘有自！蔡氏把胡氏當成別人的子孫，而胡氏亦默不作聲，把別人的祖宗據為己有。這些都顯示二十來歲的胡適對那浩如煙海的古籍的研究，在全國最高權威們的眾目睽睽之下，沒有太大的自信心。」[9]

以上兩件小事，如果不是唐德剛在文中提起，恐怕不會為他人所知。事實上，這兩件小事也絕對不會影響到胡適的威望和聲譽，用唐德剛的話來說，就是「不足為胡適盛德之玷」。「讀歷史的人絕不可把那盛

名之下而成為眾矢之的的二十來歲的青年學者看成大成至聖或我主耶穌。在那種排山倒海的反胡陣營之前，一個才高八斗的的濁世佳公子打點太極拳勉圖自保，是完全正常的行為，也是絕對值得同情的。他不如此，反而不正常。試問出版了十六年的『傳記文學』裏不誠實的故事還不是所在多有嗎？青年胡適的那點小花招是任何人所不能免的。縱使是春秋責備賢者，也不應苛責於他的。」[10]

筆者也絕不想苛責青年胡適，對青年胡適提前戴上博士頭銜，「把別人的祖宗據為己有」所謂「打點太極拳勉圖自保」的行為也完全理解。但唐德剛說「他不如此，反而不正常」「那點小花招是任何人所不能免的」，恐怕就言過其實了。

在當時，一個年輕人，出於自保，出於無奈，打點太極拳，玩點小花招，當然「是完全正常的行為，也是絕對值得同情的」，但當胡適在「暴得大名」之後，理應在某個適當的時候以恰當的語言澄清此事，這樣，既做到了「以真面目對人」（張中行語），對那些愛戴他、追隨他乃至崇拜他的人也是一種尊重一種交代；另外，如果當事人胡適自己澄清這件事，後來的胡適研究者也就不會陷入一頭霧水、不明就裏的困境裏。

胡適提前把博士頭銜戴在頭上，至少給兩個人帶來了很大麻煩，甚至讓這兩個人陷入焦頭爛額的境地。兩人中的一人是已故哥大東亞圖書館前館長林頓（Howard P. Linton）先生。「林氏為紀念哥大兩百周年之校慶，於 1952 年開始編纂一本『哥倫比亞大學有關亞洲研究的博士碩士論文目錄』。這本目錄包羅萬有，獨獨把『胡適』的『論文』『編漏』了。校園內一時傳為笑談。」[11]

林氏自己也百思不得其解：他是根據校方正式記錄編纂的，為什麼校方的正式記錄裏沒有胡適論文的記錄呢？原來，胡適原先在哥大註冊時的英文名字是 Suh Hu，1927 年拿學位時，由於中文姓名的拼寫

習慣發生改變，胡適拿學位的名字是 Hu Shih。這樣，林頓館長自然無法找到署名「Suh Hu」的博士論文了。

兩人中的另一人是袁同禮。袁氏在 1961 年出版了一本「中國留美同學博士論文目錄」，根據袁氏所搜集的資料，截止 1960 年止，哥大授予華人博士學位的人數為全美各校之冠，但根據哥大所提供的正式名單，則是第二，在核查兩份名單時，袁氏發現，「胡適」竟是問題人物之一：「袁先生分明知道胡先生是哥大 1917 年的博士，為什麼哥大提供的正式記錄上卻晚了十年呢？」袁氏請唐德剛幫忙核查這一問題。唐德剛很費了一番「考證」工夫，才查出問題的真相：「胡先生的正式學位記錄確是 1927 而非 1917。」但這一真相給袁同禮帶來的不是如釋重負，而是焦頭爛額：「我知道他處理這一問題相當棘手，因為那時大陸和臺灣兩地都以『打胡適』為時髦。袁氏少知道一點真相，反而減少他精神上的壓力！這位誠實的迂夫子那時已被類似的問題弄得焦頭爛額。如果別人再說袁同禮說的，胡適是個假博士，那袁氏豈不要跳樓？袁先生最後決定把這兩個相差十年的年代在他的『目錄』上並列，才結束了我二人這段小『考據』。」[12]

「青年胡適的那點小花招」給上述兩人帶來多大麻煩！如果胡適早一點澄清這一問題，上述兩人和唐德剛就不會為弄清事實真相花去很多寶貴的光陰了。另外，如果胡適能主動「坦白」事實真相，不僅不會為人所詬病，反而予人以光明磊落之感；而一旦真相被他人「考證」出來，胡適就很被動了。「當我在替袁先生『複查』之時，禮貌上我是不能向胡先生這位長輩直說的，但是道義上我又非向他報告不可。所以我只有在適當的場合和氣氛裏，慢慢委婉地向胡先生透露；胡先生也就逐漸地向我說明其中的原委。每次向我解釋時，他老人家都有點苦笑的表情。他的尷尬的情況，反而使我對他益發尊敬其為人。」[13]

如果自己早把問題講清，「苦笑」「尷尬」不就完全避免了嗎？

一方面，作為大眾，對名人應持一種寬容的態度，因為名人也是人，犯錯在所難免；如果抓住名人的某個缺點大做文章，甚或上綱上線，就不好了。孔老夫子早就說過：「大德不逾閑，小德出入可也。」對名人也應作如是觀。

另一方面，名人自己應從嚴要求自己。因為，名人常在社會的前臺「做秀」，常在聚光燈下「露臉」，哪怕不起眼的缺點也會為大眾一目了然，甚至被放大到令人驚心的程度。其實，接受大眾或許過於苛刻的品頭論足、指指點點，正是名人必須付出的諸多代價之一。因此，名人應儘量做到無懈可擊，做到不授人以柄。該澄清的地方，澄清；該懺悔的時候，懺悔。作為名人，既然備受關注，倘想掩蓋自己的破綻之處，恐怕難上加難；既然如此，名人何不坦陳自己的過失或公開改正自己的錯誤，後者不會影響名人的聲譽，反而會鞏固名人的威望。還是孔老夫子說得好：「君子之過也，如日月之食焉：過也，人皆見之；更也，人皆仰之。」

近日讀楊絳先生的《我們仨》，看到錢鍾書女兒錢瑗身患重病後所寫的一段話：「琴彈得不亦樂乎，功課就越來越不想做。一天我發現有幾頁大字上沒有爸爸批改過的筆跡，就懷著僥倖心理去以舊充新，他居然沒有察覺。到第三次，他才發現，大怒，罵我弄虛作假，是品德問題。氣衝衝地把文法書撕了，並發誓，再不教我讀書。」[14]

錢鍾書給人的印象向來是溫文爾雅，一團和氣，這一次卻大發雷霆，且氣急敗壞得把書都撕了，因為在他眼裏，女兒的「弄虛作假」，不是「小花招」，亦非「太極拳」，而是「品德問題」。錢鍾書這次的「大怒」，使我們認識到，任何時候，誠實不僅是值得珍視的美德，也是不該逾越的做人底線。

註 釋

[1] 高拜石：《新編古春風樓瑣記》（第七集），作家出版社 2004 年版，第 130-131 頁。
[2] 羅爾綱：《師門五年記・胡適瑣記》，三聯書店 1995 年版，第 105-110 頁。
[3] 同注【2】。
[4] 同注【2】。
[5] 同注【2】。
[6] 胡適：《胡適文集》，北京燕山出版社 1995 年版，第 419 頁。
[7] 唐德剛：《胡適雜憶》，吉林文史出版社 1994 年版，第 40-45 頁。
[8] 同注【7】。
[9] 同注【7】。
[10] 同注【7】。
[11] 同注【7】。
[12] 同注【7】。
[13] 同注【7】。
[14] 楊絳著：《我們仁》，三聯書店 2003 年版，附錄一。

貌合神離的教育觀

　　或許是英雄所見略同吧，愛因斯坦和胡適在教育方面有諸多相似、乃至相同的看法。從兩人的人生經歷來看，愛因斯坦可謂說到做到將自己的教育觀完全落實於行動中，而胡適則說歸說，做歸做，沒能將自己有價值的教育觀轉化成人生實踐。

「智慧教育」：知行務須合一。

　　愛因斯坦認為，智慧比知識更重要。所謂智慧，就是對事物的認識判斷的能力，就是發明創造的能力；智慧不是短期內就能從課本上學到的，而知識是能夠短期內從書本上獲得的，所以，智慧和知識有著質的不同。

　　基於這樣的認識，愛因斯坦一直強調，教育要培育學生的活生生的智慧，而不是單純灌輸死氣沉沉的知識。因為，光憑書本上的知識，是根本解決不了生活中那些富有挑戰性的難題；而一旦具備了足夠的智慧和能力，則能夠以不變應萬變，顯示出超強的適應性和創造性，從而攻克人生中接踵而至的突發問題。

　　愛因斯坦認為，學校的目標應當是培養有獨立行動和獨立思考的個人，他認為，一旦學生具備了足夠的智慧和能力，能夠獨立行動獨立思考，那麼，他必定會找到他自己的成功之路。

　　我們知道，愛因斯坦年輕時可謂諸事不順，大學畢業後一直失業，自己的婚姻又遭到家人的反對，儘管寫了幾篇不錯的論文，但學術界對這個極有創見的年輕人十分冷淡。如果愛因斯坦缺乏獨立思考和獨立行

動的能力，他就不可能具備孤軍奮戰的勇氣，也不會具有逆境裏苦撐的韌性，當然，也就不會有後來的成功了。

事實上，獨立思考、獨自摸索幾乎貫穿了愛因斯坦的一生，在談到廣義相對論的創立時，他說：「在黑暗中焦急探索著的年代裏，懷著熱烈的想望，時而充滿自信，時而筋疲力盡，而最後終於看到了光明──所有這些，只有親身經歷的人才能體會到。」[1]我想，愛因斯坦的信心、勇氣和最終的成功均來自他獨立而深邃的思考和明晰而敏銳的判斷。

愛因斯坦以上看法，胡適是完全贊同的。事實上，胡適在美國留學時，就碰到過一位注重培養學生智慧和能力的教師，這位教師授是康乃爾大學政治系的山姆・奧茲教授。

山姆給胡適上第一堂課的開場白是這樣的：

> 今年是大選之年。我要本班每個學生都訂三份日報──三份紐約出版的報紙，不是當地的小報──《紐約時報》是支持威爾遜的；《紐約論壇報》是支持塔夫脫的；《紐約晚報》是支持羅斯福的。諸位把每份訂它三個月，將來會收穫無量。在這三個月內，把每日每條新聞都讀一遍。細讀各條大選消息之後，要做個摘要；再根據這摘要作出讀報報告交給我。報紙算是本課目的必需參考書，報告便是課務作業。還有，你們也要把聯邦四十八州之中，違法亂紀的競選事蹟作一番比較研究，交上來算是期終作業！[2]

胡適按照山姆的要求，對各州的選舉回答作了一番比較研究後，也就對美國的政治相當熟悉了。山姆的這種注重培養學生的能力和智慧的教學方法，不僅激起了胡適對這門課的興趣，也大大提高了他獨立思考、獨自判斷的能力。直到晚年，胡適對山姆仍推崇備至：「我一直認

為奧茲教授是我生平所遇到的最好的教授之一；講授美國政府和政黨的專題，他實是最好的老師。」[3]

然而，胡適雖然嘗到了「能力教學」的甜頭，但他中科舉教育的毒太深了，用唐德剛的話來說就是「幼而習，長而行，考據成癖」，所以，他對注重能力和智慧的教育方法可謂淺嘗輒止。晚年的胡適，一門心思埋頭去注那本支離破碎的《水經注》，說明他已忘記了山姆教授的教誨，又回到了「考據」、「訓詁」那條發黴的老路上去了。正如其弟子唐德剛所說的那樣：「所以胡適之先生求學時期，雖然受了浦斯洛和杜威等人的影響，他的『治學方法』則只是集中西『傳統』方法之大成。他始終沒有跳出中國『乾嘉學派』和西洋中古僧侶所搞的『聖經學』的窠臼。」[4]

余杰在其名篇〈玩知喪志〉中，對鍾情於「考據」、「訓詁」的乾嘉學派的知識份子有過一針見血的批評：「幾部殘缺不全的破經典，你注過來我注過去，皓首窮經，頭髮白了，經卻還沒有注完。清代的大師們，表面上看是在追求「純粹的知識」，其實是在文字獄的淫威下揮刀自宮──他們的知識全是沒有價值判斷的、不對當下發言的、逃避心靈自由的，通向奴役之路的知識。」

在我看來，這個早年考證《紅樓夢》，晚年鑽研《水經注》的胡適恰恰重演了那些皓首窮經的「清代的大師們」的人生悲劇。愛默生認為：「學者理應成為思想的人。其責任可以歸納為『自信』。學者的職責是去鼓舞、提高和指引眾人，命令他們看到表象之下的事實。」而像胡適這樣鍾情於「考據」、「訓詁」，一頭紮進故紙堆裏的學者又何來深刻的思想，又如何能履行「鼓舞、提高和指引眾人」的職責。

另外，既然鑽進了故紙堆，胡適對現實的判斷、對政治的思考也就高明不到哪裡去了。「正因為『胡適的治學方法』受了時代的局限，未

能推陳出新，他的政治思想也就跳不出『常識』和『直覺』的範圍。最主要的原因便是由於他的『治學方法』不能『支持』他政治思想的發展。」

　　儘管胡適和愛因斯坦一樣也推崇「注重培養能力」、「注重培養智慧」的教育方法，但他在人生中並未恪守這一教育方法，而是不知不覺回到了「乾嘉學派」的老路，這只能說明，胡適在中國文化的醬缸裏泡得太久，久得讓他失去了實踐新方法的能力。就像一個被閹割過的人，面對美色也會蠢蠢欲動，但卻心有餘而力不足了。看來，胡適雖喝了不少洋墨水，外表上，西裝革履，與西人完全相同，但他後腦勺上的那根無形的辮子卻一直盤踞在頭頂，難以割掉。

　　意識到「智慧教育」的重要性是一回事，能不能在人生實踐中貫徹這一主張是另一回事。古人說，知易行難，但倘想有所建樹，知和行必須統一。

「興趣」不相同，結果不一樣。

　　在《胡適口述自傳》裏，談及年輕時選擇「學農」，胡適有過一番感慨：

> 我那時很年輕，記憶力又好。考試前夕，努力學習，我對這些蘋果還是可以勉強分類和應付考試的；但是我深知考試之後，不出三兩天──至多一周，我會把那些當時有四百多種蘋果的分類，還是要忘記得一乾二淨。我們中國，實際也沒有這麼多種蘋果。所以我認為學農實在是違背了我個人的興趣。勉強去學，對我說來實在是浪費，甚至愚蠢。因此我後來在公開講演中，便時時告誡青年，勸他們對他們自己的學習前途的選擇，千萬不要以社會

時尚或社會國家之需要為標準。他們應該以他們自己的興趣和秉賦，作為選科的標準才是正確的。[5]

胡適的晚年，終於可以心想事成，按照「個人的興趣所在去做」了。他說：

我的玩意兒對國家貢獻最大的便是文學的「玩意兒」，我所沒有學過的東西。最近研究《水經注》（地理學的東西）。我已經六十二歲了，還不知道我究竟學什麼？都在東摸摸、西摸摸，也許我以後還要學學水利工程亦未可知，雖則我現在頭髮白了，還是無所專長、一無所成。可是我一生很快樂，因為我沒有依社會需要的標準去學時髦。我服從了自己的個性，根據個人的興趣所在去做，到現在雖然一無所成，但我生活得很快樂，希望青年朋友們，接受我經驗得來的這一個教訓，不要問爸爸要你學什麼，媽媽要你學什麼，愛人要你學什麼。要問自己性情所近，能力所能做的去學。這個標準很重要，社會所需要的標準是次要的。[6]

胡適認為，年輕人「應該以他們自己的興趣和秉賦，作為選科的標準」，這自然是對的；說一個人應該「服從了自己的個性，根據個人的興趣所在去做」也是對的。事實上，愛因斯坦上大學時就完全憑自己的興趣來選擇自己所聽的課：「於是我逐漸學會抱著某種負疚的心情自由自在地生活，安排自己去學習那些適合於我的求知慾和興趣的東西。我以極大的興趣去聽某些課。但是我『刷掉了』很多課程，而以極大的熱忱在家裏向理論物理學的大師們學習。」[7]並且，愛因斯坦還對學校教育提出了一個原則性準則：「教師的首要藝術是喚醒創造和認識的樂趣。」

　　不過，在這裏，我們發現，胡適所說的「興趣」與愛因斯坦所說的「興趣」，其實並非一回事。比如，胡適晚年懷著濃厚的興趣去鑽研《水經注》，與其說這是出於對「考據」、「訓詁」的興趣，不如說是懷舊癖在作祟。像「考據」、「訓詁」這樣陳舊、古板的玩意兒是不會像愛因斯坦說的那樣能喚醒一個人「創造和認識的樂趣」的。我認為，胡適對「訓詁」、「考據」的興趣源自懷舊，亦即唐德剛所云：「幼而習，長而行，考據成癖」。著名作家孫犁晚年對棒子麵情有獨鍾、念念不忘，這並是因為棒子麵的味道好過山珍海味，而是因為，孫犁幼年吃的就是棒子麵，吃慣了，就念念不忘了。

　　我們知道，即使在清代，即使對「乾嘉學派」的文人來說，埋首「考據」也是一種不得已的逃避行為，用余杰話來說，就是「在文字獄的淫威下揮刀自宮」。而到了胡適的年代，「考據」、「訓詁」更是一種落伍得近乎陳腐的方法，它怎麼可能給一個像胡適這樣的資深學者帶來「創造和認識的樂趣」。

　　胡適說：「我服從了自己的個性，根據個人的興趣所在去做，到現在雖然一無所成，但我生活得很快樂。」一個沉醉在「懷舊癖」裏人，當然是快樂的，也註定「一無所成」，因為，面對現實面對社會，他選擇了逃避。

　　總結一下，一個人確實應該「根據個人的興趣所在去做」，「應該以他們自己的興趣和秉賦，作為選科的標準」，但這種「興趣」應該是探索科學的興趣，追求真理的興趣，是喚醒「創造和認識」的興趣，而絕非個人的癖好和趣味。倘若只根據一己的「癖好」、「趣味」來行事，那自然是「個人主義色彩太重」、「浪漫主義色彩太重」。

　　愛因斯坦根據探索科學的興趣來選擇自己的學習科目，最終創立了相對論；胡適為滿足自己的懷舊癖埋頭去注《水經注》，結果成了個

「快樂的」、「一無所成」之人，不同的「興趣」結出了不同的「果」。比較一下兩人的得失，該聽誰的話，該以誰為楷模，恐怕不需要筆者來挑明了吧。

至於胡適說「社會所需要的標準是次要的」的，更是大謬不然的輕率之語。我們知道，即使是胡適所痛擊的那幫「選學妖孽」、「桐城謬種」們，也講究「學成文武藝，售於帝王家」，一個新時代的年輕人更應該成為服務於社會服務於人民的有用之材，而不應躲進「趣味」的象牙之塔虛擲人生。我想，倘愛因斯坦看到胡適這一「高論」，肯定會嗤之以鼻的。

在愛因斯坦看來，社會需要的標準不僅不是次要的，恰恰相反，社會需要的標準應該是最高的標準。他說：「學校的目標應當是培養有獨立行動和獨立思考的個人，不過他們要把為社會服務看作是自己人生的最高目標。」[8]

胡適認為一個人「根據個人的興趣所在去做」，「雖然一無所成」，但可以「生活得很快樂」。但我要反問一句，如果你所做的事和社會毫無關係，對社會毫無益處，那你對這件事的興趣又從何而來呢？愛因斯坦告訴我們，工作的興趣恰恰來自工作的結果，來自這一結果對社會有益：「在學校裏和生活中，工作的最重要動機是工作中的樂趣，是工作獲得結果時的樂趣，以及對這個結果的社會價值的認識。」

由此可知，胡適是把個人的興趣與社會的需要割裂開了，認為個人興趣與社會需要井水不犯河水；而愛因斯坦則認為，社會需要恰恰是個人興趣的源泉，兩者簡直就是魚水關係，社會需要是水，個人興趣是水裏快樂的魚。

正因為胡適把「個人興趣」與「社會需要」割裂開，並且認為「社會所需要的標準是次要的」，所以當弟子唐德剛要他組黨去臺灣參加競

選，雷震讓他擔任《自由中國》的主編時，他都拒絕了，因為，參加競選、擔任主編雖然對社會有益，但卻不是他的興趣所在。他的興趣是「訓詁」、「考據」，所以他就埋頭鑽研那本支離破碎的《水經注》，結果成了一個雖快樂卻「一無所成」的人。

而愛因斯坦卻是一個從社會需要裏尋求樂趣的人，所以，他雖然終生潛心研究物理學，但當社會需要時，他也能挺身而出成為捍衛學術自由和公民權利的政治鬥士。在反獨裁反專制，爭取公民自由和權利方面，愛因斯坦付出的努力是胡適所無法比擬的，他在政治方面取得的成就及介入社會的影響力，也是胡適望塵莫及的。

由於對個人興趣的不同理解，導致了兩人對人生奮鬥目標作出不同的選擇，兩人取得的社會成就，由此分出大小；兩人抵達的人生境界，由此分出高低。

挑戰與臣服：對權威的兩種態度

愛因斯坦之所以能在 1905 年迸發出驚人的科學創造力，掀起一場物理學革命，其原因當然是多方面的，但最重要的原因是他不願隨波逐流，不願故步自封，敢於向舊傳統和任何權威挑戰的反叛精神。

由於以牛頓力學基礎的經典物理學理論體系日益完善，不少物理學權威（如普朗克）認為物理學理論已接近完成，有人就曾勸年輕的普朗克不要學物理，因為物理學已到了頭，沒有發展前途了。但愛因斯坦卻不信邪，他發揚從經驗論哲學家休謨和馬赫學來的懷疑精神和獨立批判精神，對舊理論體系不是採取因循迷戀的態度，而是根據新實驗事實，進行了大刀闊斧的改造，從而開創了物理學的新紀元。

可以說，懷疑精神和挑戰權威的勇氣是愛因斯坦獲得成功的關鍵。愛因斯坦在創立相對論後，一次，他向當時的物理學權威普朗克介紹廣義相對論的研究進展。普朗克對他說：「作為一個年長的朋友，我必須勸告你不要再搞它了。因為首先你不會成功，即便成功也絕不會有人相信你。」[9]

愛因斯坦雖然很敬重普朗克，但並未把對方的話當作絕對權威來接受。而是一往無前百折不撓開始自己的研究，最終大獲成功。

如果說胡適缺少懷疑精神缺少挑戰權威的勇氣，那顯然是不公平的。事實上，胡適一再倡導：做學問要不疑處有疑，用他的話來說就是「不疑處有疑，才是進步！」

想當年，胡適揮舞丈八蛇矛，高擎「白話」大旗，與抱殘守缺、負隅頑抗的「妖孽」、「謬種」們展開殊死搏鬥時，其英勇無畏、英姿勃發、英氣逼人的形象還是頗為激動人心的。

對於本民族的權威，不管是晚輩、平輩還是長輩，胡適都能做到「不疑處有疑」，即使與對方來一次類似華山論劍式的切磋比試，胡適也毫不畏懼；然而，一旦面對異國的權威，尤其是面對自己的導師杜威，胡適就像黑旋風碰見及時雨，只剩下納頭便拜的份，哪裡敢存「懷疑」、「挑戰」的心思。正如唐德剛所說的那樣：「他老人家治學，對任何學派都『不疑處有疑』；何以唯獨對杜威『有疑處不疑』，還要叫自己的小兒子『思杜』（思念杜威），一代接一代的『思』下去呢？」[10]

胡適雖然有敢把本土皇帝拉下馬的勇氣，但卻沒有和西洋導師分庭抗禮的信心，對這一原因，唐德剛有精彩的分析：

「適之先生求學於清末民初之際。那時孔家店已不倒自倒。思想界一片空白，青年知識份子乃四出『求經』。可是這些洋『經』對他們來說，實在是太新鮮、太高明了。在泰山壓頂的西風東漸之下，他們完全

喪失了『學術自主』的信心（事實上也無此能力），因而他們對新學問只有『皈依』的份，哪裡談得到懷疑呢？」[11]

一旦胡適把杜威當作絕對權威來崇拜，他就不可避免犯一些低級而致命的錯誤，正如愛因斯坦所說的那樣：「進入人們頭腦中的權威是真理的最大敵人。」

1914 年世界大戰爆發。一年後中日之間發生衝突，日本以戰爭威脅中國政府接受「二十一條要求」。當時，美國的中國留學生為此展開熱烈的討論，大家主張對日作戰。胡適為此事很焦慮，特意給全體同學寫了一封公開信。胡適在信裏宣揚了十分荒謬的觀點。現將信中的要點擇錄如下：

> 在我個人看來，我輩留學生如今與祖國遠隔重洋；值此時機，我們當務之急，實在應該是保持冷靜。讓我們各就本分，盡我們自己的責任；我們的責任便是讀書學習。我們不要讓報章上所傳的糾紛，耽誤了我們神聖的任務。我們要嚴肅、冷靜、不驚、不慌地繼續我們的學業。充實自己，為祖國力爭上游，如祖國能渡此大難的話──這點我想是絕無問題的；或者去為祖國起死回生，如果祖國真有此需要的話！
>
> 弟兄們，這才是我們的當務之急！
>
> 我敢說，在目前的條件下，對日作戰，簡直是發瘋。
>
> ……。
>
> 所以出諸至誠和報國之心我要說對日用兵論是胡說和愚昧。我們在戰爭中將毫無收穫，剩下的只是一連串的毀滅、毀滅和再毀滅。[12]

胡適以上的話真是「昏」得可以。若干年之後，其弟子唐德剛對這封公開信提出了毫不客氣的批評：

「胡適在1915年3月19日夜所寫的〈致留學界公函〉(原稿為英文，見《留學日記》)，辭義皆差。英文不像英文，意思尤不足取。一個國家如果在像『二十一條要求』那種可恥的緊急情況之下，她的青年學生還能『安心讀書』，無動於衷，那這國家還有希望嗎？不過胡適之先生是個冷靜到毫無火氣的白面書生，他是不會搞革命的，拋頭顱、灑熱血是永遠沒他的份的，所以他這些話對熱血青年是不足為訓的。」[13]

那麼，胡適為什麼會說出讓熱血青年難以接受的這番「昏話」呢？原來，胡適的這番謬論完全是對他的兩位美國老師安吉爾和杜威的「戰爭論」的生吞活剝。換句話說，青年的胡適已被兩位老師——安吉爾和杜威——「洗腦了」，而且洗得很徹底，洗得失去了自我。

胡適和其導師杜威分屬不同的文化圈，如果一味照搬老師的觀點，就會重演邯鄲學步的悲喜劇，正如唐德剛所說的那樣：

> 安吉爾、杜威這兩位白面書生，書生論政，見不及此，是可以理解的，因為他二人皆「身在此山中」。像胡適之先生這樣的從半殖民地出來的黃面書生，在國際政治上也和他們大唱其同調，不是很可笑的事嗎？！[14]

既然孫悟空怎麼也跳不出如來佛的掌心，那他本事再大也只是一隻猴子，無法修成正果，成為一尊能和如來佛平起平坐的佛。既然胡適一輩子只在杜威劃定的圈子裏打轉，那他再努力，充其量也只能成為杜威最好的學生，而不可能成為和杜威相比肩的大師。對此，其弟子唐德剛感到十分惋惜：

> 按說，杜威東來之時，我們胡先生應該把傅斯年、羅家倫、段錫朋等眾兒郎喚齊，兩班侍立，自己升帳設座，「口吟六藝之文，

手披百家之編」，人分賓主，學辯東西，和杜威來個分庭抗禮，才是正軌。而胡適不此之圖，在杜行者一葦渡江之後，竟然率眾弟子，夾道匍匐，頂禮膜拜，使杜和尚飄飄然，認為孺子可教，吾道東矣。何其懦也！[15]

愛因斯坦曾說：「讓每一個人都作為個人而受到尊重，而不讓任何人成為崇拜的偶像，因為在真理領域，權威也不能充當裁判官。」[16]而胡適恰恰把杜威當作了絕對的權威，從而導致自己一輩子都被杜大師牽著鼻子走，當然，他對此是渾然不覺的。

金岳霖先生對胡適的《中國哲學史大綱》有過這樣的評價：「我們看這本書的時候，難免一種奇怪的印象，有的時候簡直覺得那本書的作者是一個研究中國思想的美國人；胡先生不知不覺間所流露出來的成見，是多數美國人的成見。」由於胡適完全是根據杜威的實驗主義來寫中國哲學史，自然會流露出「美國人的成見」。

其實，杜威本人倒不是一個抱殘守缺的守舊者，而是個「與時俱進」的「弄潮兒」。杜威在晚年，已經「移情別戀」，將「行為科學」納為新寵，讓「實驗主義」淪為棄婦。而杜威的東方弟子胡適卻依舊對人老珠黃的「實驗主義」一往情深，大有從一而終的架勢，其愚忠程度，即使和宋代的岳武穆相比，也毫不遜色。

對杜威的盲目崇拜絕對臣服，使胡適畫地為牢，沒能在學術界「另立山頭」開創「獨門獨派」，同時，也使胡適犯了一些低級而致命的錯誤。另外，胡適也因此成為一個食言而肥者，因為，他向別人灌輸了一輩子「做學問要不疑處有疑」的道理，而他自己卻並未做到啊！

註 釋

[1] 李醒民：《愛因斯坦》，商務印書館 2005 年出版，第 36-37、443 頁。

[2] 胡適口述，唐德剛整理、翻譯：《胡適口述自傳》，安徽教育出版社 2005 年出版，第 34-35、40、53、66、86、89-90、125、144 頁。

[3] 同注【2】。

[4] 同注【2】。

[5] 同注【2】。

[6] 同注【2】。

[7] 愛因斯坦：《走近愛因斯坦》，遼寧教育出版社 2005 年出版，第 16、100 頁。

[8] 同注【7】。

[9] 同注【1】。

[10] 同注【2】。

[11] 同注【2】。

[12] 同注【2】。

[13] 同注【2】。

[14] 同注【2】。

[15] 唐德剛：《胡適雜憶》，吉林文史出版社 1994 年出版，第 22 頁。

[16] 同注【1】。

蔣介石拒收九鼎的另一種說法

　　《萬象》2003 年第十二期刊張學繼文〈獻九鼎風波〉，該文說「在鑄鼎和選禮儀小姐獻鼎時，消息不脛而走，鬧得陪都重慶人言嘖嘖，輿論一片譁然」，並且，這件事還被美國的報紙登了出來：「蔣介石叫人們給他獻九鼎，這是預備做皇帝」。蔣看到這段消息，才不得已拒絕接收九鼎的。

　　不過，筆者在閱讀程千帆《閒堂書簡》時，看到關於蔣介石拒收九鼎的另一種說法。蔣介石之所以大罵朱家驊「太糊塗」，緣於朱家驊一位政敵的挑撥。九鼎的銘文為：「於維總裁，允文允武，親仁善鄰，罔或予侮。我士我工，載歌載舞，獻之九鼎，保於萬古。」朱家驊的一個政敵看見銘文之後，對蔣介石說：最後四句話取首一字橫讀之，乃「我在獻寶」也。川語獻寶乃出醜之意，蔣介石聽了果然大怒。

　　《閒堂書簡》還有一處談及顧頡剛「代朱騮先作九鼎銘文事」。在給黃裳的一封信中，程千帆說：「時弟在成都，頗多傳聞。未見顧譜（方將求而讀之），不知載其文否。據云，其時老輩能為傳統堂皇賦頌之文者，尚不乏人，然聞以壽蔣，則皆斂手，故委之顧。顧本不長於文術，不能為揚馬之文，勉成韻語，其卒章云：『我士我工，載歌載舞，獻之九鼎，保於萬古。』云云。其文顧作，書則沈翁尹默為之。聞有人詢沈以此事，沈答曰：『文責自負，書責亦自負也。』此亦善解嘲。」

　　還有一個問題是：九鼎銘文的作者到底是誰？雖然在《顧頡剛年譜》1943 年 1 月 28 日條有『作〈九鼎銘文〉』的話，但顧頡剛本人卻不承認九鼎銘文出自自己的筆下，他在一篇文章中曾申辯說：「1943 年 1 月 11 日，中英、中美另訂新約廢除百年來的不平等條約，這是抗戰以來第一

件可喜的事，我們精神都為之一振。全國大學黨部和工礦黨部議決慶祝，並由民生廠鑄銅九座獻給蔣氏致敬。因為我在中大，所以由中大的同學邀我撰鼎銘，適有歷史系學生劉起訏曾作文言文，我交給他做了。銘文中有『親仁善鄰，罔或予侮。我士我工，載欣載舞』的話，也是實在的情形。我把劉君所擬的送去，說明不是我做的，但過幾天報紙上登出來，仍寫了我的名字，這是他們要引我的名為重的意思。」[1]

顧頡剛這番話既對也不對，銘文的起草者的確不是他，但並不等於銘文的作者就不是他，由於顧頡剛是銘文的定稿者，所以，銘文只能署他的大名，而他作為定稿者也就理所當然成了銘文的作者，理所當然要承擔文責。一般而言，文章的起草者並不是文章的作者，也就是說，起草者並不享有文章的署名權，當然也無須為文章承擔責任。

我們知道，毛澤東的很多文章是由胡喬木起草的，但定稿者卻是毛澤東，所以只能署毛澤東的大名。倘若我們因為某篇署名毛澤東的文章是胡喬木起草的，就讓胡喬木來承擔該文的責任，那是不公平的也是無道理的。

退一步說，即使顧頡剛說的是實話，銘文是別人作的，只不過署了他顧頡剛的名，對此他也要承擔他該負的責任。王小波〈工作與人生〉一文有段話很精彩：

> 我以寫作為生，我知道某種文章好，也知道某種文章壞。僅知道這兩條尚不足以開始寫作。還有更加重要的一條，那就是：某種樣子的文章對我來說不可取，絕不能讓它從我筆下寫出來，冠以我的名字登在報刊上。以小喻大，這也是我對生活的態度。

王小波不許「對我來說不可取」的文章，「冠以我的名字登在報刊上」，而顧頡剛卻默許與己無關的「銘文」、「冠以我的名字登在報刊

上」，這至少表明「銘文」的內容對他來說是可取的，是配得上他顧頡剛這三個字的；這至少表明，在他看來給蔣介石獻九鼎並無什麼不妥。別人避之惟恐不及的事他卻樂於接受，說他一句「一時糊塗」恐不為過吧。何況孔子早就說過：唯名與器不可假人，熟讀四書五經的顧頡剛又為何明知故犯呢？

在很多人眼中，顧頡剛是個讀書破萬卷的書呆子，但為了從獻九鼎風波中抽身而出，這個書呆子也顯露出他「機智」、「狡黠」的一面。

為九鼎作銘文，對顧頡剛來說，絕對是樁吃力不討好的事，首先，這是在公開、肉麻地拍蔣介石的馬屁，所以稍有氣節的知識份子，都不願做；其次，顧頡剛是疑古派歷史學家，他不信歷史上有禹，卻相信有九鼎，這不是分明自己摑自己的耳光？張學繼認為，顧頡剛之所以「欣然同意為九鼎作銘文」，一個重要原因是「與朱家驊對顧頡剛的拉攏有關」。張學繼在文章裏說，抗戰時期，顧頡剛窮困潦倒之極，而朱家驊則賞給了他一個旱澇保收的「飯碗」：主編《文史雜誌》。張學繼由此得出結論：「顧頡剛主編《文史雜誌》，是出於朱家驊的安排。投之以李，報之以桃。顧頡剛修改九鼎銘文就不奇怪了。」

朱家驊確實「拉攏」（或曰關照）過顧頡剛，但就主編《文史雜誌》來說，卻是顧頡剛在幫朱家驊的忙，而不是朱家驊對顧頡剛的拉攏。因為當時（1941年）顧頡剛在成都，有穩定的工作，有不錯的薪水，是朱家驊連連電邀，顧頡剛才不得已去重慶主編《文史雜誌》的。

與朱家驊見面後，顧頡剛問朱家驊辦《文史雜誌》的原因，朱家驊說：「抗戰以來，物價日高，一班大學教授生活困難。政府正替他們想辦法，辦這個雜誌就是辦法的一種，要使能寫文章的文學院教授們得到些稿費作生活的補助。」顧頡剛又問：「為什麼一定要我來呢？」朱家驊答：「這個刊物雖是黨部辦的，卻是純學術性。以前盧逮曾主編，但

他沒有學術地位與號召力，決不能編好，所以非請你來不可。」顧頡剛「因感念過去朱氏在中山大學與自己的交誼，以及對自己通俗讀物和邊疆研究兩項工作的支持；且十年來已不專治學，為時代需要犧牲自己亦無不可，便同意了。」[2]

顧頡剛與朱家驊的交往最早可追溯到 1927 年初。當時，廣州中山大學剛改建成功，成立了校務委員會，戴季陶、顧孟餘為正、副委員長，朱家驊等為委員。委員會就職之始，即銳意整頓，竭力延聘知名學者任各科教授，魯迅、傅斯年、顧頡剛均在被邀之列。魯迅先到校，任教務主任兼國文系主任。

由於魯迅和顧頡剛一向關係不睦，當魯迅得知顧頡剛也要到中大時，即宣佈顧某若來，周某即去。當顧頡剛抵達廣州後，魯迅立即辭職，傅斯年也提出辭職，整過學校陷入一片混亂之中。最終，朱家驊出面調解，才平息了這場風波。朱家驊一方面允許魯迅請假離校；另一方面派顧頡剛到江浙一帶為中山大學圖書館購書。朱家驊此舉等於是給顧頡剛一個很體面的臺階下，他的用心良苦，顧頡剛自然心知肚明。

1927 年 10 月，顧頡剛的購書工作結束，回到中山大學。此時校中正、副校長分別由戴季陶、朱家驊擔任。當時，朱家驊任命顧頡剛為圖書館中文舊書整理部主任，主持整理他所購的十二萬冊書。對愛書如命的顧頡剛來說，這個職務顯然是椿美差。

擔任中大校長的同時，朱家驊也在杭州任浙江省建設廳長，在浙江，朱家驊從書肆裏聽到有關顧頡剛的購書情形，書商說：「送他書他不要，自己要的書也花錢買，這是從來為公家辦事的人所沒有的。」[3]朱家驊因此對顧頡剛印象頗好，他隔幾個月去中大一次，處理校務，顧頡剛向他申請設備費、印刷費，他無不批准。在朱家驊的支持下，顧頡剛在中大做出了許多成績。

在中山大學工作期間，顧頡剛給朱家驊留下了很好的印象。此後，顧頡剛遇到麻煩，總要到朱家驊那裏尋求幫助，而後者也是盡力為他排憂解難。

1933 年，顧頡剛和幾位同事成立了一個發行機構名曰「三戶書社」，專門出版通俗讀物，內容是宣傳抗戰。1935 年，有人向當局舉報，說該社裏的人都是共產黨，陳立夫以此為由要將該社封門。顧頡剛便於 1836 年 1 月帶了該社所出的出版物到南京去找朱家驊。關於此事，顧頡剛女兒顧潮女士說得很清楚：

> 其時朱氏任交通部長，他翻了這些小書後，稱讚父親的工作，並表示支持；但他又說，因父親不是國民黨員，黨內不能信任，遂問父親能否入黨？父親為維護通俗讀物社起見，就答應了。於是他加入了國民黨，不過未曾辦入黨手續，也未曾向北平市黨部有所接洽，只是以後接到朱家驊所寄入黨證書，成了特別黨員。朱氏幫父親平定了風波，不久又在中央黨部里弄到二萬元，匯寄北平，做為該社工作經費。[4]

1934 年，顧頡剛因開設《中國古代地理沿革史》而組織了「禹貢學會」並出版了《禹貢》半月刊。後來，地方誌專家張國淦「把培德學校的基地捐給學會，位址在西皇城根小紅羅廠」。從此，該會有了正式的會所，可是有了會所之後要一筆開銷。張國淦先生寫了一筆親筆信，交顧頡剛，讓他到南京找時任行政院祕書長的翁文灝尋求資助，結果這位祕書長根本不給張國淦的面子，一毛不拔，毫不客氣地拒絕了顧頡剛。無奈之下，顧頡剛想到朱家驊。

> 我沒有辦法，就去見朱家驊，請他想法。他說：「你們學術團體的刊物，照例只有得到教育部請求補助，但這種團體太多了，教

育部平均分配，所得一定不多。好在你們講的是邊疆，而中英庚
款董事會正要辦邊疆教育，你們回去備一個正式信來請求補助，
我在董事會開會的時候，替你們提出討論。」我聽了他的話就做
了，居然於 1936 年夏天由董事會通過在一年度內給我們一萬五
千元的補助費。我們學會的工作從此有了正常的發展，有了專任
的研究員，發表的文章自然有更充實的學術貢獻。[5]

　　既然朱家驊多次對顧頡剛援之以手，後者自然感激非常，自然會在
內心並不情願的情況下主編《文史雜誌》，自然會在別人避之惟恐不及
的情況下，欣然同意為九鼎作銘文。設身處地想一想，顧頡剛的「投之
以李，報之以桃」也屬情有可原，只是後來不肯承認銘文出自自己的筆
下，就缺少一份敢作敢當的勇氣了。

註 釋

[1]　《顧頡剛自述》，河南人民出版社 2005 年版，第 167、182 頁。
[2]　顧潮：《歷劫終教志不灰》，華東師範大學出版社 1997 年出版，第 122、157、
　　200 頁。
[3]　同注【2】。
[4]　同注【2】。
[5]　同注【1】。

自相矛盾的顧頡剛

關於顧頡剛，我以為胡適那番話是十分公允的：

> 頡剛在我們友朋中，是低著頭努力的人。他不說空話、不喊口號，
> 也不做什麼《國學概論》、《國學大綱》一類空疏的、無聊的，甚
> 至於抄襲而成的文字。他是有計劃的，勇敢的，就心之所要，性
> 之所近，力之所至，以從事學問與著述。……假若學術可以救國……
> 配的，只有我們的頡剛，因為頡剛才真真是沉醉於學術的人。[1]

在做學問方面，顧頡剛確實肯下工夫。其著述之勤，成果之豐均罕
有其匹。

顧頡剛年輕時，對自己也有著透徹而清醒的認識：

> 我既不把別人看作神秘，也同樣的不把自己看作神秘。我知道我
> 是一個有二重人格的人：在一切事務上，只顯得我的平庸、疲乏、
> 急躁、慌張、優柔寡斷，可以說是完全無用的；但到了研究學問
> 的時候，我的人格便非常強固，有興趣，有宗旨，有鑒別力，有
> 自信力，有鎮定力，有虛心和忍耐；所以我為發展我的特長計，
> 願意把我的全生命傾注於學問生活之內，不再旁及它種事務。[2]

這裏，顧頡剛既道出了他在做學問方面的特長，也提及了他在處理
日常事務方面的「完全無用」，可謂有一說一，不隱惡不虛美。可是，
到了晚年，顧頡剛對自己的評價卻漸漸偏離了正確、客觀的軌道。

在一篇自述文章中，顧頡剛說：

我的性格的第一點是有強烈的責任心。這大概得於遺傳。我的父親對於該做的事情從不躲避，有時正在發燒還挺著辦公，這種責任心在我們蘇州人中是少見的。但我還加上一重後天的學習，則是出於我祖母對於我的嚴格訓練。我自幼由祖母撫養，她對我期望太殷，所以責備也獨厚。我或沒有得到她的同意而買了糖果，或說了謊話和流氓們的話，或和小朋友打架，以及做了其他錯誤舉動，她必叫我把這事寫上紙條，貼在帳子上，早晨剛醒，就令我看著讀著，問我要不要再犯。因為自幼便有這樣的訓練，所以一生對於自己言行無處不負起責任，凡於良心（所謂良心，是責任心、正義感、同情心的一個集體名詞）上有不安的事一概不做。[3]

「凡於良心（所謂良心，是責任心、正義感、同情心的一個集體名詞）上有不安的事一概不做。」這話聽起來很動聽，但要做到卻極難。我以為，顧頡剛根本沒做到。這裏可以舉兩個例子證明。

做了一件對不起戴季陶的事

顧頡剛在中山大學時曾受到校長戴季陶和校務委員朱家驊的重用。但由於家在北京，他工作起來總不安心。一次，顧頡剛在南京遇到中大校長戴季陶，就向對方辭職。戴季陶極力挽留，他對顧頡剛說：「我們這輩人，像樹木一樣，只能斫了當柴燒了。我們不肯被燒，則比我們矮小的樹木就不能免了。只要燒了我們，使得現在矮小的樹木都能成長，這就是好事。」[4]

顧頡剛聽了這番話很感動：「因為我自己學問雖淺薄，但我懂得我們要研究學問應採取何種方法，研究一種學問應取哪幾種常識，在這舉

國興辦大學而大學教授大都不悅學或自己有了某種學問即排斥他種學問之時，我如能多留中大數年，必可使君增高些知識熱，能作專門的研究而又能寬容他種學問，如此，我自己雖毀棄了而能使諸君成就，亦屬得失相抵。」於是，顧頡剛又收回了辭呈。

可是，一到北平，顧頡剛就忘了自己對戴季陶的承諾，死活不肯回中大去了。「一到北平舊宅，開了我的書箱，理了我的舊稿，我實在不忍再走了。諸君，這不是我的自私自利，甘於和你們分離，只因北平的許多東西是我的精神所寄託的，我失去了三年的靈魂到這時又找著了，我如何捨得把它丟掉呢？」[5]

顧頡剛這番辯白可謂此地無銀三百兩。所謂「精神寄託」，所謂「失去了三年的靈魂到這時又找著了」，不過是動聽的託詞罷了，說白了就是不願「斫了當柴燒」，不願離開北平舒適的窩。當然，顧頡剛有選擇的自由，但他如此朝三暮四，既對不起戴季陶，也會讓別人對他產生信任危機。孔子說，人無信不立，顧頡剛如此隨便承諾，又隨便毀約，別人怎麼會相信他呢？

背後造魯迅的謠，當面拍魯迅的馬

1926 年，陳源在報刊上撰文，說魯迅的《中國小說史略》抄襲了日本鹽谷溫《支那文學概論講話》，魯迅於當年 2 月 1 日發表〈不是信〉，對陳源作了有力反擊：「鹽谷氏的書，確是我的參考書之一，我的《小說史略》二十八篇的第二篇，是根據它的，還有論《紅樓夢》的幾點和一張『賈氏系圖』，也是根據它的，但不過是大意，次序和意見就很不同。」

　　隨著《支那文學概論講話》的中文譯本面世，關於魯迅抄襲的謠言不攻自破。陳源因為理屈詞窮而顏面掃盡。其實，陳源這回吃了啞巴虧，因為，最早說魯迅抄襲的不是他而是顧頡剛，他不過公開發表了顧頡剛的看法。對此，顧潮女士在《歷劫終教志不灰》有詳細的交代：

> 魯迅作《中國小說史略》，以日本鹽谷溫《支那文學概論講話》
> 為參考書，有的內容是根據此書大意所作，然而並未加以注明。
> 當時有人認為此種做法有抄襲之嫌，父親亦持此觀點，並與陳源
> 談及，1926 年初陳氏便在報刊上將此事公佈出去。[6]

　　當魯迅與陳源因為所謂的「抄襲之嫌」而大打筆仗時，挑事者顧頡剛卻躲在幕後捏著鼻子不吭聲。這一方面表明了他的怯懦──自知不是魯迅的對手，只敢在背後說幾句捕風捉影的壞話，倘當面鑼對面鼓，他就不敢了；另一方面，也顯露了他的不仗義──陳源是因為發表了他顧頡剛的看法而遭魯迅痛擊的，倘若他能站出來承認這一點，至少也可以分散魯迅的火力點，讓陳源保住一點可憐的臉面。事實上，顧頡剛對此一直諱莫如深，如果不是其女兒顧潮在書中披露了這回事，幾乎所有的人都被蒙在鼓裏。顧頡剛的「深沉」耐人尋味。

　　1927 年，顧頡剛與魯迅都在廈大任教，成了同室辦公，同桌用餐的同事，這時候的顧頡剛恐怕早就忘了一年前他對魯迅有過一次惡意中傷，他不僅像沒事人那樣和魯迅交往，且涎著臉和魯迅套近乎。顧潮這番話便是明證。

> 當時，父親與魯迅之間還是很客氣的。父親所編《辨偽叢刊》之
> 一的宋濂《諸子辨》出版後，曾贈魯迅一冊（見魯迅日記，1926·
> 9·8。）；那時胡適來信囑父親撰《封神榜》序，父親在復信中

說：「《封神榜》的序，接信後即從事搜集材料，並將本書看了一
遍。只因到廈門後參考書太少，尚未下筆。魯迅先生已為我函日
本友人，囑將內閣書庫所藏明本之序文抄出，因看書目上有「明
許仲琳編」字樣，序文必甚重要。兩星期後，必可得到覆書。」[7]

　　贈書給魯迅，當然是在討魯迅的好，而魯迅也被他的「假象」所迷
惑，居然為他「函日本友人，囑將內閣書庫所藏明本之序文抄出」。不
難想像，顧頡剛給胡適寫這封信時，內心是十分得意的，背後捅了對方
一刀，還能讓對方為我所用，如此本領，幾人能比？不過，紙終究包不
住火，搬起石頭的人一不留神就會砸了自己的腳，一旦魯迅認清了他的
本來面目，他對顧頡剛的印象也就刻骨銘心了。

「我一生中第一次碰到的大釘子是魯迅對我的過不去」

　　顧頡剛在其〈自傳〉中曾說：「我一生中第一次碰到的大釘子是魯
迅對我的過不去。」[8]

　　那麼，魯迅為什麼要和他顧頡剛「過不去」呢？顧頡剛女兒顧潮在
《歷劫終教志不灰》有過兩種推測。

　　顧潮在書中提到，1921 年底，魯迅作《阿Q正傳》，其中說到「阿
Q」之名為「桂」或為「貴」，只有待於「有『歷史癖與考據癖』的胡適
之先生之門人」的考定了；顧潮認為，魯迅這句話「便是譏諷那年春天
胡適著《紅樓夢考證》而父親助其搜羅曹雪芹家世等史料之事。」[9]

　　顧頡剛在日記裏也提到了這件事：「而彼所以致此譏諷者，只因五
四運動後，胡適以提倡白話文得名過驟，為北大浙江派所深忌，而我為
之輔佐，覓得許多文字資料，助長其氣焰，故於小說中下一刺筆。」顧
潮根據以上兩點，得出如下結論：

> 由此看來，父親的師承關係註定了他以後是逃不脫魯迅的攻擊的。[10]

我認為顧潮的推測不能成立。倘魯迅因為顧頡剛的「師承關係」而註定要攻擊顧頡剛，那麼，1927 年在廈大，魯迅不可能接受顧的贈書，更不可能為顧頡剛「函日本友人」。

前文曾說過，是顧頡剛在陳源面前說魯迅抄襲了日本人，後者將這一看法公開發表，遭到魯迅痛擊。顧潮的另一種推測是：「為了這件事，魯迅自然與父親亦結了怨。」[11]顧潮這一推測更為離譜。因為關於「抄襲之嫌」，魯迅一直認為是陳源對自己的惡意中傷，他根本不知道，謠言的製造者是顧頡剛。否則，以魯迅的脾氣，絕不可能只對陳源不依不饒，而對顧頡剛網開一面。而且，倘魯迅知道顧頡剛在陳源面前造了自己的謠，他會在廈大與顧「同室辦公，同桌進餐」嗎？會「函日本友人」為顧頡剛找資料嗎？

顧頡剛在給胡適的一封信中曾說：「這四個月中，我的生活不安定極了。去年我初到廈門時，曾勸語堂先生不要聘川島，熟知這一句話就使我成了魯迅和川島的死冤家。」[12]事實果真如此嗎？我們自然不能聽顧頡剛的一面之辭，要想弄清問題的真相，我們還是讓史料說話吧。以下材料，或出於顧頡剛之口，或出於顧潮之文，其真實性、權威性自不待言。

雖然顧頡剛「曾勸語堂先生不要聘川島」，但語堂先生沒聽他的話，反而決定聘用川島。顧頡剛失望之餘，向胡適大發牢騷：「川島要來了，這使我很怕；這種人的挑撥，未能成毫末之事而失敗邱山之功。語堂先生不察，引為同調，徒然自取咎唳而已。我好在不管事務方面，且不預備久居，和他不生關係；但惜陳嘉庚先生辛苦得來之錢所經營的事業將為他而減少效果耳。」[13]

　　問題的關鍵是，川島根本沒想到顧頡剛會勸語堂先生不要聘他，因為，他和顧頡剛是北大同事，也同是《語絲》成員，他很自然地認為顧頡剛會幫自己的忙，所以，他曾請顧頡剛替自己在廈大謀個職位，關於這件事，顧潮在書中說得很清楚：

> 父親與川島是北大同事，亦同是《語絲》成員，大概川島曾託父親替自己在廈大謀職，父親儘管從工作考慮不贊成其來廈大，但從私人面子上考慮不便回絕，所以當得知林語堂有意聘川島時便覆書告川島「事已弄妥」，這是私人交往間常有的事，但魯迅知道後認為父親使出「陳源之徒」的「手段」（魯迅致川島信，1926·11·21），或許這就是魯迅說父親『陰險』的依據。而川島抵廈大後，也常在魯迅面前敗壞父親。[14]

　　真的應該感謝顧潮女士，雖然她這番話表述得不夠流暢，但事情的來龍去脈已再清楚不過。原來川島很信賴顧頡剛，所以託顧為自己在廈大謀職，顧頡剛「不便回絕」，也就是說答應了。但他前腳答應川島說願意幫忙，後腳就趕到林語堂那裏「勸語堂先生不要聘川島」，遺憾的是，「語堂先生不察」，竟然將川島「引為同調」，決定聘用川島。顧頡剛聞聽此言，一方面給胡適寫信，發洩其對林語堂和川島的不滿；另一方面也給川島去了一封討功邀賞的信，說「事已弄妥」。「事已弄妥」四個字在這裏真的應該好好玩味一下，所謂的「事」就是指川島託他為自己在廈大謀職的事，「弄妥」，是誰弄妥的，當然是他顧頡剛「弄妥」的，這樣一來，川島自然會對他感激不盡。一方面勸林語堂不要聘用川島；另一方面，又寫信告訴川島，你託我的事，我已幫你辦妥，如果顧頡剛是這樣一種人，你還會對他有好感嗎？

弄清了事情的原委，我們除了佩服顧頡剛的「處變不驚」，還能說什麼呢！至於魯迅因此說顧頡剛陰險，「而川島抵廈大後，也常在魯迅面前敗壞父親」，在我看來已經是不如此便不正常的事了。

這件事使魯迅看清了顧頡剛的真面目，他在致許廣平信裏這樣評價顧頡剛：「此人頗陰險，先前所謂不管外事，專看書云云的輿論，乃是全部為其所欺」[15]，自此以後，魯迅在文章中，總是以「紅鼻」一詞指代顧頡剛。有人說，魯迅此舉過於刻薄，但我認為，既然顧頡剛「陰險」在前，魯迅「刻薄」在後，恐怕也是可以理解的。而那些對魯迅的「刻薄」津津樂道，對顧頡剛的「陰險」諱莫如深者，在我看來即使不是別有用心的，也是很不公允的。

顧頡剛在文中還曾說過這樣的話：「有一個基督教牧師堅勸我信教，他說：『凡人都有罪過，只有信了教，才可因你的懺悔而得到上帝的赦免。』我說：『我是一生不做罪過的，自己既不須懺悔，上帝也無所用其赦免。』這位牧師驚訝，彷彿這種人是不該有的，但我自問從小受了祖母的教訓已達到了這個階段。」[16]

顧頡剛這番話說得實在太大了，一生都沒做過需要懺悔的事，世上有幾人能達到「這個階段」？難怪牧師聽了要驚訝，我想任何聽了恐怕都會驚得「舌撟而不能下」的。人無完人，熟能無過？顧頡剛一生真的沒做過應該懺悔的事嗎？當然做過，而且不止一件。

1923 年，顧頡剛投考北大之時，袁世凱派人在上海暗殺了宋教仁，全國上下大為震怒，掀起反袁的二次革命，顧頡剛的好友陳翼龍投身其中。當 6 月顧頡剛離京之前，陳氏把一網籃別人給他的信交顧頡剛保存，並囑其代為作傳留念。顧頡剛自然一口答應。7 月底，陳氏被捕，旋即被殺。顧頡剛害怕被牽連，將陳氏一網籃的信件全部焚毀。事後，他說：「我一生沒有做過對不起朋友的事情，這次竟辜負了死友的諄囑。

『使死者復生，生者不愧乎其言』，我在這句話的前面是一個徹底失敗者了。」[17]

說自己「一生沒有做過對不起朋友的事情」，又說自己「竟辜負了死友的諄囑」；說自己一生沒做過需要懺悔的事，又說自己「在這句話的前面是一個徹底失敗者」，顧頡剛的自相矛盾是不是太刺眼了一點？

做學問方面，顧頡剛極具叛逆性，但在家庭中，卻是一個唯唯諾諾的溫順孝子。「即使父親具有天生獨立的、叛逆的個性和日益增長的學識，即使他在最高學府中能有批判古今權威的勇氣，但是在這種封建家庭的樊籠裏他只是一個無助的囚徒，對於長上只有孝敬和服從，卻難以反抗。」[18]

顧頡剛前妻徵蘭生病，顧頡剛一再寫信催請長輩准予妻子去醫院治療，但長輩們置之不理。不久，妻子病重，「他希望將妻子送入醫院，即使無法挽救，也算盡了一份心意，卻被長輩斥為『多費』。病人怕煙怕熱，他提出一些改善居室環境的建議，也被阻止。對此，他憤懣之極，也無奈之極。」[19]顧頡剛妻子徵蘭因延誤治療而於1918年撒手而去。

顧頡剛因不敢和長輩據理力爭，眼睜睜地看著妻子被病魔奪取生命，莫非他在家中如此膽怯，對家中長輩如此忍氣吞聲？那倒也未必，關鍵要看對什麼事，如果顧頡剛認為某事值得抗爭，他發起倔脾氣來，家中長輩也會懼他三分的。

徵蘭是1918年8月去世的，1919年5月，顧頡剛就與殷履安結婚了。

「婚後，兩人相親、相知、相愛。按照舊俗本無蜜月之說，新娘應是『三日入廚下，洗手做羹湯』的，父親打破了這種老例，以給自己醫病為名，攜妻將蘇州園林逐一遊玩；一個多月後一同到杭州為子虯公作壽，又在西湖的青山綠水間盡情徜徉。家中長者對此頗多爭議，說他破例、費錢、不知生活艱難，竟敢做其父所不為之事。但他不以為然，爭辯說不如此便無法治癒自己的失眠症。」[20]

　　徵蘭患病，為給妻子治病，顧頡剛忍氣吞聲、唯唯諾諾不敢和家中長輩據理力爭；新婚燕爾，為和新婦度蜜月，顧頡剛則理直氣壯、我行我素，根本不把家中長輩放在眼裏。顧頡剛忽軟忽硬，飄忽得讓人難以捉摸。

　　不敢違抗家中長輩的命令，沒有將妻子徵蘭送進醫院治療，眼睜睜地看著病魔折磨並最終吞噬了妻子，如果這件事，也是顧頡剛所無須懺悔的事，那他的一生，恐怕確實沒什麼可懺悔的了。

註 釋

[1] 沈衛威：《胡適周圍》，中國工人出版社 2003 年出版，第 61、67 頁。
[2] 同注【1】。
[3] 顧頡剛：《顧頡剛自述》，河南人民出版社 2005 年出版，第 133、142、150-151、221-222 頁。
[4] 同注【3】。
[5] 同注【3】。
[6] 顧潮：《歷劫終教志不灰》，華東師範大學出版社 1997 年出版，第 31、44-45、49、100、102-103、107-108 頁。
[7] 同注【6】。
[8] 同注【6】。
[9] 同注【6】。
[10] 同注【6】。
[11] 同注【6】。
[12] 同注【3】。
[13] 同注【3】。
[14] 同注【6】。
[15] 同注【6】。
[16] 同注【3】。
[17] 同注【6】。
[18] 同注【6】。
[19] 同注【6】。
[20] 同注【6】。

錢鍾書是怎樣住進「部長樓」的？

近日讀楊絳先生的《我們仨》，才知道錢鍾書夫婦自 1974 年 5 月後一直棲身於「學部七號樓西盡頭的辦公室」：「……我到學部向文學所的小戰士求得一間辦公室，又請老侯為我保駕，回家取了東西，把那間辦公室佈置停當。1974 年的 5 月 22 日，我們告別了師大的老年、中年、幼年的許多朋友，遷入學部七號樓西盡頭的辦公室。」[1]

像錢鍾書這樣的人中之龍，竟然不得不以辦公室為家，足見那個時代，知識份子的生活是多麼悽惶多麼窘迫。好在粉碎「四人幫」後不久，錢鍾書就搬進了位於三里河的新寓所。

> 1977 年的 1 月間，忽有人找我到學部辦公處去。有個辦事人員交給我一串鑰匙，叫我去看房子，還備有汽車，讓我女兒陪我同去，並對我說：「如有人問，你就說因為你住辦公室。」我和女兒同去看了房子。房子就是我現在住的三里河南沙溝寓所。[2]

錢鍾書的新寓所共有四間房，和辦公室相比，自然一個是天一個是地了。當時，詩人何其芳是錢鍾書的領導，他在參觀了錢鍾書夫婦的新居之後，不禁發出一句由衷的感慨：「真想也有這樣一套房子。」連何其芳都可望不可及的房子，其規格、檔次之高就不言而喻了！

畫家黃永玉也住在三里河南沙溝。「『四人幫』覆亡之後，錢先生和季康夫人從辦公室搬到西郊三里河的住所，我有幸也搬到那裏，正所謂『夫子宮牆』之內。……房子是好的，名字難聽。『資本主義復辟樓』。後簡稱為『復辟樓』，這是因為那時大家的居住條件不好，而一圈高高

的紅圍牆圈著可望而不可及的十八幢漂亮的樓房，恰好衝著往來於西郊必經之路上，大家見了有氣。那時時興這樣一種情緒：『夠不著，罵得著。』後來緩和點了，改稱『部長樓』，也頗令人難堪。」[3]

那麼，是誰暗中相助讓錢氏夫婦搬進這處高級住所的呢？楊絳先生在書中給我們透露了一點蛛絲馬跡：「我們住辦公室期間，喬木同志曾寄過兩次治哮喘的藥方。鍾書承他關會，但無從道謝。這回，他忽然造訪，我們猜想房子該是他配給的吧？但是他一句也沒說到房子。……喬木同志偶來夜談，大門口卻堵著一隻床。喬木同志後來問我們：房子是否夠住。我說：『始願不及此。』這就是我們謝他的話了。」[4]

對胡喬木的暗中相助，錢氏夫婦當然心存感激；作為局外人的我們也會因此對胡喬木生出一份敬意，畢竟，讓錢鍾書這樣國寶級人物住上好房子乃眾望所歸之事。胡喬木如此禮賢下士，相信很多知識份子會從中感受到一絲溫暖，不過如果把這事往深想一點，我們的心裏卻會漸漸變涼。因為錢鍾書不是因為名至實歸憑自己的本事住進「部長樓」的，而是靠做官的同學暗中出力才如願以償搬進新居的，可見，錢鍾書搬入新居不是對知識份子落實政策，而是一個有同情心的官員動用了一點權力幫助一個理應得到幫助的老同學罷了。胡喬木此舉極富人情味，合情但不一定合理。若按正常渠道，錢氏夫婦能住上這樣的房子，何其芳也有資格住這樣的房子。因後者職稱並不低於前者，且在行政上是前者的領導。但何其芳卻是想住而不得。所以，錢鍾書搬入新居這件事，並不能說明，中國知識份子的住房問題有望得到解決。某種程度來說，錢鍾書能住上「部長樓」完全是因為運氣好：恰好他有一個做大官的同學，恰好這個同學和他私交不錯，恰好這個同學還極富同情心，幾環中少了一環，錢鍾書就難以搬進新居。胡喬木幫助錢鍾書解決住房問題當然無可厚非甚至令人稱道，但他的方法似有不妥之處，因錢鍾書不是根據某

項政策某份紅頭文件住進「部長樓」，而是因為某人打了招呼住進去，這就說明錢鍾書是憑藉私交從「後門」住進部長樓的。那些沒本事走後門的人，當然會心裏不平衡，發幾句牢騷也就在所難免了。難怪在楊絳先生的書中有這樣一句話：「有一位喬木同志的相識對我們說：『胡喬木只把他最好的一面給你們看。』」[5]

由錢鍾書這件事，我想到當代另一位知識份子，此人也姓錢，叫錢宗仁。錢宗仁的遭遇十分悲慘。他才華橫溢、勤奮努力，但由於種種原因數度被高等院校拒之門外。儘管命運對他不公，身為新疆某偏僻林場職工的他，在繁重的勞動之余一直堅持自學，學完了全部大學數學系的課程。作家孟曉雲根據他感人的事蹟寫了一篇同樣感人的報告文學〈胡楊淚〉，後有人把這篇報告文學推薦給了時任中組部副部長的李銳。惜才若渴、愛才若命的李銳開始為解決錢宗仁的問題而四處奔走。錢宗仁的命運由此發生了轉折。

> 在他的努力下，也由於新疆自治區第一書記王恩茂及有關部門的幫助，錢宗仁有機會到北京工業學院進修，得到過去就曾十分關懷他的楊維奇副教授的悉心指導。[6]事情到此，李銳本可以功成身退、心安理得了。但「李銳認為，充分發揮其才華是自己的責任。」再加上錢宗仁當時急於報恩，想做一些於國家、於人民更為急迫的事情，於是，李銳動用一點權力，幫錢宗仁調入《人民日報》做記者，「錢宗仁改從筆政，並很快顯示了新聞工作方面的才能。」錢宗仁倒楣時，人們普遍同情他；現在他轉運了，社會上卻有了關於他的流言：「錢宗仁上報了，錢宗仁進修了，錢宗仁當《人民日報》記者了……在有些人眼裏，這不是正義的勝利，不是對不公正行為的公正的糾正，而是錢宗仁個人的『飛黃騰達』。」[7]

　　李銳幫助錢宗仁，當然無可厚非甚至令人稱道，可他也不是根據某項政策來解決錢宗仁的問題，而是動用了一點權力來拯救一個倒楣的人。可見權力是一柄雙刃劍：既可以毀滅一個人，也可以拯救一個人。所以，錢宗仁的時來運轉，並不能讓其他知識份子產生希望。因為錢宗仁的被重用，更多的是靠運氣：若沒有好心的作家給他寫了篇報告文學，若沒有好心人把這報告文學推薦給李銳，若李銳並不是一個愛才若命的部長，那錢宗仁的苦日子也許就永遠熬不出頭。

　　錢宗仁長期自學的是高等數學，讓他去大學深造或去高校任教，或許還算專業對口，而讓他去《人民日報》當記者，若沒有高層人士運籌帷幄，是一樁根本不可能的事。對眾多和錢宗仁經歷相似的知識份子來說，錢宗仁的「成功」是可遇而不可求可望而不可及的。誰能奢望自己的遭遇會被著名作家寫進一篇報告文學，而這篇報告文學還被送到一個愛才若命的中組部部長手裏呢？

　　當年，某些人動用了手中的權力，幾次三番剝奪了錢宗仁上大學的機會；現在，某個人動用了手中的權力，讓他由一個林場職工搖身一變成為《人民日報》記者。身為《人民日報》記者的錢宗仁和身為某偏僻農場職工的錢宗仁，身份不同了，地位不同了，待遇不同了，但有一點卻完全相同，那就是他的遭際和命運，仍然與別人手中的權力緊緊維繫著。一個同情他欣賞他的人可以動用手中的權力讓他一步登天，那麼，一個不同情不欣賞他的人也完全可以動用手中的權力讓他「吃二遍苦，受二茬罪」，只要權力這柄雙刃劍還在，這種可能性就在。也就是說，即使貴為《人民日報》記者，錢宗仁也並不能主宰自己的命運。當了《人民日報》記者，表明錢宗仁的厄運告一段落了。但既然他的命運掌握在有權力的人手中，那麼，誰能保證曾經的厄運不會再次降臨到他頭上呢？

　　魯迅研究專家朱正在粉碎「四人幫」以前曾受到過開除團籍、開除公職、勞動教養等一系列打擊。撥亂反正之後，朱正寫下這樣的文字：「我希望，在我們的國土上，今後不再有人有權把批評他的人開除團籍（或黨籍），不要再有人有權可以把無辜的人列為鬥爭對象而加以處分。在涉及任何一個幹部乃至任何一個公民的命運問題上，我希望任何一個人不要享有太大的權威。」[8]最後一句話尤為可圈可點。一旦公民的命運掌握在大權在握人的手中，那麼，他的升降榮辱就不取決於自己的努力而取決於他的運氣了：碰上李銳這樣的「好官」，就一帆風順，而碰上的若是個「昏官」，則只能霉運當頂了。如此一來，公民們的境遇就類似於古代婦女了——其人生幸福與否完全取決於嫁給什麼樣的丈夫！

　　錢鍾書住進「部長樓」，錢宗仁當了《人民日報》的記者，對此，我們一方面會發出「好人終有好報」的由衷感慨；另一方面，我們也不無憂慮地從中看到「公民的命運」問題並未得到根本的解決。因為這兩件事表明，「在涉及任何一個幹部乃至任何一個公民的命運問題上」，仍然有人「享有太大的權威」。

　　當有人用權力這把劍，解救了一個人，你就不能阻止另一個人用這把「劍」去毀滅一個人。所以，一個人手中的權力應越小越好，小到這點權力不足以影響其他人的命運。如此，每個公民都可以自豪地說一句：人生不會虛度，命運盡在掌握！

註 釋

[1] 楊絳：《我們仨》，三聯書店 2003 年版，第 149、155、157-158 頁。
[2] 同注【1】。
[3] 黃永玉：《比我老的老頭》，作家出版社 2003 年版，第 3 頁。
[4] 同注【1】。
[5] 同注【1】。
[6] 陳四益：《臆說前輩》，人民文學出版社 2003 年版，第 92-94 頁。
[7] 同注【6】。
[8] 同注【6】。

胡喬木的另一面

──給楊絳先生補白

近日讀楊絳先生的《我們仨》，才知道錢鍾書夫婦晚年能住進寬敞舒適的「部長樓」，完全得力於胡喬木的暗中相助。

胡喬木幫助錢鍾書解決住房問題當然無可厚非甚至令人稱道，但他的方法似有不妥之處，因錢鍾書不是根據某項政策某份紅頭文件住進「部長樓」，而是因為某人打了招呼住進去，這就說明錢鍾書是憑藉私交從「後門」住進部長樓的。那些沒本事走後門的人，當然會心裏不平衡，發幾句牢騷也就在所難免了。難怪在楊絳先生的書中有這樣一句話：「有一位喬木同志的相識對我們說：『胡喬木只把他最好的一面給你們看。』」[1]

有幸見過胡喬木「最好的一面」的，當然不止錢鍾書夫婦，胡喬木的校友季羨林也曾目睹了這「好的一面」：「他到我家來看過我。他的家我卻是一次也沒有去過。什麼人送給他上好的大米了，他也要送給我一份。他到北戴河去休養，帶回來了許多個兒極大的海螃蟹，也不忘記送我一筐。他並非百萬富翁，這些可能都是他自己出錢買的。」[2]

湖南的鍾叔河先生，也在文章裏提及過喬公的「好的一面」：「總之到了 1985 年，當我有了一點點選題出書的可能時，便立即編印了一部《知堂書話》，這是中國大陸 1949 年後第一部署名『周作人著』的新書。接著又來策劃重印《自己的園地》、《雨天的書》各種……誰知天有不測風雲，《夜讀抄》還沒有印出來，湖南的『三種人』（《查泰萊夫人的情人》、《醜陋的中國人》和『周作人』）就挨批了。有人質問：『政治上不好的人，文章還能好嗎？』

討論政治非我所長，亦非我所願。幸虧搞政治的人也還有懂文學、懂周作人的，這才使我自己沒有再一次落到五七和七〇年那樣的境地。」[3]

鍾叔河提到的那個「懂文學、懂周作人的」「搞政治的人」就是胡喬木。

> 這內情在幾年之後我才知道，1991 年 5 月 19 日黃裳先生來信告訴我：
>
> 去冬喬木來滬，一次談天，談及周作人，他自稱為「護法」。並告當年吾兄呈請重刊周書事，最後到他那裏，他不顧別人反對批准的。談來興趣盎然。
>
> 從此我便對喬木有了一種好感。[4]

從王蒙〈不成樣子的懷念〉一文中，我們得知，看到胡喬木「好的一面」並從中受惠的，至少還有以下幾人。

王蒙。1982 年，有人想借批「現代派」的機會批王蒙，是胡喬木幫王蒙度過「難關」：「一些人『認識』到胡對王蒙夫婦的態度是少有的友好，從而不得不暫時擱置『批王』的雄心壯志。」[5]

張潔。「胡喬木對張潔的小說與生活也很關切。他知悉張潔婚姻生活的波折與面臨的麻煩，他關心她，同情她，並且表示極願意幫助她。」[6]

舒婷。胡去廈門時曾到舒婷家去拜訪舒婷。「……但我仍然感到，他能去拜訪舒婷，如不是空前絕後的，也是決無僅有的。」[7]

謝晉。「給我印象最深的是胡對於電影《芙蓉鎮》的挽救。…胡給我打了一個電話，要我提供有關《芙》的從小說到電影的一些背景材料。胡在電話裏說：『我要為《芙蓉鎮》辯護！』他的音調裏頗有幾分包打不平的英雄氣概。後來，他的『辯護』成功了，小經波折之後，《芙蓉鎮》公演了。」[8]

有「最好的一面」，自然也就有「不好的一面」。如果可以用「溫情脈脈，禮賢下士」來形容胡喬木「最好的一面」，那麼，其不好的一面則可概括為「疾言厲色，橫眉冷對」。領教過胡喬木這一面的人當然也很多，但限於篇幅，本文只想舉兩例。

周揚。1983 年，周揚在中央黨校作了題為〈關於馬克思主義的幾個問題〉報告後，胡大為惱火。因為胡喬木發難，周揚的這場報告後來釀成軒然大波。「事情的實質有些同志當時就已經看出來了，夏衍就曾對周揚說，這篇文章的問題所在就因為是你周揚寫的。據說，胡喬木在政治局會議上就講過，他周揚只是個中央委員，憑什麼在理論上對黨指手畫腳。」[9]

兩人在理論上有分歧，不是什麼大不了的事，可以爭論，可以商榷。但喬公對周揚的指責似乎是不容分辯的，如果一方居高臨下，另一方也只能低頭認錯了。

林淡秋。林原本在《解放日報》工作，後，胡喬木慧眼識珠發現了他，立即把他調到《人民日報》任副總編，負責文藝部門工作。很長一段時間，林淡秋對胡喬木十分敬重，但後來發生的一件事，使他對喬木的態度發生了變化。王元化〈懷林淡秋〉一文對此有詳盡的敘述：「從這次談話中我知道他（林淡秋）在反右運動中也遭不幸。雖然沒有被戴上帽子，可是被趕出了《人民日報》，降了級，下放到杭州。他說在鳴放期間，胡喬木開列了名單，要他去組稿，讓這些人去鳴放。反右開始，風雲急轉，他受到了批判。我問他是怎麼挨整的，他說胡喬木不承認鳴放期間是他自己指定淡秋向那些人組稿的。這次淡秋和我說起胡喬木，和他五十年代初在《人民日報》工作時完全不同了。」[10]

如果不以苛求的眼光來看這件事，那麼，胡喬木的「不承認」也許並非不可原諒。在那樣一個人人自危的特殊年代，為了自保，胡喬

木的「不承認」想來也屬違心的無奈之舉。如果從顧全大局的角度來看，胡的舉動也可算作丟卒保車的策略。但如此一來，他就把「不好的一面」留給了下屬。

筆者想申明的是，本文無意雞蛋裏面挑骨頭，找名人的碴；更不想攻擊一點，不及其餘，抓住偉人的某個錯誤不放。偉人不是完人，犯錯誤在所難免。本文想探討的是，為什麼相互矛盾、截然相反的兩個方面會在胡喬木身上「和平共處」；為什麼喬公會給世人留下截然相反的兩種印象？

在我看來，胡喬木矛盾的「兩面」恰恰源自他矛盾的身份。一方面，正如詩人袁鷹所說的那樣，喬木是一位本色的詩人；另一方面，他又是一位經驗豐富的政治家，「他以詩人的熾熱感情和思想家的嚴肅探索傾注於所獻身的革命事業，又由於風雲際會而側身於複雜的權力中心，親身經歷、親眼看到各種複雜錯綜的高層政治鬥爭。」[11]

是本色的詩人，有眼光有品位，所以，愛才惜才，他力保王蒙，關心張潔，拜訪舒婷，乃至給周作人的書放行，為《芙蓉鎮》辯護，均緣於此；是經驗豐富的政治家，所以對「權力」對「官位」不可能不在乎，不可能不敏感。「他當然很重視他的權力與地位」（王蒙語）有一次，他就很激動地對王蒙說：「作家敏感，我也敏感！」這樣，當某個同僚（如周揚）或某個下屬（如林淡秋）對他的仕途構成威脅時，他「不好的一面」就顯露出來了。可以說，終其一生，他的身上一直存在著「士」和「仕」的矛盾。他對王蒙態度的變化就很好地說明了這一點。

當別人要批王蒙，他因為愛才力保王蒙，但他的保是有限度的。一旦他意識到王蒙可能給自己帶來麻煩，他就會「捨卒保車」了。比如八〇年代末，他對王蒙的態度就很不親切了。「1987 年的事件以後他的可愛，他的天真與驚懼都表現得很充分。該年 10 月我們見面，他很

緊張，叫著祕書作記錄，似乎不放心我會放出什麼冷炮來，也許是怕這一次見面給自己帶來麻煩。」【12】

　　胡喬木很賞識也很倚重錢鍾書，曾三顧茅廬請錢鍾書擔任社科院副院長。1982 年夏天，胡喬木請錢鍾書為他改詩，錢鍾書真改了，而且改得很多，這樣一來，胡喬木就不高興了，他把改過的詩作給李慎之看，說：「我做舊詩總是沒有把握，因此要請鍾書給我看一看，改一改，不料他給我改得這麼多，你看怎麼辦好？」後經李慎之斡旋，錢鍾書意識到自己改「錯」了，就給喬公去了封信：「我恍然大悟，僭改的好多不合適，現在讀您來信，更明白了。我只能充個『文士』，目光限於雕章琢句；您是『志士仁人』而兼思想家。我上次的改動就是違反了蒲伯的箴言……」【13】

　　看來，胡喬木的禮賢下士是有限度的，有前提的，這個前提就是不影響不損害他「『志士仁人』而兼思想家」的身份。

　　在官位、仕途不受影響的前提下，胡喬木「最好的一面」亦即「士」的一面就顯露出來：溫情脈脈，禮賢下士，十分念舊，也十分重感情；而一旦他覺察到某人或某件事會給自己帶來麻煩時，他「不好的一面」亦即「仕」的一面就顯露出來：疾言厲色，橫眉冷對，甚至有點神經過敏。

　　「士」和「仕」的矛盾一直交織在胡喬木的身上。胡喬木身上的這一矛盾，帶來了以下兩種情況：

　　一、喬公身上「最好的一面」往往只向作家學者們洞開，因為後者一般不會對他的「仕途」構成威脅；而他身上「不好的一面」常常留給了同行或下屬。因為在一個特殊的年代，為了自保，他有時不得不做一些違心之舉。

　　二、作為一個本色詩人，難免詩興大發，口無遮攔，說出一些與政治家身份不相宜的過頭話，從而給自己的「仕途」帶來麻煩；作為一個

政治家，在某些場合，又不能不板起面孔打官腔，說出一些讓文人反感的話。這樣一來，喬公竟成了兩面不討好的人。

我想，胡喬木生前也一定意識到自己身上「士」和「仕」的矛盾，關鍵是造成這一矛盾的歷史原因太複雜，胡喬木對此只能束手無策，只能聽之任之，只能讓自己的「最好的一面」和「不好的一面」在別人眼中此起彼伏。

另外，「士」和「仕」的矛盾也可看作是一個特殊時期文學和政治的矛盾在胡喬木身上的「投影」。作為後人，指責喬公身上的「兩面性」當然輕而易舉，但卻於事無補；對造成「兩面性」的原因作追根溯源式的探討，或許才有益，才是我們應該去做的。

註 釋

[1] 楊絳：《我們仨》，三聯書店 2003 年版，第 158 頁。
[2] 季羨林：《感悟人生》，瀋陽出版社 2002 年版，第 226 頁。
[3] 鍾叔河：《念樓集》，安徽教育出版社 2003 年版，第 125 頁。
[4] 同注【3】。
[5] 王蒙：《讀書》〈不成樣子的懷念〉，1994 年第 11 期。
[6] 同注【5】。
[7] 同注【5】。
[8] 同注【5】。
[9] 王元化：《人和書》，蘭州大學出版社 2003 年版，第 106、148 頁。
[10] 同注【9】。
[11] 常念斯：《讀書》〈遠隔重洋憶喬木〉，1995 年，第 12 期。
[12] 同注【5】。
[13] 謝泳：《書生私見》，上海文藝出版社 1998 年版，第 110 頁。

胡喬木為何提出「長期病休」？

　　1941 年，胡喬木成為毛澤東的祕書。不久，他開始為《解放日報》寫社論，顯示了很高的理論水平和極強的寫作能力。在文風上，胡喬木和毛澤東有頗多共同之處。毛澤東的意圖，胡喬木能夠心領神會；對毛澤東所作的重要報告，胡喬木總能及時地通過社論的形式加以具體而透徹的論述。

　　為了開展整風運動，毛澤東在延安作了三次重要報告：〈改造我們的學習〉,〈整頓黨的作風〉,〈反對黨八股〉。對毛澤東這三次重要報告，胡喬木迅速作出反應，他在《解放日報》上連續撰寫社論，論述整風運動的重要性。在眾多社論中，有一篇社論的標題是〈教條和褲子〉，在這篇社論裏，胡喬木寫道：「毛澤東同志在他 2 月 1 日的講演裏，曾經說今天黨的領導路線是正確的，但是在一部分黨員中間，還有三風不正的問題，於是你也來呀，我也來呀，大家把主觀主義、宗派主義、黨八股的尾巴割下來呀，大叫一通，尾巴完事，那麼我們的黨豈不就十全十美了嗎？可惜尾巴是叫不下來的。大家怕脫褲子，正因為裏面躲著一條尾巴，必須脫掉褲子才看得見，又必須用刀割，還必須出血。……」胡喬木的這篇社論從標題到內容都是對毛澤東的一句話的具體闡述和進一步的發揮。這樣的社論，毛澤東當然滿意。而胡喬木也憑藉這些出色的社論，贏得了毛澤東的信賴。

　　毛澤東信賴胡喬木，還有一個原因是他確實有能力，既勤勉又能幹。1971 年夏日，毛澤東南巡。8 月底，他在長沙接見廣州部隊司令員丁盛。丁盛問毛澤東：「胡喬木是什麼樣的人？」毛澤東答：「胡喬木曾

為中央起草了許多重要文件。〈關於若干歷史問題的決議〉，別人搞了幾個月，沒有搞出頭緒。他一寫，就寫出來了。〈再論無產階級專政的歷史經驗〉也是他寫的，寫得不錯。所以，我們就沒有動他。」[1]

關於毛澤東為何賞識胡喬木，新加坡《南僑日報》上的這段剖析頗為精當：「在胡喬木擔任毛澤東主席的政治祕書這一期間，他的思想、修養，獲得極大的進步，深得毛的賞識。他的長處是思想周密，眼光透徹，才文並茂。他隨毛氏到重慶時期，中共在政治上所遭受的各種歪曲的指責，都由他在《新華日報》上經常撰文予以駁斥。他的文章，緊湊鋒利，短而有力，學的是魯迅先生的作風，常把最精彩的意思用精練的筆調描寫出來精辟動人。」

毛澤東說：「你們不僅不是政治家辦報，甚至也不是書生辦報，而是死人辦報。」

新中國成立之後，胡喬木被任命為新聞出版總署署長，新華通訊社社長，還兼任《人民日報》社社長。當然，這時候的他仍然是毛澤東的祕書。

從 1941 年開始，胡喬木一直以飽滿的政治熱情追趕著毛澤東的步伐，追趕著時代的步伐。然而，1949 年解放後，特別是 1957 年後，胡喬木明顯感到他追隨毛澤東的步伐有些力不從心。從 1957 年開始，他經常受到毛澤東的批評。

1957 年初，鑒於當時社會出現的一些不安定的苗頭，毛澤東開始了對關於人民內部矛盾這一命題的思索。這一年，毛澤東就此問題多次發表講話，最著名的就是 1 月 27 日在省市自治區黨委書記會議上的講話和 2 月 27 日在最高國務會議上的講話。

「毛澤東在講話中嚴厲地批評了黨和政府工作中的官僚主義和其他消極現象，明確提出正確處理人民內部矛盾問題。」

談到所謂群眾鬧事問題時，毛澤東在 27 日談話中強調：「我們相信，我國廣大的人民群眾是擁護社會主義的，他們很守紀律，很講道理，絕不無故鬧事。為了從根本上消滅發生鬧事的原因，必須堅決地克服官僚主義，很好地加強思想政治教育，恰當地處理各種矛盾。只要做到這一條，一般地就不會發生鬧事的問題。」毛澤東還強調，「在我們這樣大的國家裏，有少數人鬧事，並不值得大驚小怪，倒是足以幫助我們克服官僚主義。」

在這一年 3 月 1 日舉行的第十一次最高國務會議上，毛澤東還談到要百花齊放，百家爭鳴。「散花野草也有用處，其中有些可能轉化為香花，香花也可能變得不香了。」「不要怕，百花齊放，百家爭鳴。馬克思主義是不怕批評的，應允許互相批評，批評政府不犯罪。」

就在毛澤東大力提倡「百花齊放，百家爭鳴」之際，《人民日報》卻發表了一篇由陳其通、陳亞丁、馬寒冰、魯勒所寫的文章〈我們對目前文藝工作的幾點意見〉。文章提出這樣的觀點：「自從提出百花齊放以後，有許多人只熱衷開老花，不注意開新花。在這種情況下，為工農兵服務的文藝方向和社會主義現實主義的創作方法，越來越少人提倡了；反對『公式化、概念化』也被用來作為反對藝術為政治服務、藝術應有高度思想性、藝術應作為教育廣大人民的武器的藉口。」顯然，該文的觀點與毛澤東提倡的「百花齊放，百家爭鳴」是不相符的。毛澤東對此文極不滿意，多次對此文進行了批評，指出：「文章對形勢的估計是錯誤的，思想方法是教條主義、形而上學、片面性的，無非是來阻止百花齊放、百家爭鳴。」

　　既然是《人民日報》發表了這樣的文章，作為《人民日報》社長的胡喬木自然難辭其咎。果然，不久，毛澤東就把胡喬木喊來，狠狠批評了一頓。

　　「4月9日，毛澤東讓胡喬木、吳冷西去他那裏。毛澤東說，《人民日報》對他在最高國務會議上的講話『無動於衷』，只發了兩行字的新聞，以後又不宣傳。全國宣傳工作會議甚至連新聞也沒有發，好像世界上根本沒有發生這件事，倒是《文匯報》、《新民報》和《光明日報》把旗幟抓了過去，大鳴大放。說到激動處，毛的語氣變得嚴厲起來了。他說，你們不僅不是政治家辦報，甚至也不是書生辦報，而是死人辦報。」[2]

　　該年4月下旬，毛澤東將24日的《大公報》批給胡喬木，並在報頭寫一段嚴厲的批語：「《大公報》、《中國青年報》的理論水平高於《人民日報》及其他京、津、滬各報紙，值得深省改進。人民日報社論不涉及理論（辨證法、唯物論），足見頭腦裏沒有理論的影子，所以該報只能算是第二流報紙。」看到這樣的批語，作為《人民日報》社社長的胡喬木自然會面紅耳赤，他再也坐不住了，趕忙親自動筆為《人民日報》寫了幾篇社論，緊密配合中央的整風部署。然而，令胡喬木始料未及的是，整風運動突然發生質的變化。

　　1957年5月中旬，毛澤東寫了〈事情正在起變化〉，供黨內幹部閱讀。從此篇文章可看出，毛主席的注意力已從批「左」的教條主義轉向批右的修正主義。當毛澤東準備全面批右時，他當然需要《人民日報》這個陣地，當然需要胡喬木這個「中共第一支筆」。不過，胡喬木此時已經完全跟不上毛澤東的思路了，毛澤東也意識到了這一點，1957年6月7日晚，毛澤東要胡喬木到他那裏去，同去的還有《人民日報》的總編吳冷西。在這次談話中，毛澤東對胡喬木作了語重心長的點撥。

「毛澤東看看胡喬木，談到《人民日報》任務很繁重，很需要增加
領導力量。毛澤東解釋了4月9日那次嚴厲批評，說當時是百家爭鳴，
唯獨馬家不鳴（指馬克思），他發現這個情況，感覺很不妙，就回北京
查看此事。當時批評你們死人辦報，是想猛擊一掌，使你們清醒過來。
毛接著說，中央黨報辦成這樣子怎麼行？寫社論不聯繫實際，這哪里像
政治家辦報？」[3]

　　毛澤東這番話，有批評有鼓勵，有安慰也飽含希望。胡喬木當然能
聽出，毛澤東對《人民日報》的近期工作不滿意，希望《人民日報》能
緊跟形勢，緊密配合中央的工作。胡喬木沒有辜負毛澤東的厚望，於 6
月中旬寫出著名的〈不平常的春天〉。這篇社論被列為反右派鬥爭的必
讀檔，這篇社論表明他終於趕上了毛澤東的步伐，同時也表明他還是有
能力完成毛澤東交給他的任務的。

　　不過，當時的高層領導意見並不完全統一，這樣，夾縫中的胡喬木
就顯得左右為難，他因此再次受到毛澤東的批評。

「我不看了。」

　　1958年元旦剛過。中央書記處召開會議，胡喬木參加了此次會議。
開會時，胡喬木看到一張傳閱的紙條，紙條是毛澤東親筆寫的：

> 吳冷西、總理、少奇、李富春、薄一波、黃敬、王鶴壽、李先念、
> 陳雲、鄧小平、彭真、喬木、田家英、歐陽欽、劉仁、張德生、
> 李井泉、潘復生、王任重、楊尚昆、陶鑄、周小舟（已到）、史向
> 生、劉建勳、韋國清、毛澤東，共二十七人，於11日、12日兩天
> 到齊，在南寧開十天會，二十號完畢（中間休息二天到三天，實
> 際開會七到八）。譚震林管中央，總司令掛帥。陳毅管國務院。[4]

　　讓胡喬木吃驚的是，《人民日報》的總編吳冷西竟然列在第一，他感到這次會議多多少少與《人民日報》有關係。果然，在這次會議上，毛澤東對《人民日報》的一篇社論作了尖銳批評。

　　這篇社論的標題是〈要反對保守主義，也要反對急躁情緒〉，發表於 1956 年 6 月 20 日的《人民日報》。原來，1956 年下半年周恩來、陳雲等一線領導為糾正經濟建設規模過大、社會購買力增加過多等問題，採取了一系列措施。6 月 20 日，《人民日報》發表了這篇社論。並「在 11 月八屆二中全會上，明確了冒進的錯誤和後果，將『保證重點，適當收縮』作為經濟建設基本方針，並依此制定了 1957 年經濟計畫。」

　　當時，對這些措施，毛澤東是同意的，但同意得很勉強。這一次，在桂林會議上，毛澤東把自己對反冒進的措施以及那篇社論的不滿一吐為快。「毛在會上批得更尖銳。他逐段逐段地批評這篇社論，說文章好像既反『左』又反右，但實際上並沒有反右，而是專門反『左』，而且就是針對我。毛還說，社論引用了我的〈中國農村社會主義高潮〉序言中的話，看來作者的用意一來不要冒犯我，二來是借刀殺人。但引用時又砍頭去尾，斷章取義，因為一引全文就否定作者觀點了。我寫的序言全文的主要鋒芒是針對右傾保守的。社論卻引了我說用急躁冒進的辦法是不對的這些話，作為反對急躁冒進的根據。這是引我的話反對我。」[5]

　　毛澤東的批評使胡喬木和吳冷西極為緊張。當天晚上，他倆打電話到北京查清了這篇社論的來龍去脈。「原來這篇社論最初是由人民日報編輯起草的。在中宣部討論時，陸定一同志認為不能用，要重新起草。他請示了少奇同志。少奇同志要他根據政治局會議的精神親自組織中宣部的同志起草。初稿由王宗一同志起草，在中宣部多次討論、修改後由定一同志送少奇同志和周總理審閱。他們兩人都作了一些修改，最後送少奇同志和毛主席審定。少奇同志在個別地方作了修改後

送毛主席。人們在最後定稿的清樣上看到，毛主席圈了他的名字，寫了『我不看了』這幾個字。」[6]

知道了事情的來龍去脈，胡喬木就向毛澤東檢討。毛澤東則大度地原諒了他。「毛說，不關你的事。那篇社論寫完曾送給我看，我在清樣上寫了『我不看了』四個字，罵我的東西我為什麼要看。」

儘管毛澤東原諒了自己，但胡喬木還是為自己的疏忽陷入深深的自責中。他意識到自己任何一點小小的疏忽，都有可能鑄成大錯。事實上，他確實沒注意到毛澤東所寫的意味深長、耐人尋味的「我不看了」四個字。如果稍微思考一下，就會看出「我不看了」這四個字至少有兩重含義：一、同意社論的觀點，所以無需看了；二、不認可社論的說法，所以不想看。胡喬木對毛澤東的意圖不能心領神會，所以也就根本摸不透「我不看了」的真正含義。不過，話說回來，即使胡喬木能領會這四個字的真正含義，他又能怎樣呢？胡喬木對毛澤東一向忠心耿耿，但劉少奇、周恩來也是高層領導，他倆認可的社論，胡喬木恐怕也不敢不發。

高層領導之間有不同意見，作為下屬的胡喬木便陷入左右為難的境地。儘管他辦事一向小心謹慎，試圖兩邊都討好，但結局卻常常是兩邊都不討好。1957 年後，胡喬木經常吃這種「兩邊不討好」的苦頭，他為此擔驚受怕卻也一籌莫展，這種苦頭對他而言幾乎成了一種無法擺脫的宿命。

「你不過是個祕書，副主席的意見敢不彙報？」

1959 年 4 月初，中央在上海召開會議。會議期間，胡喬木受到毛澤東嚴厲批評。有人認為毛澤東批評胡喬木，是因為胡喬木在「公社決議」裏，公佈了糧食產量七千億斤：「事情是這樣的：在去年底一次會上，

通過公社決議，公佈糧食產量七千億斤。陳雲當即表示不同意，並和胡喬木說了，胡喬木卻沒有將此事報告毛澤東。」

這種說法是錯誤的。陳雲不同意的並非胡喬木在「公社決議」裏「公佈糧食產量七千億斤」，而是胡喬木把難以完成的「躍進指標」寫入八屆六中全會的會議公報裏。關於這件事的來龍去脈，葉永烈在其《毛澤東的祕書們》一書中，有詳細的說明，現簡要複述如下。

為實現「大躍進」，1958 年 8 月 17 日至 30 日，在北戴河召開了中共中央政治局擴大會議，發表公報，號召「全黨全民為生產一千零七十萬噸鋼而奮鬥」！公報由胡喬木起草。三個多月後，中共八屆六中全會在武昌召開。寫公報時胡喬木遇到這樣的問題：全會討論通過了國民經濟 1959 年的「躍進指標」，要不要寫入公報？當時，主管經濟工作的陳雲頭腦比較清醒，他知道這些「躍進指標」難以完成，就建議胡喬木不要把「躍進指標」的具體數字寫進公報。胡喬木沒有聽陳雲的建議，也沒把陳雲的建議彙報給毛澤東，而是仍然把「躍進指標」的具體數字寫進八屆六中全會的會議公報裏：「中共全會……提出 1959 年國民經濟發展的一些主要指標：鋼產量將從今年預計產量一千一百萬噸左右增加到一千八百萬噸左右，煤炭產量將從今年預計產量二億七千萬噸左右增加到三億八千萬噸左右，糧食產量將從今年預計產量七千五百億斤左右增加到一萬零五百億斤左右，棉花產量將從今年預計產量六千七百萬擔左右增加到一億擔左右。」

胡喬木沒聽從陳雲的建議，但陳雲也沒放棄自己的看法。一有機會他就向毛澤東提出降低指標的意見，1959 年 1 月、4 月，毛澤東開始接受陳雲的意見了。1959 年 4 月，中共八屆七中全會在上海召開。會上，毛澤東說：「不能每天高潮，要波浪式前進。」這表明他對高指標的態度有所改變。而胡喬木在寫八屆七中全會公報時，卻把六中全會公報裏

的「躍進指標」全盤照搬。陳雲看了直接把意見告訴毛澤東：「不應把這些指標寫進公報，這樣很被動。」毛澤東同意陳雲的看法，並且他從陳雲那裏得知，早在六中全會結束時，陳雲就向胡喬木反映過這個問題，並請他轉告毛澤東的。毛澤東這才非常生氣。於是，在一次中央全會上，毛澤東突然大談海瑞精神：「鼓勵大家學海瑞，說『明皇帝搞廷杖，甚至當場打死，但還是有臣下敢進言。』說完這些以後，他表揚了陳雲，說『真理有時在一個人手裏』。同時批評胡喬木：『你只不過是一個祕書，副主席的意見敢不報告。』」[7]

　　平心而論，胡喬木的這次挨批評完全怪他自己了。如果說在寫八屆六中全會公報時，胡喬木沒有聽從陳雲的建議，也沒有向毛澤東反映陳雲的意見，尚屬情有可原（那時候，毛澤東完全不同意陳雲的看法，且態度強硬，把陳雲的意見彙報給毛澤東，只能激化雙方矛盾），那麼，到了八屆七中全會，毛澤東對「躍進指標」的看法明顯有了變化後，胡喬木竟然毫無覺察，仍重述了八屆六中全會所提到的「躍進指標」，就只能說明他不僅固執而且遲鈍。你看，陳雲能說服毛澤東，卻說服不了胡喬木，其固執可見一斑；毛澤東的看法明顯改變，作為祕書的他竟毫無覺察，反應之遲鈍也顯露無疑。

　　作為祕書，如果總是摸不透領導的意圖，挨批也就成了很正常的事了。

1959 年廬山會議上的「有驚無險」

　　1959 年 6 月 25 日，毛澤東回了一趟闊別 32 年的故鄉韶山。韶山之行，使毛澤東感慨萬千，有詩為證：

別夢依稀咒逝川，故園三十二年前。

紅旗捲起農奴戟，黑手高懸霸主鞭。

為有犧牲多壯志，敢教日月換新天。

喜看稻菽千重浪，遍地英雄下夕煙。

在韶山住了幾天後，毛澤東便從韶山直奔廬山，主持即將召開的中央政治局擴大會議。一路遇到的情況，卻使毛澤東眉頭緊鎖：為什麼城市居民的生活仍然很艱苦，連吃肉吃蛋都很難？而農民的生活則更苦，生產與生活上的許多矛盾還是未解決？於是，他決定召開一次政治局擴大會議，明確認識，找出問題，調整指標，尋求對策。毛澤東在湖南考察時將形勢總結為三句話：「有偉大的成績，有不少的問題，前途是光明的。隨行的周小舟將其概括為：成績偉大，問題不少，前途光明，可謂深得毛澤東旨意。」

廬山會議開始後，彭德懷從 7 月 3 日到 7 月 10 日共作了七次發言。以下是其發言的片段。從這些片段可看出，彭總的措辭非常激烈、嚴厲。

1959 年整風反右以來，政治上、經濟上一連串的勝利，黨的威信高了，得意忘形，腦子熱了一點。

毛主席家鄉的那個公社，去年提的增產數，實際沒那麼多，我瞭解實際只增產 16%。我又問了周小舟同志，他說那個社增產只有 14%，國家還給了不少幫助和貸款。主席也去過這個社，我曾問主席，你瞭解怎麼樣？他說沒有談這個事，我看他是談過。

要找經驗教訓，不要埋怨，不要追究責任。人人有責任，人人有一份，包括毛澤東同志在內。「1070」是毛主席決定的，難道他沒有責任！上海會議他作了批評，說他自己腦子也熱了一下。

政治與經濟各有不同的性質，因此思想教育不能代替經濟工作。
毛主席與黨在中國人民中的威信之高，是全世界找不到的，但濫
用這種威信是不行的。去年亂傳主席的意見，問題不少。

我們黨內總是「左」的難以糾正，右的比較好糾正；「左」的一
來，壓倒一切，許多人不敢講話。[8]

　　彭總這些言辭尖銳的話，令毛澤東始料未及也讓他十分不快。7 月
10 日，毛澤東召集組長會議，討論會議下一步安排。會議決定起草「廬
山會議諸問題的議定記錄」，作為會議決議。起草小組由胡喬木、譚震
林、曾希聖、周小舟、田家英、李銳組成。胡喬木任組長。彭總的發言
使毛澤東召開廬山會議的初衷發生改變，他正醞釀由「批左」轉向「反
右」，而胡喬木卻對此一無所知，所以，在寫「議定記錄」時，他仍然
過多地寫了「大躍進」的缺點。結果，〈議定記錄〉在 7 月 14 日印發後，
就招來不少批評，認為這份記錄對「大躍進」的「成績講得不夠」，而
「缺點寫得很具體」，尤其對胡喬木寫的「形勢和任務」那一節，意見
更多。胡喬木於 7 月 19 日分組會上作了長篇發言，進行申辯：

完全同意把成績說夠。〈記錄〉（草稿）中沒有把成績說夠，主要
是受到字數限制，力求簡要，以至只講了原則，絕不是起草的同
志在看法上有什麼分歧。相信絕大多數同志對於這一點是沒有問
題的。現在準備把成績部分展開，篇幅適當擴大。缺點部分也決
定根據各組同志所提意見改寫。主席為會議出的那些題目，主要
是為了總結經驗，使「熱鍋上的螞蟻」變成「冷鍋上的螞蟻」。
當然，如果對於「大躍進」的成績還有懷疑，那是不可能把經驗
正確地總結起來。總結經驗的任務，是與肯定成績一致的。現在

的問題是會議已經開了十八天，但是看來真正客觀地、系統地、冷靜地研究經驗的空氣，還不是很濃厚。會議時間不會太長，因此希望研究經驗的空氣能有所增加，特別是研究那些還沒有引起普遍重視的問題。〈記錄〉（草稿）中關於缺點的原因，說到思想方法上的主觀主義和片面性時，括弧中有一段話，「對於1958年以前我國建設經驗和蘇聯建設經驗沒有認真總結和研究」，這樣說是錯誤的，應該改正。原來的意思是說，許多同志在實際工作中對於過去的經驗研究不夠，已經總結過的在實踐中也堅持不夠。這個意思，是毛主席在上海會議的講話中提出來的，現在在〈記錄〉中指出這個事實，恐怕還有需要。例如，主席在八屆二中全會小組長會上所總結的 1956 的經驗，許多毛病仍然在去年重犯了。

值得我們回想一下，為什麼這樣？分析起來，我們是又有了一些經驗，而又沒有經驗，這就是矛盾所在。大躍進當然史無前例，但是社會主義又是史有先例的。正是由於毛澤東、黨中央總結了過去的經驗，才產生了十大關係的報告和黨的總路線。在這個基礎上，做具體工作的同志應該具體地總結各個工作部門的專業性的經驗。總結經驗，要有原則的總結，也有具體的總結；要有政治的總結，也要有經濟的總結。經濟有經濟的規律，社會主義經濟有社會主義經濟的規律，正如毛主席在《中國革命戰爭的戰略問題》一書中所說的戰爭的規律、革命戰爭的規律、中國革命戰爭的規律一樣。去年下半年發生的一些問題，原因之一就是我們對經濟規律和經濟工作的具體經驗研究得不夠。在這次會議上，需要認真地總結一些經驗。為此就要有總結經驗的空氣，讓參加

會議的人暢所欲言，不要感覺拘束，不要一提出問題，好像就在懷疑成績，是在把缺點誇大。缺點不應該誇大，也不應該縮小。但是，在現在的會議上，各人所見有些參差不齊，也不必緊張。總之，只要是問題存在的，就要加以正視、研究發生這些問題的原因。應該有什麼說什麼，不要戴帽子。如果說錯了，講清楚改過來就行了。我們討論的目的無非是為了早日實現光明的前途，這一點大家是一致的。說虛誇已經完全過去了，我不能同意。虛誇的主要方面是下降了，但不是沒有了。毛主席要求我們宣傳工作像過去發戰報一樣，確實繳了幾支槍就說繳了幾枝槍，一枝都不要多。在經濟統計中達到這個目的是不容易的，但是我們為此而努力。我們黨在長期中形成了實事求是的優良傳統，現在應該恢復這個傳統。[9]

　　表面上看，胡喬木這段發言是在接受別人的批評，實際上，胡喬木是在為自己辯解。特別是後半段，胡喬木強調了正視問題、揭露問題的重要性，呼籲與會者「暢所欲言」並重申了黨的實事求是的優良傳統。當毛澤東準備反右時，胡喬木這番提倡講真話，鼓勵揭問題的發言，顯得極為不合時宜。事實上，此時的胡喬木已處在懸崖邊上，如果不是後來的迅速轉向，就憑這次發言，他也極有可能被打成右派。

　　8月2日，毛澤東發表講話，動員反對「右傾機會主義的倡狂進攻」，明確表示目前不是反「左」而是反右的問題。8月10日下午，胡喬木作了長篇發言，正是這次發言，使他化被動為主動，成功化解了一次迫在眉睫的政治危機。廬山會議時，彭德懷、張聞天、李銳在發言中曾提到毛澤東有點像「史達林晚年」，胡喬木針對這一謬論，從六個方面加以批駁。胡喬木的這次發言，在李銳《廬山會議實錄》裏有詳細的記載：

一、史達林晚年嚴重脫離群眾、脫離實際。毛主席在哪一點脫離群眾、脫離實際？群眾路線的工作方法，不是毛主席創造的又是誰創造的？如果不密切聯繫、徹底依靠、放手發動群眾，怎麼會出現去年的大躍進、公式化運動？

二、史達林晚年在黨內是不講民主的或者很少講民主的，連中央全會都不召開。而我們卻不但經常開全會，而且經常開擴大的全會，這次會議也就是一次。很多文件都是省、市委書記起草的，很多意見都是大家議出來的。毛主席十分重視黨內民主、尊重同志們的意見，怎麼能和史達林晚年相同？

三、史達林晚年提倡個人迷信，毛主席在這個方面也同他相反。七屆二中全會就作出決定，不許祝壽，不許以人名命地名。中央曾根據毛主席的意見通知，他的塑像除了作為美術家的作品可以在美術館陳列外，一律不許在公共場所陳列。

四、史達林在肅反問題上犯了嚴重錯誤，他常把黨內矛盾、人民內部矛盾同敵我矛盾混淆起來，以至在蘇共黨內有許多中央委員、高級將領等被錯誤地殺害了。難道毛主席曾經殺過一個中委、一個將軍、一個黨代會的代表嗎？毛主席對黨內鬥爭的原則是懲前毖後、治病救人，是分清兩類不同性質的矛盾，正因為這樣，許多犯過錯誤的同志至今仍然在黨中央團結一致的工作。

五、史達林晚年無論在理論上和實踐上都有停滯的傾向。在史達林時期，蘇聯農業三十年沒有超過沙皇時代的最高水準。他否認對立面的統一，否認否定之否定，實際是丟了辯證法。毛主席正好相反，簡直可說是辯證法的化身。他雖已六十幾

歲，精神比許多青年人都年輕，真正是生動活潑，一往無前。總路線、大躍進、人民公社，是同他對辯證法的深刻瞭解分不開的，是同他始終充滿朝氣的精神狀態分不開的。

六、史達林晚年對外犯過大國主義的錯誤。毛主席對別的國家一向很尊重，朝鮮問題就是一個好例子，對越南、蒙古的關係也是這樣。對蘇聯的有些問題，我們也提出過意見，但是並沒有妨礙兩國的團結。革命過程中總會有些缺點和錯誤，問題是我們發現得快、糾正得快。」【10】

　　胡喬木這次發言，條理清晰，邏輯嚴密，同時也體現了實事求是的精神，因為，毛澤東在 1957 年反右派之前，其領導是正確的，正如鄧小平同志對他的評價的那樣：「總體來說，1957 年以前，毛澤東同志的領導是正確的，1957 年反右派鬥爭之後，錯誤就越來越多了。」比如對毛澤東的個人崇拜現象在廬山會議之前只是略現端倪，毛澤東本人對此也是十分清醒、十分警惕的，後來林彪出於奪權的目的大肆推波助瀾，才使這一現象愈演愈烈的。所以，那時候，彭德懷、張聞天說毛澤東像「史達林的晚年」本身缺少依據，也就經不住胡喬木這番批駁。

　　在作了以上六個方面的分析後，胡喬木引述了恩格斯的名作《論權威》，說明黨需要領導者個人威信，亦即權威，認為權威是黨和人民的寶貴財富，必須保衛，絕不能破壞。胡喬木這樣說，當然是提醒人們還是要維護毛澤東的權威。不過，筆者認為，胡喬木這樣說，也是對毛澤東關於個人崇拜看法的具體闡述。

　　在談到史達林的個人崇拜時，毛澤東曾說過這樣一段話：「個人崇拜有兩種：一種是正確的。如對馬克思、恩格斯、列寧、史達林正確的東西，我們必須崇拜，永遠崇拜，不崇拜不得了……一個班必須崇拜班

長，不崇拜不得了；另一種是不正確的崇拜，不加分析盲目服從，這就不對了。反對個人崇拜的目的也有兩種：一種是反對不正確的崇拜，一種是反對崇拜別人，要求崇拜自己。」[11]

胡喬木認為要維護領袖的權威，這固然沒錯，但如何防止從維護權威滑向個人崇拜卻是一個令人棘手的難題。而毛澤東關於個人崇拜的看法也並非無懈可擊。

「很顯然，毛澤東的這種分析，和馬克思關於反對『一切個人崇拜』的教導是不相符合的。他對史達林的個人崇拜不是堅決地、完全地反對；而是有保留的，有同情的，甚至認為有些是『正確的』。這種保留、同情，為後來中國的個人崇拜，創造了條件，以至發展到『文化大革命』那樣的『十年浩劫』。」[12]

胡喬木的這次精彩發言，毛澤東聽了極為滿意。翌日，毛澤東在發言中表揚了胡喬木：「李銳不是秀才，是俱樂部的人。」「想把秀才們挖去，不要妄想，是我們的人。」這裏的「俱樂部」是指彭德懷為首的「軍事俱樂部」（反黨集團的代稱），「秀才們」則是指胡喬木、吳冷西、田家英、陳伯達。毛澤東這兩句話是說李銳投靠了彭德懷，而其他幾個筆桿子站在自己這邊。

胡喬木憑藉這次發言有驚無險的化解了一次危機，重新贏得毛澤東的信賴。

「中共最高層的兩位領導人的嚴厲批評，給胡喬木帶來的壓力難以想像。」

1961 年 1 月底，田家英轉來一封信，是毛澤東寫給田家英的。

田家英同志：

（一）《調查工作》這篇文章（指〈反對本本主義〉），請你分送
　　　陳伯達、胡喬木各一份，注上我請他們修改的話（文字上，
　　　內容上）。

（二）已告陳、胡，和你一樣，各帶一個調查組，其三個組，
　　　每組組員六人，連組長共七人，組長為陳、胡、田。在
　　　今、明、後三天組成。每個人都要是高級水平的，低級
　　　水平的不要。每人發《調查工作》（1930年春季的）一份，
　　　討論一下。

（三）你去浙江，胡去湖南，陳去廣東。去搞農村。六個組員分
　　　成兩個小組，一人為組長，二人為組員。陳、胡、田為大
　　　組長。一個小組（三人）調查一個最壞的生產隊，另一個
　　　小組調查一個最好的生產隊。中間隊不要搞，時間十天至
　　　十五天。然後去廣東，三組同去，與我會合，向我作報告。
　　　然後，轉入廣州市作調查，調查工業又要有一個月，連前
　　　共兩個月。都到廣東過春節。

毛澤東[13]

　　胡喬木看到這封信後，並沒有立即動身，因為當時他正在為中央工
作會議起草〈中共中央關於認真進行調查工作問題給各中央局，各省、
市、區黨委的一封信〉。信中寫道：

最近發現的毛澤東同志1930年春所寫的〈關於調查工作〉一文，
是一個極其重要的文件，有十分重大的理論意義和實踐意義。現
在中央決定將這篇文章發給全黨高級及中級幹部學習。……中央

認為，最近幾年的建設成就是偉大的，證明總路線、大躍進、人
民公社的方向是正確的。但是在農業、工業等方面的具體工作
中，也發生了一些缺點錯誤，造成了一些損失。這些缺點錯誤之
所以發生，根本上是由於許多領導人員放鬆了在抗日戰爭期間和
解放戰爭期間進行得很有效的調查研究工作，滿足於看紙上的報
告，聽口頭的彙報……[14]

　　胡喬木寫完文件，就遵命赴湘調查。其實，毛澤東有意讓 1961 年
成為調查研究年。那麼，毛澤東為什麼要胡喬木他們下去調查呢？毛澤
東的目的是要他們去農村獲得第一手材料以「駁斥國內外敵人和黨內右
傾機會主義分子，或者不明真相抱著懷疑態度的人們，對於人民公社的
攻擊、污蔑和懷疑」，從而「長自己的志氣，滅他人的威風」。然而，胡
喬木送上來的材料卻讓他大失所望。

　　下去調查後，胡喬木一連向毛澤東報送了四份材料，「一是關於在
韶山公社解決食堂問題的報告；二是關於韶山公社討論《農村人民公社
工作條例（草案）》的情況簡報；三是關於韶西大隊楊家生產隊食堂分
夥後的情況；四是毛華初訪東茅塘生產隊的調查材料。」這些材料幾乎
都是農村存在的問題而非農村所取得的成績。靠這樣的材料，如何「長
自己的志氣，滅他人的威風」？靠這些材料，又如何駁斥「國內外敵人
和黨內右傾機會主義分子，或者不明真相抱著懷疑態度的人們，對於人
民公社的攻擊、污蔑和懷疑」？

　　我想，胡喬木在彙報這些材料時，其「書生氣」又犯了。從李銳下
面的回憶，我們可以知道，對胡喬木的「書生氣」，毛澤東十分瞭解。

　　「有一天，劉瀾濤告訴我，柯慶施向他說，主席跟柯談到對喬木的
觀感，說喬木跟他一、二十年，總還是一介書生。這使我想起 1958 年 4

月廣州會議時，主席談到要善於聽不同意見和反面意見時說的話：我們身邊有個胡喬木，最能頂人，有時把你頂到牆上，頂得要死。」【15】

　　這一回，毛澤東要他去調查材料，證明右派分子的話講錯了，而胡喬木彙報上來的材料恰恰說明右派分子的話沒講錯，恰恰是「長他人志氣，滅自家威風」。我想，胡喬木這一回又用他的材料把毛澤東「頂到牆上，頂得要死」。不過，毛澤東並沒有因為胡喬木彙報上來的材料不符合自己的要求而責怪胡喬木，相反，他對胡喬木提供上來的材料很重視。

　　「毛澤東對胡喬木報送的材料十分重視，自己的家鄉比 1959 年回去時問題嚴重多了。毛將此信和材料批轉給湖南省委第一書記張平化，要他印發給全省三級幹部會議討論；隨後又寫信給汪東興，讓汪打電話給湖北省委書記王任重和王延春，『幫助湖南同志解決一些問題』，並讓汪將此信轉給還在湖南調查的胡喬木。」【16】

　　毛澤東為什麼這樣做？我想原因有兩個，一、毛澤東此時仍很信賴胡喬木，知道胡喬木是老實人，說的是老實話，所以，雖然胡喬木彙報的材料不是他想要的，他也沒有怪罪胡；二、胡喬木所調查的地方是毛澤東的家鄉韶山，家鄉遇到了困難，主席豈能不管？然而，胡喬木卻把毛澤東對家鄉問題的重視當作毛澤東又想反「左」的信號。於是 1961 年 5 月，當胡喬木結束調查趕回北京向主席彙報時，他談到了反「左」的問題：

　　「當胡喬木返回北京時，已是盛夏季節。儘管一路勞累，胡喬木還是趕緊去毛澤東那裏報告調查情況。談話中，胡喬木為廬山會議糾『左』未能持續下去而深感遺憾，他還談到廬山會議時的一件事，就是當時劉少奇曾經想提出寫個反『左』的檔的建議。形勢已經如此，毛澤東自然說不出什麼，他只是說：『啊，有這回事！』」【17】

　　我認為，胡喬木的這次談話直接影響了他後來的政治生涯。我認為，胡喬木這番話犯了兩個錯誤：一、廬山會議其時已經塵埃落定，毛澤東已經把廬山會議定性為反對右傾機會主義的猖狂進攻，而他「卻為廬山會議糾『左』未能持續下去而深感遺憾」，毛澤東聽了，作何感想？二、他不該把劉少奇未公開的建議私下彙報給毛澤東，不管他是有心還是無意，客觀上這樣做會使兩個高層領導產生誤會或齟齬。

　　不久，中央召開會議，就在這次會議上「胡喬木向毛彙報廬山會議期間劉準備建議搞一個反『左』文件的事傳了出去。這件事引起劉對胡極大的反感。在會議上，劉嚴厲地批評了胡喬木。」[18] 結果，會議還沒結束，胡喬木的老毛病──神經衰弱犯了，且來勢兇猛以至於無法工作，不得已，他向中央寫了報告，提出長期病休。

　　和主席之間的私密談話在中央會議上傳了出去，這既是胡喬木百思不得其解的問題，也是他無法追問的問題，他為此既受到劉少奇的嚴厲批評，也再次吞下了「兩邊不討好」的苦果。他老毛病的發作與此有很大關係。

　　1949 年解放後，胡喬木在思想上總是趕不上趟，總是趕不上主席的節奏，總是需要主席「猛擊一掌」，才會突然醒悟，才會氣喘吁吁跟上來，然而，如此苦苦追趕，他的身心疲憊到了 1961 年恐怕已處於一種一觸即潰的臨界狀態。另外，由於當時的高層領導常常意見不合，胡喬木為此難以擺脫左右為難的困境，他曾經因為不聽陳雲的建議而既得罪了陳雲也惹惱了主席，而這次，他又把兩位最高層的領導全得罪了。「中共最高層的兩位領導人的嚴厲批評，給胡喬木帶來的壓力難以想像。」這時候的胡喬木，除了提出長期病休外，還能找到更好的全身而退的辦法嗎？

毛澤東同意胡喬木長期病休完全是出於對這位老部下的關心。

　　毛澤東對胡喬木還是很器重的，長期以來，胡喬木一直是他的得力助手，曾經因為工作繁重而多次累倒。一次胡喬木重病住院，做手術前，毛澤東特意要自己的保健醫生王鶴濱前去慰問。但毛澤東也意識到，解放後，胡喬木總是不能認清形勢，不能像過去那樣對自己的意圖心領神會。一方面，毛澤東意識到胡的力不從心；另一方面，胡的忠心耿耿，勤勉能幹也使他不忍疏遠胡冷落胡，而現在胡喬木提出病休，對雙方來說，這都是一個極好的「解脫」機會，毛澤東自然會一口答應。1961年6月17日，胡喬木給毛澤東寫了一封信，要求長期病休，主席欣然回信：

> 喬木同志：
>
> 8月17日信收到，甚念。你須長期修養，不計時日，以癒為度。曹操詩云：盈縮之期，不獨在天。養怡之福，可以永年。此詩宜讀。你似以遷地療養為宜，隨氣候轉移，從事遊山玩水，專看閒書，不看正書，也不管時事，如此可能好得快些。作一、二、三年修養打算，不要只作幾個月打算。如果急於工作，恐又將復發。你的病近似陳雲、林彪、康生諸同志，林、康因長期休養，病已好了，陳病亦有進步，可以效法。問谷羽好。如你轉地療養，谷宜隨去。以上建議，請你們二人商量酌定。我身心尚好，順告，勿念。
>
> 　　　　　　　　　　　　　　　　　　　　毛澤東
>
> 　　　　　　　　　　　　　　　　1961年8月25日[19]

　　毛澤東這封信，字裏行間洋溢著對這位老部下的關愛，但也暗示，他在以後兩三年、甚至更長的時間裏都不會再起用這位曾經名聞遐邇的「筆桿子」。毛澤東還特別囑咐胡喬木「從事遊山玩水，專看閒書，不

看正書，也不管時事」，因為他意識到胡喬木作為自己的祕書已經力不從心，雖然忠心耿耿、任勞任怨，但卻不時會好心辦壞事，比如讓他調查材料來駁斥右派分子的言論，而他找來的材料恰恰證明了右派的言論等等；另外，毛澤東也體諒到胡喬木夾在高層領導中間的左右為難的苦衷，所以勸他「不管時事」。我認為，毛澤東寫完這封信，一定有一種如釋重負之感，畢竟，胡喬木這枝「筆桿子」似乎生銹了，重用他已經不可能了，而不重用他毛澤東也於心不忍，現在胡喬木以病休的方式離開政壇核心可謂皆大歡喜。

胡喬木後來雖然離開了毛澤東，但毛澤東一直沒有忘記這位老部下，1966 年，毛澤東最後一次會見胡喬木，對胡喬木說了幾句簡單卻重要的話，毛澤東叮囑胡：「你回到北京，少說話，多看看，多瞭解情況。」事實上是暗示胡喬木不要捲入高層領導的矛盾中。毛澤東知道，胡喬木是個「一介書生」，一旦信口開河，說出來的恐怕都是不合時宜的話，結果定然惹火燒身。

文革期間，胡喬木受到紅衛兵的衝擊。儘管周總理想了很多辦法來保護胡喬木，無奈「四人幫」一再唆使，他還是經常被紅衛兵揪出去批鬥。關鍵時候，毛澤東的一個舉動救了胡喬木。

1967 年 5 月 1 日，毛澤東要去天安門，車開到中途，毛澤東突然要求停車，要警衛團長張耀祠帶他去看胡喬木，雖然由於張耀祠敲錯了門，毛澤東未能如願。但他的這一舉動，已足以保護胡喬木了。看來，胡喬木對主席感情很深，而主席也一直掛念著他。

註 釋

[1] 葉永烈：《毛澤東的祕書們》，上海人民出版社，2005 年出版，第 99、101、105-106、145 頁。

[2] 尚定：《胡喬木在毛澤東身邊工作的 20 年》，人民出版社 2005 年出版，第 176、200、206、212-213、228、238、242、248-251 頁。

[3] 同注【2】。

[4] 同注【2】。

[5] 同注【2】。

[6] 同注【2】。

[7] 同注【2】。

[8] 同注【2】。

[9] 同注【2】。

[10] 同注【1】。

[11] 張樹德：《紅牆大事》，中央文獻出版社 2005 年，第 213 頁。

[12] 同注【11】。

[13] 同注【2】。

[14] 同注【1】。

[15] 同注【1】。

[16] 同注【2】。

[17] 同注【2】。

[18] 同注【2】。

[19] 同注【1】。

高爾泰：反擊之後的反思

在我眼中，高爾泰是個極富傳奇色彩的文化好漢。他是學繪畫的，但卻以一篇〈論美〉躋身美學界；他是文質彬彬的書生，卻有一身好武藝；他因為能畫毛澤東的標準像才從鬼門關──夾邊溝農場死裏逃生。歷經磨難、九死一生的人生經歷，使他筆下的文字變得異常厚重、凝練，令人盪氣迴腸也讓人驚心動魄。

作家徐曉在〈來自另一個世界的孩子〉一文中，對高爾泰有一番深情而準確的描述：「不隨俗，已經不易。不從雅，則更不易。與另一些聲名遠播的、此落而彼起的知識份子不同，高爾泰的輝煌是貨真價實的，有他雖不是跌宕浩繁但獨樹一幟的文字為證；有他雖沒有流行的效果但潛在而持久的聲望為證。……不管是大起還是大落，不管是行文還是為人，高爾泰沒有『我不下地獄誰下地獄』聖徒般的悲壯，也沒有『風蕭蕭兮易水寒』英雄般的豪情。他控訴，但不止於個人的悲苦；他驕傲，但同時也有悲憫；他敏感，但不脆弱；他唯美，但並不苛刻。」[1]

讀完高爾泰近作《尋找家園》，最打動我的也最讓我嘆服的是高爾泰的悲憫情懷、懺悔意識以及他的勇於反思、勇於自剖的可貴精神。

上世紀五、六十年代，在全國性大饑荒到處蔓延時，高爾泰因為受外單位邀請畫一些配合形勢的宣傳畫，畫面上，魚肉酥脆流油，饅頭熱氣騰騰，男女老少個個滿面紅光笑逐言開。白天迫於壓力做假，晚上他則陷入極度不安之中：「我一門心思製造效果，致力於細節逼真，氣氛熱烈，想不到自己是在撒謊，是在擴大災難……變成了他人手中一件可以隨意使用的工具，變成了物。」

一次，高爾泰和幾個同事在荒蕪人煙的深山開荒。為了改善伙食，高爾泰受命和另一個同伴去打獵。當他倆吃盡辛苦追到那只受了傷的羊後，高爾泰的心一下揪緊了：

> 它昂著稚氣的頭，雪白的大耳朵一動不動，瞪著驚奇、明亮而天真的大眼睛望著我，如同一個健康的嬰兒。
>
> 我也看著它。覺得它的眼睛裏，閃抖著一種我能夠理解的光，剎那間似曾相識。
>
> 慢慢地，它昂著的頭往旁邊傾斜過去，突然砰的一聲倒在了地上。它動了動，像是要起來，但又放棄了這個想法。肚皮一起一伏，鼻孔一張一翕。嚴寒中噴出團團白氣，把沙土和草葉紛紛吹了起來，落在鼻孔附近的地上和它的臉上。
>
> 我坐下來。不料這個動作，竟把它嚇得急速地昂起頭，猛烈地扭動著身軀。我想我在它的心目中，是一個多麼兇殘可怕的血腥怪物呵！事實上也是的，我真難過。[2]

正是這些真誠、無情的自剖，顯露出高爾泰高貴、聖潔的品質。高爾泰因一篇〈論美〉被打成右派後，飽經磨難和打擊，飽受摧殘和侮辱，但他沒有因此呼天搶地憤世嫉俗；沒有因此消沉麻木一蹶不振；更沒有因此染上告密、誣陷、諂媚等時代病。雖然在那個荒唐的是非顛倒的年代，高爾泰出於自衛、求生的本能，難免做出一些違心之舉，但他總能對自己不恰當的言行予以及時而深刻的反思，以最快的速度將大腦中的思想毒素排除乾淨。

即使在那樣一個魑魅魍魎猖獗一時的年代，即使在遭受家破人亡的慘痛打擊之後，高爾泰仍難能可貴地對自己的言行予以冷靜而充分

的反思，像孔子所說的那樣「吾日三省吾身」。一個高貴、大寫的人，由此屹立於我們眼前。

1962 年，二十六歲的高爾泰從勞改農場出來後，費盡周折，在敦煌藝術研究所找到一份差事。但此地並非世外桃源，不久，高爾泰就捲入研究所的派系鬥爭中。當時，敦煌研究所有兩派，一派以老所長常書鴻夫婦為首；另一派的頭領也是一對夫婦，丈夫叫賀世哲，妻子叫施娉婷。

高爾泰能在敦煌研究所立足，應歸功於常書鴻所長的熱心奔走。出於報恩，高爾泰無法不站在常書鴻夫婦這邊。但賀、施夫婦也極力拉攏他，而且，由於一件事，賀、施夫婦和高爾泰成了朋友。「他倆要創辦一份雜誌，叫《敦煌研究》，要我給創刊號寫篇文章，叫〈敦煌藝術的人民性〉。我說我不知道『人民性』是什麼意思。他們說資料室裏材料很多。我說我曾翻了翻，好像談『繼承』的文章，都必談人民性。但是這個詞的意思，從來就沒有界定，它好像是從蘇聯來的，看蘇聯人的文章，好像更糊塗。

那時中蘇交惡的事還沒有公開，施娉婷警告我：這話只能在我們家說。賀世哲笑道，我倒是很欣賞你這種獨立思考的精神。施說我也是，這不是叫你去到處亂說，小心別人抓你的辮子。」

還有一件事，也使高爾泰對賀、施夫婦很有好感。「多年沒有工資，到敦煌，每月工資八十三元，除了伙食費，全都寄給母親。賀施一再勸阻，告訴我該寄多少留多少。說那邊夠用就行，你得有個機動：買書、添衣服，置用品，都要錢。糧食定量二十八斤，硬碰硬也不成。還有，你將來總要成家，一點兒積蓄都沒，行嗎？這些話，同我母親說的一樣，我感到親切。」

兩派頭領和高爾泰關係都不錯，高爾泰哪個都不想得罪，但問題是，他必須在兩者之間做一個非此即彼的選擇。「這是我生平第一次，

遇到無非是站隊問題。受常深恩，我不能從眾，除了竭盡全力搞好新壁畫創作，別無選擇。賀不諒解，提出一個『新洞窟創作什麼人掛帥』的問題，我一下子成了眾矢之的，人人喊打。怒火之猛烈，大有食肉寢皮不可稍待的勢頭。有一種掉在鱷魚池裏的感覺。」

不久，「文化革命工作組」駐進研究所，宣佈敦煌藝術研究所文化大革命開始。在工作組的領導下，所裏成立了「文革領導小組」，賀世哲任組長。

作為打倒常書鴻的突破口，第一個批鬥的就是高爾泰，批鬥完畢，喝令他在家寫檢查。而高爾泰通過寫檢查，給了賀世哲重重一擊。

「我檢查自己的錯誤之一，是反對文革組長，因為他公開場合指控我反動透頂，私下裏卻稱讚我能獨立思考；公開場合批判和平主義和戰爭恐怖論，私下裏卻說戰爭是殘酷的；指控常書鴻不支持他創辦《敦煌研究》是壓制對封、資、修文化的批判，但《敦煌研究》創刊號的內容，全是封、資、修。作為旁證，憶寫了一份創刊號目錄，和每篇文章的內容的提要，一併交給了工作組組長、空軍軍官於家聲。」

一個月後，全所開大會。工作組要高爾泰在會上和賀世哲當面對材料。「看得出來，大家同我一樣，毫無思想準備。但許多人立刻就敏感地意識到，文革組長同一個已結案的牛鬼蛇神對質意味著什麼。不但紛紛出來替我我作證，而且揭發出大量我所不知道的賀的問題。說他是野心家、陰謀家、兩面派、定時炸彈、赫魯雪夫式的人物……」

突如其來的變化終於讓賀世哲敗下陣來。「他先是瞟一下我、又瞟一下工作組。工作組始終沉默著，個個臉上沒有表情。他終於緊張起來，頻頻用手指疏理頭髮，動作過分用力。一再取下眼鏡擦鏡片，老擦不完，手也顫抖。我望望那邊沙發上的施娉婷，她不斷變換著坐的姿勢，左顧右盼，更明顯地透露出，一股子在心底出現的恐懼。」

　　反擊成功後，高爾泰的內心感覺是什麼呢：「一絲復仇的喜悅，剎那間掠過心頭，很快就消失了。沉澱下來的，是深重的悲哀，為自己，也為他們。」

　　按理，對賀世哲這樣慣於興風作浪、長於造謠誹謗之徒予以迎頭痛擊，不僅是必要的，而且大快人心，而高爾泰為什麼感到「深重的悲哀」呢？我想，高爾泰的反擊本身無可非議，但他的反擊手段似乎不太光彩。把賀世哲夫婦和自己的私下談話當作重磅炸彈投向對方，雖屬迫不得已，但畢竟有違做人的厚道。揭發、告密本是賀世哲之流慣用的伎倆，而現在，高爾泰竟無師自通學會了這一切，且運用起來頗為得心應手，這不僅讓高爾泰感到「深重的悲哀」，作為旁觀者的我們，面對這一切，也會感到「深重的悲哀」。

　　用告密、揭發的方法反擊賀世哲，雖說是以其人之道還治以其人之身，也顯露出高爾泰特有的機智和勇敢，但無庸諱言，高爾泰這樣做的同時，也無意間把自己的人格水準降低到和對方同樣的高度。不過，應該指責的是那個殘酷而荒謬的時代，是它讓一個正直、善良的知識份子出於自衛、出於求生，不得不學會一些令自己厭惡的卑鄙伎倆──其令人痛心之處如同一個清白女子因為遭強暴而染上性病一樣。不學會咬人，就難以生存，這，正是那個可怕年代的殘酷、荒謬之處。好在高爾泰能對自己的行為予以及時的反思，所以，他沒有因為自己的反擊成功而沾沾自喜，而是從中咀嚼出一絲耐人尋味、發人深思的悲哀。這絲悲哀將給予我們這些後來者以足夠的警醒和綿長的回味。

　　徐曉〈來自另一個世界的孩子〉中，有一處說法不夠準確：「……有打人成性，最終被他（高爾泰）打服了的工人階級王杰三；……」其實，王杰三並不是被高爾泰打服的，王杰三是因為被高爾泰抓住了把柄才不得不服的。

　　王杰三何許人也？高爾泰在〈伴兒〉一文中對他有詳細的交代：「王杰三是敦煌文物研究所的汽車司機。粗壯雄健，腹胸四肢雜毛連頰，一股子江湖豪客的剽悍之氣。他當過國民黨駐軍廖師長的司機，跟著廖師長耀武揚威，人見人怕。到飯館裏吃喝，如果廖師長對飯菜不滿，他就把桌子掀翻。四九年後廖師長被槍斃，他坐了一年牢。出來後生活無著，常書鴻看中了他的駕駛技術，讓他到所裏開車，當了工人。」此人有個特性，好打人，不僅打老婆，也打所裏的「牛鬼蛇神」：「他打人，和知識份子打人不同。知識份子打人，胳臂細，拳頭小，道理大，怒火高。他不動感情，無言而有力，幹起來就像宰豬剎羊一樣。腳勁尤其大，老所長常書鴻常常被他踢得滾來滾去，血淋淋滿地爬。」

　　讓高爾泰惱火的是，這傢伙經常在深更半夜踢他家的門：「他常去拉煤，每次都要到深夜兩三點鐘以後才回來，一肚子怒氣。每次回來，都是一下車就來猛踢我們家的門。踢到我下了床開了門，他吼一聲『卸煤去』，就走了。這完全是他個人加給我的任務。他只叫我不叫別人，也並不是特意同我過不去，而是因為他從煤場回家正好要經過我家。更深夜半，他累了，不想再費心繞道去找別人。」

　　對王杰三的蠻橫，高爾泰當然是敢怒而不敢言，但怨氣在心裏積久了，總要爆發的。一次，在深山開荒，兩人終於交起手來：

　　「冷不防他猛一腳蹬得我栽到斜坡上。我在滾下去以前剛好來得及抓住那只腳，把他一起拖了下來。兩個人撕扯著往下滾，一直滾到穀底。我憤怒得喪失了理智，在他已無力還手時騎在他胸脯上拼命打他的耳光。他是絡腮鬍子，剛刮過不久，胡茬兒紮得手掌心燒痛，我都顧不得了。剛停下來，想到他深夜踢門的情景，就又打。」

　　打打停停，不知道怎麼收場，漸漸冷靜下來，高爾泰想到後果，害怕了。「又把他拉起來，替他整理撲打衣服頭髮，找回他的帽子並替他戴上。

戴上後左看右看，做著鬼臉，想把這件事弄成一個玩笑，但是不成。不管我怎麼示好他都不買帳，喉嚨裏兀自嘟囔：好哇你，階級報復，咱們走著瞧。」

一路上，儘管高爾泰不斷求饒，百般討好，但王杰三不為所動。情急之下，高爾泰想出了一個辦法。

「我追上一步，同他並排走，說，王師傅，我聽信了一個謠言，說你是廖師長的司機，反革命的走狗。這分明是惡毒攻擊偉大的工人階級，但我思想沒改造好，革命警惕性不高，糊裏糊塗信了，以為你是混進工人階級隊伍的階級敵人，把工人階級你當反革命來打，這不是毛主席說的『人妖顛倒是非淆』嗎，這個錯誤太嚴重了，必須重視。回去了我給軍宣隊、工宣隊，還有全體革命群眾做檢討。」

聽了這番話，開始，王杰三還很鎮定，但一會兒他就沉不住氣了：

「走了很長一段路，突然說，我告訴你，你檢討對你不利。我說我犯了這麼大的錯誤，怎麼還能考慮自己的個人利益？要割尾巴，就不能怕痛麼。他站住了，轉身面對我，說，你以為一檢討就沒事啦？事兒越說越多！多一事不如少一事，我勸你別來事──我這是為你好。我說我知道王師傅一向關心我，我很感謝，但是，如果他們知道了，我怎麼辦？他說，怎麼會呢，這是在戈壁灘上，天知地知，你知我知，還有誰知！我說，那我就聽王師傅的話吧。他高興了，又說，我這是為你好。」

出於自衛，高爾泰無奈之下只得威脅對方要揭對方的老底。這一招果然奏效。但我想，高爾泰如願以償之後除了鬆了口氣外，絕不會感到高興。因為靠揭老底、抓小辮的這種近乎無賴的辦法制服對方，絕不是高爾泰所想做的。王杰三認輸了，但高爾泰並非勝利者，因為他不是靠文明的思想去感化對方，也不是靠正義的力量來制服對方的。他教訓對方的辦法恰恰是他自己所深惡痛絕的，換句話說，高爾泰為了制服一個小人而不得不做了一次小人。

　　高爾泰對王杰三的反戈一擊，讓我想起「錢鍾書打人」事件。錢鍾書也是在忍無可忍的情況下，打了那個「革命分子」，但打人之後的錢鍾書並沒有伸張正義的快感，反而對自己的行為很不滿，他大發感慨道：「和什麼等人住一起，就會墮落到同一水平。」

　　當然，罪魁禍首仍然是那個荒謬的人妖顛倒的年代，它讓善良的人變得兇殘；讓斯文的人變得野蠻；讓淳樸的人變得狡獪。我想，那個冷酷、野蠻年代的最可怕之處，或許在於它讓人們被迫接受這樣一種觀念：「你要無情才能活在這個無情的世界上。」（電影《凡爾杜先生》的臺詞）

　　當然，高爾泰是不會接受這個觀念的。一個勇於反思、勇於自剖的人，是不會讓憤怒之火吞噬自己的良知的，也不會讓荒謬的時代扭曲自己的心靈，更不會讓污濁的社會腐蝕自己的品德。相反，在那個嚴酷的時代，他學會了寬恕別人，也學會了拷問自己，正因如此，他高貴而聖潔的人格才在那個黑暗年代奕奕生輝。

　　常書鴻先生是敦煌藝術研究所所長，某種程度而言，他是高爾泰的恩人，因為，正是在他的熱心關照下，高爾泰才得以在敦煌藝術研究所覓得一席之地。正因如此，文革爆發後，兩人的命運就綁在一塊了。

　　「大家成了革命群眾，先生成了革命對象。把我這個右派分子調進敦煌這件事，成了先生反對革命的證明。我的問題都成了他的問題，因為我是他弄來的。大家以此為突破口，揭發出他更多更大的『罪行』。先生被打翻在地，被稱為老牛鬼，李承仙被稱為大蛇神，敦煌文物研究所被稱為常李夫妻黑店。我則被說成他們的黑幫死黨。開他們的鬥爭會，有時也拉我陪鬥。」

　　但一個偶然的事件讓常書鴻夫婦的命運有了戲劇性的變化。「有個叫韓素英的外國女人到中國來，向周恩來提出，要見常書鴻。常、李因

此都被解放了，恢復黨籍，恢復工作，恢復名譽，補發工資，住院療傷。上級責令撥款，為他們突擊修復和裝潢那被破壞得一塌糊塗的住宅，以便『接待外賓』。事後先生客居蘭州，成了新聞人物。」

其時住在酒泉的高爾泰聞訊後，便去蘭州找這位老領導。「我想標準是統一的，他們判罪比我重，都沒事了，我幹嗎還有事？我想，只要他給哪個主管提一下，問題就解決了。此外，也想同他們談談心，舒解一下鬱積在心頭的悲哀和痛苦。」

可是，對於遠道而來的高爾泰父女（因為妻子早逝，高爾泰無論到哪只能將幼女帶在身邊），常書鴻夫婦卻十分冷淡，全然沒了過去的那種熱情。忍受不了對方的敷衍，高爾泰憤而告辭。

「走在街上，越想越氣：沒問我境遇怎麼樣，沒問我到蘭州來幹嗎，幾時來的，住在哪裡，也沒問李茨林（高爾泰去世不久的妻子）怎麼沒有一起來。『文革』中茨林到莫高窟探望我時，給他們送藥品、送小報（各地紅衛兵油印的小報）、送食品，他們都喜歡她，見了很親熱。我想這次，起碼會問一聲她。我就要給他們談談她，她的善良真誠，她的不幸遭遇，她的逝世。我很想很想，有人能聽我談一談她。但是他們沒問，我更無從提起。壞毛病難改，火車上又寫了四句〈又呈〉，一回到酒泉，就給他們寄了過去：

畫圖海內舊知名，卅載敦煌有遺音。
如何閣卻丹青手，拼將老骨媚公卿？

幾個月後，高爾泰遇見一個名叫吳堅的人，此人曾是甘肅省委宣傳部長，後在文革中被打倒。從吳堅口中，高爾泰才得知，常書鴻的處境並不好。

「……他一介書生，只那麼一點道行，能玩得轉嗎？你知道嗎，你那次去，把他嚇得不行。你想，要是冼恒漢來了，面對一個衣服破爛、陰沈粗暴的傢伙，他老先生怎麼個圓轉法？你不光是『文革』裏面的問題，你還有五七年的問題哩，怎麼個圓轉法？」

吳堅這番話，使高爾泰陷入深深的反省中，他對常書鴻先生的抱怨、惱怒完全消除了，取而代之的是一種深深的自責和愧疚。

「回想當時，老兩口在那麼緊張的心情中能讓我待那麼久，已經很遷就了。我想，假如我是一個通情達理的人，他們當會以實相告，要求我暫先回避一下。他們沒那麼做，已經很體諒了。突然登門，把別人嚇得不行，急得不行，自己還氣得不行，這豈止是麻木和蠻橫而已，簡直就是『近之則不遜，遠之則怨』。先生於我有深恩厚澤，何至於怨之不足，還要惡言相向？我想我真是個混蛋。我想，縱然他不再理我，這份愧疚也去不掉了。」

一個人，只有願意設身處地為對方著想，才會虛懷若谷寬容別人；才會毫不留情苛求自己。一個人，只有勇於反思、勇於自剖，才會冷靜而無情地審視自身的醜陋和卑瑣，只有這樣才會防微杜漸防止人格的蛻化變質。高爾泰正是這種人。

註 釋

[1] 《讀書》，2004 第 8 期，第 36 頁。
[2] 高爾泰：《尋找家園》，花城出版社 2004 年出版版，第 228-229 頁（為節省篇幅，本文其他引自此書的地方將不一一注明）。

相同的境遇，不同的人生
——解讀高爾泰筆下的幾個「犯人」

　　夾邊溝，是甘肅酒泉縣一個關押右派犯人的勞改勞教農場。從 1957 年 10 月開始，那裏羈押了近三千名右派分子。1961 年 10 月，上級糾正了甘肅省委的左傾錯誤，並開始遣返右派犯人。此時倖存者還不到一半。

　　高爾泰是夾邊溝農場為數不多的倖存者之一。在其近作《尋找家園》中，高爾泰以細膩的筆觸，冷峻的語調回憶了幾個夾邊溝難友，幾個難友相同的悲慘遭遇令人唏噓不止；而他們在嚴酷的環境下所呈現的不同的人生品質又讓人掩卷沉思。

安兆俊：「記住，不光是要活下去，還要活出意義來。」

　　1958 年 10 月 1 日，高爾泰所在的新添墩分場四個大隊全體人犯，天不亮即起床趕路，步行兩、三個鐘頭，到達場本部所在地夾邊溝，參加慶祝國慶大會。

　　慶祝大會一開始是全體人犯合唱《國際歌》，接著是劉場長訓話。照例都是套話，聽得高爾泰昏昏欲睡。「突然有幾句話，像錐子似地鑽進了耳朵：……個別人狗膽包天，竟敢記秘密日記……沒有馬上治你，是為了給你一個主動坦白的機會……你不坦白，就看你表演……我腦子裏轟地一下，響起了無數蟬鳴，完全清醒了。」[1]

　　原來，高爾泰一年前進農場時就帶了一堆書，還有一本日記。「裏面都是那種懵懂年齡裏一個自由愛好者一閃一現的小感想。諸如『一個

社會裏個人自由的程度，是這個社會進步程度的標誌』，或者『我的世界是這麼大，這麼千山萬水無窮無盡；我的世界又這麼小，這麼咫尺千里寸步難行』之類。毫無操作意義，本身微不足道。但要是被別人拿到，後果卻十分嚴重。在那右派如過街老鼠人人喊打的年代，沒人代為保管，又不甘心銷毀，只有帶在身上，終於一直帶到農場來了。」[2]

聽了場長的話，高爾泰直感到天旋地轉。「一時間我覺得，好像腳下的土地在往下沉。別說是外面的形勢，周圍這些捉蝨子縫紐扣打瞌睡的人們，也好像是另一個世界的幻影了。想起了父親母親姐姐和妹妹，音容笑貌如在目前。我擔心，再也見不著他們了。」[3]

當然是一場虛驚。

農場的農業隊第一大隊的大隊長安兆俊已偷偷把那本日記燒了。安兆俊是歷史學家，原先在民族學院研究新疆史。是夾邊溝農場第一批關進來的右派分子之一。當時，在勞改隊和勞教隊，用犯人來管理犯人是普遍的事（這一點與納粹集中營的做法很類似），安兆俊便當上了農業大隊的大隊長。因為是隊長，管教幹部們忙不過來時，也把一些雜事交給他做，其中包括把沒收來的東西分類登記。這樣，他才有機會看到了高爾泰的那本日記，他知道這日記是禍根，就冒險偷偷藏起來，「趁幫灶時，丟在爐膛裏燒了」。

奧地利醫生弗蘭克曾被囚禁在納粹的集中營裏，關於集中營裏的俘虜，他說過一番發人深省的話：

> 集中營中的生活經驗，顯示出人的確有選擇的餘地。有太多太多的實例足以證實：冷漠的態度是可以克服的，暴躁的情緒也可以控制。人「有能力」保留他的精神自由及心智的獨立，即便是身心皆處於恐怖如斯的壓力下，亦無不同。

在集中營待過的我們，都還記得那些在各房舍之間安慰別人，並把自己僅餘的一片麵包讓給別人的人。這種人即使寥若晨星，卻足以證明：人所擁有的任何東西，都可以被剝奪，唯獨人性最後的自由──也就是在任何境遇中選擇一己態度和生活方式的自由──不能被剝奪。[4]而正是這種不可剝奪的精神自由，使得生命充滿意義且有其目的。[5]

可以肯定地說，安兆俊正是沒有被苦難、被嚴酷的環境剝奪了「人性最後的自由」的人，所以，儘管身陷囹圄，儘管飽受折磨，他仍做到了「使得生命充滿意義且有其目的」。

安兆俊看了高爾泰的日記，很喜歡這個有思想的年輕人，也為他擔心，怕他承受不了農場非人的折磨，於是，他冒險找了個機會，對高爾泰說了一番推心置腹而又語重心長的話：

……真擔心你的承受能力。處境越是絕望，人也越容易沮喪。特別是我們這種，都是些孤獨的個人，沒有個組織的支持，沒有個輿論的聲援，也沒有個社會的同情，……我們這裏，名演員偷別人的饅頭，大音樂家涎著臉乞求一丁點兒施捨，在外國拿了兩個博士學位回來的學者，為搶著刮桶，打架不要命，這樣的事，多得都不奇怪了。至於自打耳光，告小狀、一年到頭不洗臉不梳頭不補衣服的，那就更普遍了。這都是精神崩潰的表現。現在死掉的人越來越多，我想除了餓和累，精神意志的崩潰，也是一個原因。你還年輕，一定要堅強些，再堅強些，要學會經得起摔打。這個，誰也幫不上忙，全靠你自己了。說著他瞟了一下鬧鐘，站起來，說，回去了好自為之。記住，不光是要活下去，還要活出意義來。[6]

這番話很誠懇，也很精闢，對身處絕境看不到出路的高爾泰來說，安兆俊這番開導堪稱及時雨。高爾泰由此意識到，即使在這樣讓人絕望、讓人窒息的環境下，也能夠「活出意義來」。事實上，對於任何年代、任何處境下的人，安兆俊這番話也如暮鼓晨鐘一樣令人警醒。

安兆俊這番話讓我想起弗蘭克的名著《活出意義來》。（我疑心安兆俊可能看過這本書，並深受影響，因為身處夾邊溝的安兆俊的一言一行酷似集中營裏的弗蘭克）在這本書裏，有這樣一段話：

「忙碌而積極的生活，其目的在於使人有機會瞭解創造性工作的價值；悠閒而退隱的生活，則使人有機會體驗美、藝術或大自然，並引為一種成就。至於既乏創意、又不悠閒的生活，也有其目的：它使人有機會提升其人格情操，並在備受外力拘限的情境下選擇其生活態度。」[7]安兆俊就是通過冒死救助他人，冒死開導他人，而使自己被囚禁的生命變得富有意義，可以說，獄中生活為他提供了「提升其人格情操」的機會。

俄國作家陀斯妥耶夫斯基也曾被囚禁在寒冷的西伯利亞集中營裏。他說：「我只害怕一件事：我怕我配不上自己所受的痛苦。」安兆俊在高壓下不屈從於強權的淫威，冒死守住完全的內在自由，從而使自己的生命抵達一個崇高的精神境界，可以說，夾邊溝險惡的環境為他提供了獲得精神價值的機會。如果他聽說過陀斯妥耶夫斯基那句話，他完全可以自豪地說：我承受痛苦的方式，是一種實實在在的內在成就；我的言行舉止完全配得上我的痛苦。

> 人在世間要受到許多痛苦與災難，但是，當人們身處這些痛苦與災難仍然能夠自覺地選擇某種道德及利他的行為時，他便無形中把痛苦與災難轉換成了某種人生的成就；因其有此成就，而使他在痛苦與災難之中獲得了意義與價值；因其有意義與價

值，而使他有了活下去的願望與追求；因其有了這樣的願望與追求，他就有可能在最為艱難的處境下、在最最痛苦的狀態裏生存下去，從而使自我的生命保有了尊嚴，顯示出熠熠光輝來。[8]

我想，把這番話用在安兆俊身上，也是十分貼切的。

不過，夾邊溝農場的生存環境實在太惡劣，血肉之軀要經得住非人的折磨，光靠意志還不夠，還得有恰當的方法。

納粹集中營裏的弗蘭克某一天實在厭倦透了，於是，他強迫自己把思潮轉向另一個主題。「突然間，我看到自己置身於一間明亮、溫暖、高雅的講堂，並且站在講壇上，面對著全場凝神靜聲的來賓發表演說。演說的題目則是關於集中營的心理學！那一刻，我所受的一切苦難，從遙遠的科學立場看來全都變得客觀起來。我就用這種辦法讓自己超越困厄的處境。我把所有的痛苦與煎熬當成前塵往事，並加以觀察。這樣一來，我自己以及我所受的苦難全都變成我手上一項有趣的心理學研究題目了。」[9]

身處困境，只有「把所有的痛苦與煎熬當成前塵往事」，才能「讓自己超越困厄的處境」，因為，人必須有一個未來的目標，才能啟動內心的力量。用弗蘭克的話來說，就是「人就這麼奇特，他必須瞻望永恆，才能夠活下去。」

安兆俊也用了同樣的方法，讓自己超越了眼前的困境。

高爾泰第一次去安兆俊的號子，裏面一疊整整齊齊的《工地快報》，引起了他的注意。「靠裏面的一半，放著碗筷面盆暖瓶衣服包裹之類，還有尺來厚一摞子我們農場右派們編的《工地快報》，疊得整整齊齊，捆得嚴嚴實實。這東西新添墩也有，每天一張，發到各小隊，是大家做捲煙紙和手紙的材料。除了最新的，全都消失了。」別人用來捲煙或當手紙的材料，安兆俊為何當作寶貝一樣珍藏？許是看出高爾泰眼中的困

惑，安兆俊對他說：「那個，你時常看見吧，別看它廢紙一張，將來都是第一手歷史資料，珍貴得不得了。我一直留心收集，一張都沒有少掉。著眼於將來，現在就有了意義。」【10】

安兆俊的「著眼於將來」，與弗蘭克的「把所有的痛苦與煎熬當成前塵往事」簡直如出一轍。或許是安兆俊受到了弗蘭克的影響，或許是兩顆高貴而聖潔的心靈在相似的困境中獲得相同的體悟，兩位不屈之士不謀而合以同樣的方法超越了眼前的困境，也以同樣無私的行為提升了自己的情操。

令人痛心的是，安兆俊最終沒能活著走出夾邊溝農場。不過，即便面對死亡，一個人也可以做出自己的選擇，因為，正如一位偉人所說的那樣，死亡，也有「重於泰山」與「輕於鴻毛」之分，你可以像英雄那樣有尊嚴去死，也可以像懦夫那樣在哀號中死去。

弗蘭克雖然很幸運地成為納粹集中營的倖存者，但他早就做好了赴死的準備，且決心讓自己「死得有點意義」。

「在病人營舍的第四天，我才剛被分派去值夜班，主任醫官就沖進來，請我以自願方式，前往斑疹傷寒病人區，負責醫療工作。我不顧好友的苦勸，不顧沒有一位同業願效此勞的事實，而決定前往。我知道我在工作隊裏，必然不久於人世；然而我如果非死不可，總得讓自己死得有點意義。我想，我與其茫無目的地苟活，或與其在生產不力的勞動中拖延至死，還不如以醫生的身份幫助難友而死去。這種死，我覺得有價值多了。」【11】

即便你無緣獲得這種「有價值」的死（指因救助他人而死），你也可以讓你的死變成一項「成就」──以勇敢和尊貴的方式等候死亡。

一位身患半身不遂的年輕人在給朋友的信中說，他剛獲悉自己將不久於人世，即便接受手術也是徒勞；他又說，他看過一部影片，裏

頭有個人以勇敢和尊貴的方式等候死亡。當時，他覺得能那樣迎接死亡，實在是一大成就。如今——這位年輕人在信中寫道——命運也給了他一個類似的機會。

1961 年夏天，夾邊溝農場因死人太多，面臨關閉。高爾泰被送到另一個農場——靖遠夾河灘勞改農場。在那裏，高爾泰遇見另一個夾邊溝農場的倖存者劉文漢。從劉的口中，高爾泰得知，安兆俊已死在夾邊溝農場。

「他說，那傢伙迂得很，已經不行了，還要天天擦臉梳頭。沾一點兒杯子裏喝的開水，就這那麼擦。分飯的時候別人都到手就下了肚子，他還要找個地方坐下來吃。不管是什麼湯湯水水，都一勺一勺吃得人模人樣。別人都躺在炕上，他不到天黑不上炕，在門外邊地上鋪一塊東西，背靠牆坐著看天。有時候還要唱點兒歌。咿咿唔唔的，不知道唱的什麼。他就是這麼坐著死的。」[12]

看來，安兆俊就是「以勇敢和尊貴的方式等候死亡」的。生如夏花之絢爛，死如秋葉之靜美；生當做人傑，死亦為鬼雄。安兆俊之死為自己的短暫而富有意義的一生劃下一根醒目而堅硬的驚嘆號！

北島曾云：一切爆發都有片刻的寧靜，一切死亡都有冗長的回聲。我以為，只有安兆俊這樣尊貴而有尊嚴的死，才會振聾發聵，警示後人，才會有「冗長的回聲」。

要活，就活出意義來；要死，就死得有價值。安兆俊正是這樣的人。

龍慶忠：藍皮襖是他生命之樹上最後一片綠葉

在夾邊溝農場，龍慶忠是個很特別的人，他是夾邊溝農場的首批犯人，但身上的那件衣服始終保持著初來時的光鮮。「他愛惜那件衣服遠

超過愛惜自己，也因此出了名。」他是怎樣愛惜身上那件藍皮襖的？高爾泰對此有詳盡的描繪。

> 他戴著深度近視眼鏡，瘦得像把筋。衣架子一般頂著那件引人注目的藏藍色的大皮襖，下面空空蕩蕩直透風。我說只要在腰上捆一道繩子，問題就解決了。他不，他說這是雙面嘛嘰布，磨不得，一磨一道白印，哪經得起繩子捆！說著他一一指給我看，袖口、肩膀、肘關節處磨過的地方，已經發白。他很傷心，撫摸那些傷痕就像撫摸傷口一樣。袖口蓋住手背，勞動不便，他不得不捲起一道，露出兩圈雪白的羊毛。羊毛落上沙土，拍不掉，越拍打越往裏鑽。他時不時摘掉眼鏡，眼睛貼著羊毛，頑強地尋找那裏面的異物。休息時也不躺下，只是坐著打個盹。我躺著看他，那纖細的脖子和深陷的兩頰，垂著的下巴和吊開著的嘴，都無不呈現出深度的衰弱和疲勞。但他頑強地要坐著，勸不睡──衣服要緊。[13]

龍慶忠如此愛惜身上這件藍皮襖，當然是有原因的。他是獨子，自幼喪父。守寡的母親千辛萬苦把他帶大；供他上學，直到大學畢業。畢業後分配在中國科學院蘭州分院，快三十了還沒結婚，一心想把老家的母親接來同住，但母親是農村戶口，按當時的制度，不能住在城裏。龍慶忠對此想不通，就人前人後發了一通牢騷。反右運動中，他們單位「右派」湊不夠數，給了他一個名額。來夾邊溝之前，他不敢告訴母親，第一次對母親說了謊，說是出差下鄉，可能時間較長，請她放心別急。臨走前收到母親一個郵包，裏面就是那件使他在農場大出其名的藍皮襖。他自然將這件藍皮襖看作命根子一樣。

在龍慶忠眼中，這件藍皮襖絕非一件普通的衣服，而是母愛的象徵，甚至就是母親的化身，所以，他絕不允許藍皮襖上有一道折痕，

沾一絲塵埃。蘊積在藍皮襖裏的深厚母愛，是龍慶忠在夾邊溝農場支撐下去的精神支柱。

在納粹集中營裏，猶太人弗蘭克也曾遇到過類似的情況。

一次，在昏暗的晨曦中，弗蘭克和難友們沿著崎嶇不平的道路蹣跚而行。看守們不時吆喝著，並以步槍槍托驅趕著他們。一路上，大家沉默無語，情緒低落。這時，弗蘭克旁邊的一位難友用衣領掩著嘴偷偷對弗蘭克說：「我們的太太這時候要是看到我們，不知會怎樣？我倒希望她們全都待在營裏，看不到我們這副狼狽相。」[14]

這句話使弗蘭克想到自己的妻子，想到妻子對自己的愛，心裏感到巨大的慰藉。此後，兩人雖同樣默不作聲、相互攙扶著往前走，但兩人都知道，兩人正在思念著各自的妻子。偶爾，弗蘭克仰視天空，他從透出晨光的雲層中竟然看到了妻子姣好的容貌，且十分真切地聽到妻子的聲音。那一瞬間，弗蘭克首次領悟出一個真理：愛，是人類一切渴望的終極，並由此懂得了一個奧秘：「人類的救贖，是經由愛而成於愛。」

想念妻子使身處集中營裏的弗蘭克感受到巨大的喜悅，他由此認識到：一個孑然一身，別無餘物的人只要沉醉在想念心上人的思維裏，仍可享受到無上的喜悅──即使只是倏忽的一瞬間。

由此，我們也可得出結論，龍慶忠雖在夾邊溝農場遭受非人的折磨，但他珍惜的那件藍皮襖會讓他常常沉醉在想念親人的思維裏，他也因此「享受到無上的喜悅」。

在夾邊溝農場，體力活的繁重自不待言，精神上的孤獨也讓人不堪忍受。犯人和看守不可能有正常的交流，犯人之間也因為相互猜疑、防備而十分隔膜。繁重的勞動使人的身體吃不消，而巨大的孤獨則會讓人的精神受不了。不過，我認為，有藍皮襖在身上，龍慶忠是不會孤獨的。要想理解這一點，還是讓我們先聽一下弗蘭克為我們講的一個真實的故事。

她的事蹟十分簡單，簡單得不足一道；讀者聽了，也許會以為是我杜撰的，然而我卻覺得這彷彿如一首詩。

這位女郎知道自己不久於人世，然而當我同她說話，她卻顯得開朗而健談。她說：「我很慶幸命運給了我這麼沉重的打擊。過去，我養尊處優慣了，從來不把精神上的成就當一回事。」她指向土屋的窗外，又說：「那棵樹，是我孤獨時唯一的朋友。」從窗口望出去，她只看得到那棵栗樹的一根枝椏，枝椏上綻著兩朵花。「我經常對這棵樹說話。」我一聽，嚇了一跳，不太確定她話中的含義。她神智不清了嗎？她偶然會有幻覺嗎？我急忙問她那棵樹有沒有答腔。──「有的。」──答些什麼呢？──「它對我說，『我在這兒──我在這兒──我就是生命，永恆的生命。』」[15]

如同這位女郎把一棵樹當作孤獨時唯一的朋友一樣，龍慶忠肯定把那件藍皮襖當作唯一親近的人，可以想像，龍慶忠和藍皮襖之間有過無數次溫暖而熱烈的傾心長談，而每次長談，都給了龍慶忠活下去的信心和力量。

在歐‧亨利的《最後一片樹葉》中，那個患病少女把自己的生命寄託在窗外常春藤樹葉上，認為最後一片樹葉凋零，自己的生命也會隨風而逝，而藍皮襖，則是龍慶忠生命之樹上最後一片葉子。這片樹葉鮮嫩碧綠，這棵樹就生機勃勃；這片樹葉凋謝了，這棵樹也就枯死了。龍慶忠像愛惜生命一樣愛惜這件藍皮襖，其原因在此。

郭永懷：「沒有了頭顱，卻還能做服役和戰爭的機械。」

在夾邊溝農場的看守眼中，郭永懷應該是最好的犯人。此人到過朝鮮，打過仗，負過傷，背上留著疤痕，如同英雄勳章。

　　清晨哨子一響，他總是第一個起身，動作迅速俐落。我們穿好衣服去打飯時，他已等在那裏了。在工地上也是。每次休息時間一過，他總是剛聽到哨子就從地上彈起來，你還沒拍完屁股上的土，他已經拿著杠子，提著繩子，在那裏等你去同他抬筐了。需要泡城水的時候，他在裏面泡得最久，泡得腳上密密麻麻的裂口比誰都多都深。需要下冰水的時候，他總是第一個脫掉鞋襪下去，弄得大家不得不緊緊跟上。凡此種種，都無不招人厭，招人恨。[16]

　　農場裏生存環境十分惡劣，犯人幹的都是強體力活，郭永懷如此積極，如此奮不顧身，無異於找死，而他這樣不要命地幹，也會把其他犯人活活拖死。

　　為了整治他，晚上開會時，大家眾口一詞，都說他「假積極」，說他有管教幹部在場就出力氣管教幹部一走就磨洋工。郭永懷靜靜聽著，一言不發。「隊長叫他表態時，他就說他不是那樣。但既說不出道理也提不出證據，只能引來滔滔不絕的反駁和義正詞嚴的新的指控。他張口結舌無言以對，但好像也不太放在心上。第二天照樣下死力幹活，不管你怎樣整治他他都接受挑戰，一不告饒二不放癱。……就像你踩一塊頑硬的小石頭，怎麼踩也踩不碎它，也就不踩了。」[17]

　　在夾邊溝農場，犯人們又餓又累又睡眠不足，人人力求自保，郭永懷的這種表現實在不可思議，另外，他的死命幹活也不是為了討好看守，完全自覺自願，這就更令人費解了。一次，高爾泰和他搭夥抬土，倒了土後，郭永懷拿著杠子飛奔回去，高爾泰則拿著筐子慢慢走。郭永懷不滿高爾泰的偷懶，終於找了機會對高爾泰說了一番肺腑之言。

> 一天，他忍不住了。同我一道慢慢走，說：老高，我們到這裏來，可不是來玩的呀。我知道他要說什麼，連忙說，我的身體不能同你比呀。他說，我的身體不能同你比呀，我同誰都不能比，我從小沒爹沒娘，光著屁股給人家放牛，天天吃的是糠，是菜，吃糠吃菜長大的，咋能同吃飯長大的比呀！
>
> 我回答說，所以你也要保重點兒。他說，現在幹就是保重，這也同打仗一樣，越是怕死的，越是容易死。我打過仗，這樣的事見了不知道有多少。[18]

原來，郭永懷如此拼命幹活，是出於兩個荒唐的念頭：「幹就是保重」「越是怕死的，越是容易死」。郭永懷怕死，無可厚非；但他有這樣的念頭，則荒唐透頂，愚昧到家。因為有如此不可思議的荒誕念頭，郭永懷才把外在的強制性的苦役變成了內心的自覺追求。如果所有的犯人都像郭永懷這樣想，這樣做，最高興的當然是看守了。

魯迅曾說，專制的統治者倘想統治他的臣民，最好的辦法是「發明一種奇妙的藥品」，注射在臣民的身上，既使其知覺神經「完全的麻痺」，不能思想，但保留運動神經的功能，還能幹活，也就是「沒有了頭顱，卻還能做服役和戰爭的機械。」[19]

從郭永懷身上，我們可看出，這種「奇妙的藥品」，就是一些愚昧的念頭如「幹就是保重」「越是怕死的，越是容易死」之類；向人們注射這種「奇妙的藥品」就是讓人們失去思考的能力或者乾脆沒有思考的習慣。郭永懷是一個典型的愚民，他以自覺自願的方式為夾邊溝農場獻出最後一絲力氣（因勞累過度，他很快就死了），同時，他也為看守們推廣愚民政策提供了一個活標本。

在中國漫長的封建社會，統治者挖空心思推行愚民政策，郭永懷這樣失去思考能力的「沒有了頭顱，卻還能做服役和戰爭的機械」恐怕不在少數。統治者這樣做，當然有其險惡的用心，如果人人都像郭永懷這樣聽話，這樣把外在殘酷的壓制變成內心的自覺追求，那麼「闊人的地位即永久穩固，統御也永久省了氣力，而天下於是乎太平。」[20]

一個未經思考的人生是不值一過的，一個失去了思考能力的人如郭永懷，更是可憐的，當然也有一點可恨──他是愚民政策的犧牲品，但也因為主動臣服專制暴力的淫威而成為一個潛在的無意的幫兇──在夾邊溝農場，他累死了自己，也拖垮了別人。他之所以「招人厭，招人恨」，其道理在此。

因為愚昧，郭永懷把歪理（「幹就是保重」「越是怕死的，越是容易死」）當作了真理，於是，他越怕死就越拼命幹，而越拼命幹，當然就死得越快。愚昧讓他陷入怪圈難以自拔，愚昧讓他無意間成了一個乖順的奴才。愚昧讓他徹底失去反抗心理，如同被閹割的人徹底失去性慾一樣。

註 釋

[1] 高爾泰：《尋找家園》，花城出版社 2004 年版，第 118-119、122、125、136、142-143 頁。

[2] 同注【1】。

[3] 高爾泰：《尋找家園》，第 119 頁。

[4] 弗蘭克：《活出意義來》，三聯書店 1991 年版，第 38、51、69-70、72、77 頁。

[5] 同注【4】。

[6] 同注【1】。

[7] 弗蘭克：《活出意義來》，第 70 頁。

[8] 《書屋》，2004 第六期，第 77 頁。

[9] 同注【4】。

[10] 高爾泰：《尋找家園》，第 122 頁。

[11] 同注【4】。

[12] 同注【1】。

[13] 同注【1】。

[14] 同注【4】。

[15] 同注【4】。

[16] 同注【1】。

[17] 同注【1】。

[18] 高爾泰：《尋找家園》，第 143 頁。

[19] 錢理群：《與魯迅相遇》，三聯書店 2003 年版，第 215 頁。

[20] 魯迅：《魯迅全集》，第一卷人民文學出版社 1981 年版，第 206 頁。

「抱成一團」與「一盤散沙」
——從索忍尼辛的感慨說起

　　索忍尼辛的巨著《古拉格群島》是一部震撼人心的作品。書名「古拉格群島」聽起來像個地名，其實不然，所謂「古拉格」是前蘇聯國家安全部門的一個具體機構——「勞動改造營管理總局」的俄文字頭縮寫詞的拼音。在俄羅斯民族，人們往往把「島」看作是遙遠的、難以到達的、與世隔絕的所在；許多島雖然由於某種共同特點而成為群島，但他們畢竟還是各自孤立的、相互間不能通行的。正是從這個意義上，作者把「勞動改造營管理總局」管轄下的全蘇的勞改營比作由一個個孤立的、與世隔絕的「勞改營孤島」所組成的「群島」。

　　「群島」上的政治囚犯，遭受了種種駭人聽聞的摧殘與折磨，索忍尼辛的名篇〈伊萬・傑尼索維奇的一天〉對此有入木三分、令人難忘的描繪。

　　索忍尼辛認為，這些政治囚犯們完全可以通過自己的鬥爭來改善自己惡劣的生存環境，只要他們能團結起來，拼死抗爭。「他們只要做出很少很少一點事便可以得救！只要他們不珍惜那條反正已經沒希望了的生命，並且團結起來。」在書中，索忍尼辛還特別舉了一個「整批在一起的外國人」抗爭成功的例子。

　　「有時候整批在一起的外國人，例如日本人，得到了成功。1947年在列伍奇，克拉斯諾雅爾斯克勞改營的一個懲戒勞改點，押來了四十名日本軍官，即所謂『戰爭罪犯』（儘管天曉得究竟他們對我國犯了什麼罪）。正是嚴寒季節，又是幹連俄國人都吃不消的伐木工作。『不買帳

派』[1]很快就扒掉了其中幾個人的衣服，好幾次打劫了他們的麵包筐。日本人迷惑不解地期待著長官們的干涉，但長官們自然是只當沒看見。這時他們的作業班長近藤帶著兩個高級軍官，晚上走進勞改點長的辦公室，提出警告說（他們俄語講得很流利），如果對他們的暴行不停止，明天兩個申明了志願的軍官將實行切腹，而且這只是開始。勞改點長馬上意識到在這事上可能栽跟頭。此後兩天都沒有帶日本人出工，伙食改為正常標準，然後調離了懲戒勞改點。」

索忍尼辛在講述了這個故事後，不禁感慨道：「為了鬥爭和勝利所需要做的原來是多麼少啊──僅僅是不必珍惜生命！而生命反正是早已完蛋了的。」

在我看來，日本人抗爭勝利的原因不全是具備「捨得一身剮」的勇氣，更主要的原因是這些日本人能抱成一團。可以設想，如果，哪怕有一個日本人不願意在必要時「實行切腹」，那麼，一粒老鼠屎攪壞一鍋粥，其他人的努力將付之東流。日本人抗爭成功的例子使索忍尼辛認識到，前蘇聯當時的知識份子正因為像孤島一樣相互隔絕，不能擰成一股繩，他們的抗爭才無一例外地遭遇失敗。

索忍尼辛講述的這個例子讓我想起中國的一句古訓：「槍打出頭鳥。」很多懦弱而精明的人，在遇到麻煩或遭到不公正的對待時，往往默不作聲苦等「出頭鳥」橫空出世為他們伸張正義，而他們自己則袖手旁觀，指望坐享其成。這些精於算計的人，在內心深處，打著這樣的算盤：如果「出頭鳥」的抗爭成功了，自己自然可以分一杯羹；如果抗爭以失敗告終，風光的「出頭鳥」自然會淪為遭殃的「替罪羊」，自己則因為作壁上觀，定然毫髮無損。然而，問題是：如果人人都打著這樣明哲保身、坐享漁利的如意算盤，那麼，誰會鋌而走險去當「出頭鳥」呢？如果誰都不願意做「出頭鳥」，「萬馬齊喑究可哀」的可悲局面也就不可避免地出現了。

　　關於由「出頭鳥」淪為「替罪羊」，這裏不妨舉一個例子。

　　1922 年，北大經蔡元培校長提出，校評議會通過決議，要收講義費。此事引起學生不滿。1922 年 10 月 17 號下午，有幾十個學生擁到紅樓前請願，年輕氣盛的學生當場和校長蔡元培發生衝突，蔡校長大怒，宣佈辭職，當天去了西山。學校召開緊急校務會議，將此次風潮定性為「學生暴動」，並認定學生馮省三「唆使在場外學生入室毆打」，「應即除名」。在校方的壓力下，幾個學生領袖經過商討，一致通過決議，說是「二三搗亂分子，別有用意，利用機會，於要求取消講義費時作出種種軌外行動」，同意將馮省三除名，並稱「如再有搗亂行為者，誓當全體一致驅逐敗類」。校方對此結果表示滿意，這場風潮也就在皆大歡喜中結束了。

　　風潮結束一個月後，魯迅就此事寫成短文〈即小見大〉。在文章中，魯迅說：「講義收費的風潮芒硝火焰似的起來，又芒硝火焰似的消滅了，其間就是開除了一個學生馮省三。這事很奇特。一回風潮的起滅，竟只關於一個人。倘使誠然如此，一個人魄力何其太大，而許多人的魄力又何其太小呢」。正如著名學者錢理群所分析的那樣：「其實，所有的人心裏都明白：馮省三不過是一個替罪羊，把一切都推到他身上，大家——從鬧事的學生到宣佈辭職的校長、教職員——都可以下臺。」唯一的倒楣蛋便成了這個曾經的「出頭鳥」，後來的「替罪羊」——馮省三。馮省三成了學生和校方媾和的籌碼——學校保全了面子，學生得到了實惠（講義費到底取消了）。魯迅對此憤憤不平，他在文章中說：「現在講義費已經取消，學生得勝了，然而並沒有聽得有誰為那做了這次的犧牲者祝福……凡有犧牲在祭壇前瀝血之後，所留給大家的，實在只有『散胙』這一件事了。」

　　在中國歷史上，馮省三這樣的悲劇人物並不鮮見，他的遭遇濃縮了絕大多數「出頭鳥」們的命運：始則為大眾振臂一呼勇做「出頭鳥」，

終則被大眾反咬一口淪為「替罪羊」。久而久之，人就越來越「聰明」，再也沒人願意做馮省三這樣的「呆鳥」了，於是，「出頭鳥」漸成瀕臨滅絕或已經滅絕的「珍稀動物」了，而一旦沒有了領航的「出頭鳥」，烏合之眾自然難成氣候。

回到索忍尼辛所舉的例子，我們發現，在這四十名日本人當中，是沒有「出頭鳥」的，或者說，四十人皆是「出頭鳥」，這樣一來，四十人就抱成一團「砌」成一堵銅牆鐵壁，自然難以摧毀；倘若四十人中，只有一個或幾個「出頭鳥」，其他人則抱著明哲保身的心態作壁上觀，那麼，四十名心思各異心懷鬼胎的人就成了一盤散沙，定然無所作為。

魯迅曾說：「世上雖然有斬釘截鐵的辦法，卻很少見有敢負責任的宣言。」我想，一個團體或民族倘想「抱成一團」「眾志成城」，那麼這個團體或民族的每個成員都要有「敢負責任的宣言」，也要有敢於擔當的氣概，倘若其中有人（哪怕是一個）不願或不敢承擔責任（只想坐享其成、坐收漁利），那麼，千里之堤，潰於蟻穴，這個團體或民族將因此失去凝聚力。不想承擔責任的人多了，一盤散沙的頑症也就形成了。

走筆至此，筆者想起民國初期的一個重要人物蔣百里。此人稱得上是民國初期難得的軍事人才，他和蔡鍔是日本士官學校的同學。1905年，蔣百里從日本學成回國後，又去德國第七軍深造。二十九歲那年，蔣百里即擔任著名的保定軍官學校的校長，其任期雖只有短短半年，但他的影響卻無與倫比。當時的保定軍官學校的學員都記得，蔣百里在做簡短就職演說時曾有過這樣一番話，他說，如果自己不稱職，「當以自殺明責任」。在學員看來，這不過是一句過激的玩笑。然半年後，意外真的發生了。一天，蔣百里在召集學生訓話時，有感於自己在北洋軍閥的控制下，不能實施建軍報國大志，便以沉痛的心情對大家宣佈：「我初到本校時，曾經教導你們，我要你們做的事，我也必須做到；

你們希望我做的事，我也必須做到。你們辦不到，我要責罰你們；我辦不到，我也要責罰我自己。現在看來，你們一切都好，沒有對不起我的事，我自己卻不能盡校長的責任，是我對不起你們。」說完，拔出手槍，對著胸口就是一槍。

令人悲哀的是，即使生活中偶或湧現出如蔣百里這樣敢於承擔責任的英雄，人們給予他（她）的往往不是尊重、敬仰，而是譏誚、嘲諷。

郁達夫在〈懷魯迅〉一文中曾說：「沒有偉大的人物出現的民族，是世界上最可憐的生物之群；有了偉大的人物，而不知擁護，愛戴，崇仰的國家，是沒有希望的奴隸之邦。」

套用郁達夫這番話，我們也可以這樣說：沒有敢於承擔責任的人物出現的民族，是世界上最可憐生物之群；有了敢於承擔責任的人物，而不知擁護，愛戴，崇仰的國家，是沒有希望的奴隸之邦。

註釋

[1] 「不買帳派」──「我對長官們的要求（管理制度和勞動）一概不買帳」

「你專會搞這一套！」
——對《非常道》的非常閱讀

　　坊間新近出現的《非常道：1840-1999 的中國話語》一書，堪稱精品。本書以《世說新語》類似的體裁，截取自晚清、民國而至解放後的歷史片段，記錄了大量歷史人物的奇文逸事，妙趣橫生，煞是好看。書中的精彩片段可謂俯拾即是，它們或幽默令我解頤；或犀利令我痛快；或睿智令我嘆服；或深刻令我心折。套用書中的一句話，我們也可以說，這本書誠可謂：「粲花妙論，人人解頤」，「西賓相對，可以釋憂」。

　　不過，如果非要我從本書中找出一段「最愛」，我願意挑熊十力談讀書那段：

　　　1943 年，徐復觀初次拜見熊十力，請教熊氏應該讀什麼書。熊氏叫他讀王夫之的《讀通鑑論》。徐說那書早年已經讀過了。熊十力不高興地說，你並沒有讀懂，應該再讀。過了些時候，徐復觀再去看熊十力，說《讀通鑑論》已經讀完了。熊問，有什麼心得？於是徐便接二連三地說出許多他不太滿意的地方。熊十力未聽完便怒聲斥罵道：「你這個東西，怎麼會讀得進書！任何書的內容，都是有好的地方，也有壞的地方。你為什麼不先看出他的好的地方，卻專門去挑壞的；這樣讀書，就是讀了百部千部，你會受到書的什麼益處？讀書是要先看出他的好處，再批評他的壞處，這才像吃東西一樣，經過消化而攝取了營養。比如《讀通鑑論》，

某一段該是多麼有意義；又如某一段，理解是如何深刻；你記得嗎？你懂得嗎？你這樣讀書，真太沒出息！

熊十力這番不留情面的「斥罵」使我懂得了，怎樣讀書有出息，怎樣讀書沒出息。對一個嗜讀如我者來說，熊十力這番夾槍帶棒的教誨，如同暮鼓晨鐘，彌足珍貴。不過，如果熊十力這番聲色俱厲的耳提面命使我們聞風喪膽，從此對名家大著除了唱讚歌而不敢贊一辭，那我們或許又走向了另一個極端。在我看來，熊十力這番話我們理當牢記，陶淵明那句名言我們同樣不該忘卻，那句名言是：奇文共欣賞，疑義相與析。正因為有了陶淵明這句話壯膽，筆者才不揣淺陋，在欣賞了這本難得一見的好書之後，再斗膽提出幾點「疑義」，儘管這樣做，是要被熊十力老先生罵為「真太沒有出息」的，但依愚之見，即使再沒出息的人，也會有他的「千慮一得」的。

《木木》的作者是誰？

書中有段話提及著名作家劉白羽：

劉白羽本為作家，但在運動中整人厲害。在作協的一次全體大會上，他作報告說：「中國作家協會藏垢納污，等於一個國民黨的省政府！」而此人私下則相當「正經」，他會跟人談什麼作品、作家。有一次他問韋君宜：「你青年時代最喜歡哪個作家？」韋說他喜歡屠格涅夫，劉就此談下去，說他自己以前喜歡契訶夫，像那條狗木木，叫人永遠忘不了，還有那篇〈困〉，哎呀怎麼怎麼困呀！困死人了……韋君宜承認，他的審美眼光令人嘆服。

〈困〉（又譯作〈瞌睡〉）確系契訶夫的作品，但「那條狗木木」卻是中篇小說〈木木〉的主角，筆者幼年也讀過這篇感人至深的作品，且和劉白羽一樣，對「那條狗木木」「永遠忘不了」，不過，我清楚地記得，〈木木〉的作者是屠格涅夫而非契訶夫。看來，把〈木木〉當作契訶夫的作品不是劉白羽的張冠李戴就是本書編者的百密一疏了。

「寧要核子，不要褲子。」

本書第97頁談及陳毅的一句豪言壯語：

> 六〇年代初，中共最高決策層決心不惜一切代價發展核武器，蘇聯嘲笑中國無能：中國人民連褲子都不夠穿，竟妄想製造核武器。為此，時任國務院副總理兼外交部長陳毅，在北京對日本記者團發表了著名的「核褲論」，回擊了蘇聯的嘲弄，並鄭重聲明，不管中國有多窮，「我當了褲子也要造核子彈！」

按作家李敖的說法，當時，陳毅說的是「寧要核子，不要褲子。」在李敖短文〈國家利益與家庭利益〉中，有如下一段文字：

> 鴉片戰爭一百六十年來，中國人遭遇了兩大挑戰，一個是如何避免挨打，一個是如何避免挨餓。如何避免挨打，中華人民共和國的領導人成功的做到了，雖然付出了「千萬人頭落地」的代價，雖然付出了慘烈的犧牲和巨大的錯誤，但在最後，終於做到了沒有帝國主義敢打中國了，這是了不起的成就。但這種成就，一般小市民未必感覺得很清醒，這是由於小市民和領導人對利益的理解層次不同，小市民關心的重點是家庭利益，領導人關心的重點

是國家利益，至少在挨打的局面下，國家利益要比家庭利益優先，這也就是陳毅元帥在日本人奚落中國人窮得沒褲子穿還要搞核子彈的時候，發出「寧要核子，不要褲子」豪語的緣故。

從當時的語境來看，陳毅原話應是「寧要核子，不要褲子」，因為蘇聯人的嘲笑是：「中國人民連褲子都不夠穿」，後面陳毅的回應就不該是「當了褲子」了。事實上，「寧要核子，不要褲子」正是中國上世紀六〇年代一句著名的口號。

不過，李敖在這裏也犯了一個錯誤，他說是日本人奚落中國窮得沒褲子穿，這就冤枉了日本，當時，嘲笑中國窮得沒褲子穿的是蘇聯。看來，要杜絕筆下的錯誤，真不是一樁易事。

這句名言出自誰之口？

本書第143頁有一節文字為：

丁文江最恨靠政治吃飯的的政客，他說：「我們是救火的，不是趁火打劫的。」

一開始，我以為本書編者寫錯了，因我曾在董橋短文〈傅斯年是母雞〉中看到過這句名言，但董橋在文中認為這句話出自傅斯年而非丁文江之口：

知識份子對國家社會必須負有言責，傅斯年於是說「我們是救火的人，不是趁火打劫的人」。

傅斯年在其〈這個樣子的宋子文非走開不可〉一文中（刊民國三十六年二月十五日世紀評論）確實說了這句話，但傅斯年文中的這句話是加了引號的：

> 我真憤慨極了，一如當年我在參政會要與孔祥熙在法院見面一樣，國家吃不消他了，人民吃不消他了，他真該走了，不走一切垮了。當然有人歡迎他或孔祥熙在位，以便政府快垮。「我們是救火的人，不是趁火打劫的人，」我們要求他快走。

傅斯年在這裏是引用了丁文江這句話，看來董橋是只知其一不知其二，把傅斯年引用別人的話當作了傅斯年自己的話。董橋是個極為認真的作者，他曾說：「我扎扎實實用功了了幾十年，我正正直直生活了幾十年，我計計較較衡量了每一個字，我沒有辜負簽上我名字的每一篇文章。」即便認真如斯，一不留神竟也露出破綻，可見，執筆為文，不能不慎之又慎。

「你專會搞這一套！」

本書第106頁言及錢鍾書一樁逸事：

> 有一次，曹禺見吳組緗進來，便偷偷對他說：「你看，錢鍾書就坐在那裏，還不趕緊叫他給你開幾本英文淫書？」當時清華圖書館藏書很多，中文洋文均有，整日開放，但許多同學都摸不到門。吳組緗聽罷，隨即走到錢鍾書桌邊，請他給自己開錄三本英文黃書。錢鍾書也不推辭，隨手拿過桌上一張紙，飛快地寫滿正反兩面。吳組緗接過一看，數了數，竟記錄了四十本英文淫書的名字，

還包括作者姓名與內容特徵，不禁嘆服。直到解放後，錢鍾書還愛考問吳組緗：「馬克思第三個外孫女嫁給誰了？」吳組緗只好回答不知道，但不免反擊說：「你專會搞這一套！」

孔慶茂在《錢鍾書與楊絳》一書中，也講述了這件事，不過，在孔慶茂筆下，錢鍾書開列的是四十本英文禁書。「禁書」和「淫書」當然不是一個概念。說錢鍾書一口氣開列出四十本英文禁書，是證明錢氏的博聞強識；說錢鍾書一口氣開列四十本英文淫書或曰黃書，當然也表明了錢的博聞強識，但也分明在暗示錢某人的「寡人有疾」──對淫書有特別的興趣，吳組緗的反擊「你專會搞這一套」更是讓不動聲色的「暗示」變成了不留情面的「挖苦」。

《萬象》2005 第一期發表了劉錚的一篇文章，在這篇文章中，劉錚告訴我們錢鍾書手稿集《容安館札記》「涉及的性話題是空前的」，看來，錢鍾書所讀的淫書遠遠不止四十本，當然也絕不限於英文的。孔慶茂把「淫書」換成「禁書」是用心良苦的也是十分巧妙的，一方面，「淫書」通常都是「禁書」，這樣說，不過是改變了一種說法而並未改變事實；另一方面，「禁書」蘊涵的資訊又迥異於「淫書」，讀「禁書」的錢鍾書和讀「淫書」的錢鍾書會給人們留下不同的印象。孔慶茂這樣說，分明是為名人諱。

胡適在一次演講中談到「傳記文學」時，曾說：「傳記文學寫得好，必須能夠沒有忌諱；忌諱太多、顧慮太多，就沒有法子寫可靠的生動的傳記了。……中國的傳記文學，因為有了忌諱，就有許多話不敢說、許多材料不敢用，不敢赤裸裸地寫一個人，寫一個偉大人物，寫一個值得做傳記的人物。」

在我看來，讀「淫書」的錢鍾書比讀「禁書」的錢鍾書更真實更有趣。從這個角度來看，孔慶茂不是一個好的傳記作者，因為他寫錢鍾書

時「有了忌諱」，就不能「赤裸裸地寫一個人，寫一個偉大人物，寫一個值得做傳記的人物」了。

林非在其〈若干必要的澄清〉一文中曾說；「近日的一張報紙登載了錢鍾書愛談貓狗發情之事。他在河南信陽的『五七幹校』時，也常於晚飯後開設講座，敘述巴黎嫖妓的種種風情，津津有味地渲染如何與妓女做愛，以及如何讓這夏娃坐在透明的玻璃馬桶上，側著頭顧觀賞她的陰部。還有一位被稱為「美髯公」的文壇耆宿，也很欽佩他深諳炮製春藥的配方。」

如果說，此前，筆者認為這段話完全是林非向壁虛構、無中生有；那麼現在，看了《非常道》裏這則錢鍾書逸事後，筆者則認為，林非這樣說，恐怕也並非毫無根據。

熊希齡「在此一舉」

本書第 104 頁談及熊希齡一則趣事：

> 1935 年 12 月，六十六歲的熊希齡和三十三歲的毛彥文在上海結婚，五年後，熊病死於香港。當熊追求毛到手後，毛要求他剃鬚，他答應了，把留了二十年的長鬚剃去。有個老朋友對他說：「秉三，你已經六十六歲，年紀不小了，何必多此一舉呢？」他笑著答道：「就是要求在此一舉呀！」

熊希齡迎娶毛彥文在當時可謂轟動一時的焦點新聞。當時，給熊、毛二人的賀電、賀信很多，其中一幅刊登在報紙上的賀聯讓人忍俊不禁也讓人過目難忘。這幅賀聯是：熊希齡雄風不減，毛彥文茅塞頓開。當時的喜慶氣氛由此可見一斑。

　　熊希齡這椿趣事提醒了我：老夫少妻在咱們中國可是有著悠久的歷史傳統的，咱們中國人對此早就該習以為常見多不怪了，然而去年的「翁楊戀」仍被媒體炒得沸沸揚揚，在一片眾聲喧嘩中，無非兩種聲音：要麼理解、尊重；要麼反感、厭惡，而像「茅塞頓開」這樣的幽默插曲卻令人遺憾地付之闕如。

　　從熊希齡的「好漢不減當年勇」，到楊振寧的「最美不過夕陽紅」，一方面讓人生出「日光之下，並無新事」之歎；另一方面，也讓我們感慨：隨著國人物質生活水平的蒸蒸日上，其幽默感卻呈江河日下之趨勢。想當年，王小波健在時，曾不遺餘力鼓吹「有趣論」，一時間，不少年輕人張口閉口都是有趣，儼然把有趣當作了生活的重要目標，當然，其中大多數人是朝著「把肉麻當有趣」的歧途飛奔而去的。現在，斯人已逝，有趣也沒了。

　　自由作家傅國湧對《非常道》一書有如下評價：「歷史幾乎具有道德功能，又有準宗教的功能，我們對人物的臧否，我們對大地上的事情的是非，我們的好惡、愛憎，往往是通過歷史這個載體表達出來的，史官文化中有秉筆直書的傳統，民間有深厚的筆記野史的傳統，比如張獻忠殺人就是靠許多筆記才讓後世知道的。或者《非常道》的努力也可以匯入其中。」由此可知，《非常道》一書並非在展覽名人逸事，而是以秉筆直書的方式來復原歷史。雖然該書編者所採用的「另類」體裁使得該書呈現給我們的往往是一些歷史碎片，不夠系統，不夠嚴密，但卻有一種裸露的真實，也呈一種野生的風貌。

老調重彈為哪般？

——韓石山《少不讀魯迅，老不讀胡適》讀後

在我看來，韓石山新著《少不讀魯迅，老不讀胡適》是一本炒冷飯的書，書中的材料舊，觀點也不新。當然，如果非要從這本書裏找出「新」，也能找到，那就是作者韓石山對魯迅的刻意貶低和打壓。該書封面上有一句話「新文化運動以來對魯迅最不認同的聲音」，在我看來，韓石山先生對魯迅的「最不認同」恐怕就是該書唯一的「亮點」唯一的新穎之處。本來，魯迅不是神，頂禮膜拜，顯然不妥；但將魯迅拉下神壇後，我們就可以對他任意貶低、隨意打壓嗎？當然也不行。竊以為，批評魯迅，可以，但心態要平和，下筆要公允。倘若作者在寫這本書之前，就抱著貶魯襃胡的心態，那他得出的很多觀點就有失公允了。

在我看來，韓石山「貶魯襃胡」心切，所以寫本書時，於魯迅有利的材料，他就捨棄；於魯迅不利的材料，他全選，這樣，韓石山筆下的魯迅，便除了文章好，其他均無足觀了。在我看來，韓石山不僅帶著「有色眼鏡」找材料，也帶著「有色眼鏡」分析材料，如此，明明是證明魯迅偉岸、正直的材料經過他一番「點金成鐵」的分析，卻成了魯迅心胸窄、器量小的證據。其實，有了自己的等身著作，魯迅的偉大與不朽，也無須別人為他證明了，當然，也不是誰想貶低就貶低得了的。

唐德剛《胡適雜憶》裏有這樣一段話：「有時我更想起時下許多文人學者和當政理論家們，酸溜溜地搞了一輩子；偶有愚者一得，動不動就把胡適請出來，罵一通以為得意。那真是蓬間之雀，詛咒鯤鵬！罵人的人與被罵的人之間，如果距離太大的話，罵人的往往卻是替被罵者作

義務宣傳！」倘若把「胡適」換成「魯迅」，那麼，上面這段話就是對那些肆意貶低魯迅者的最好抨擊！

魯迅的耳光搧給誰？

王朔寫過一篇文章叫〈我看魯迅〉，此文刊 2000 年《收穫》第三期。文章中有這樣一段話：「魯迅對自己到底怎麼看，大概我們永遠不知道了，但有一點也許可以肯定，倘若魯迅此刻從地下坐起來，第一個耳光自然搧給那些吃魯迅飯的人臉上，第二個耳光就要搧給那些『活魯迅』、『二魯迅』們。」

韓石山很欣賞王朔的這篇文章和這段「精闢的話」：「王朔的文章中，還有一些精闢的話。比如：各界人事對魯迅的頌揚，有時到了妨礙我們自由呼吸的地步。什麼時候到了能隨便批評魯迅了，或者大家把魯迅淡忘了，我們就進步了。若想精神自由，首先就要忘掉還有個『精神自由之神』。這些話，都是針對那些吃魯迅飯的人說的。王朔不光小說寫得好，文章也寫得好，最重要的是，在中國作家中，他能夠放言無忌，保持一種精神上的自由。」[1]

在我看來，不管對誰（自然包括魯迅），也不該隨便批評，要批評就應有根有據，要批評就要以理服人。我認為，王朔關於魯迅耳光搧給誰那段話，不僅不精闢，而且簡直就是妄說。我不知道王朔憑什麼說「有一點可以肯定」，在我看來，王朔這番話固然俏皮，但卻不過是王朔對魯迅的揣測而已，不過是以活著的王朔之心度死了的魯迅之腹罷了。揣測是否正確，要靠結果驗證，但這個問題卻是「死無對證」。

另外，王朔所說的「吃魯迅飯的人」是指哪些人呢？韓石山告訴我們，所謂「吃魯迅飯的人」是「魯研界」：「在中國，確實有一大批『吃

魯迅飯的人』，靠研究魯迅獲得職位、職稱、聲望，獲得安身立命、揚名顯身的本錢。俗稱魯研界，就是魯迅研究界的簡稱。」在我看來，魯研界固然是「吃魯迅飯」的正規軍，而像王朔這樣也指望通過「隨便批評」魯迅來嘩眾取寵、「揚名顯身」之輩，也是「吃魯迅飯的人」，不過是些散兵游勇難成氣候罷了。如此，倘魯迅果真「此刻從地下坐起來，第一個耳光自然搧給那些吃魯迅飯的人臉上」，那麼，這些挨搧的人，包括魯研界，也包括王朔、韓石山等。

有一分材料說十分話

在《少不讀魯迅，老不讀胡適》第 68-69 頁，有這樣一段話：「而文化方面，對共產黨奪取政權來說，又是一個不容忽視的戰線。這樣，中國共產黨的領導人毛澤東、周恩來等，幾經權衡，便選定了魯迅。時間在 1928 年，當時魯迅剛到上海不久，正處於創造社、太陽社的圍攻之中。這兩個文學團體都是受中國共產黨在上海地區的黨組織領導的，在黨組織的安排下，很快就停止了對魯迅的攻擊。魯迅也欣然接受了共產黨的這一委任或者說是委託。」

說創造社和太陽社「在黨組織的安排下，很快就停止了對魯迅的攻擊」是有根據的，但所謂「中國共產黨的領導人毛澤東、周恩來等，幾經權衡，便選定了魯迅」「魯迅也欣然接受了共產黨的這一委任或者說是委託」，雖然說的有鼻子有眼，但卻是捕風捉影、胡亂猜測。當然，倘說作者毫無證據，那也冤枉了韓先生。韓先生認為他有一個旁證可以證明「當年樹魯迅為中國文化革命的領袖，黨內是有決定且通知了各相關黨組織的」：

是不是有正式的委任或是委託呢，想來是有的。黨組織怎樣和魯迅聯繫，在許多回憶文章裏都寫到。但這些不能說明有什麼正式的決定。魯迅去世後過了一年，抗日戰爭爆發了。中國共產黨感到，在國統區文化戰線上，缺少了魯迅這面旗幟，對革命事業不利，便決定將剛剛從日本回國的郭沫若樹為魯迅的繼承者，中國革命文化界的領袖。樹郭沫若為領袖，為旗幟，則是有正式決定的。從這兒可以旁證，當年樹魯迅為中國文化革命的領袖，黨內是有決定且通知了各相關黨組織的。當年在中共中央特科工作過的吳奚如先生，在〈郭沫若同志和黨的關係〉一文中曾說過：「1938年夏，黨中央根據周恩來同志的建議，作出黨內決定：以郭沫若同志為魯迅的繼承者，中國革命文化界的領袖，並由全國各地黨組織向黨內外傳達，以奠定郭沫若同志的文化界領袖的地位。」[2]

我認為，韓先生所舉的這個旁證並不能證明「當年樹魯迅為中國文化革命的領袖，黨內是有決定且通知了各相關黨組織的」，在我看來，這兩者之間並無因果聯繫。我們知道，毛澤東、黨中央說魯迅是「旗手」是「文化革命的主將」完全是在魯迅死後對魯迅的一種追認，而非魯迅生前的「委任或者說是委託」。如果非要堅持說「當年樹魯迅為中國文化革命的領袖，黨內是有決定且通知了各相關黨組織的」，那必須找到有關方面的當事人或知情人，除非他們能給出有力的證據，否則，韓先生的推測只能是推測，令人難以信服。

在該書的第一頁，韓先生說：「但我也絕不固執事先的看法。從這點上說，我更尊重研究過程中所使用的科學的方法。你認定你所使用的方法是科學的，即便得出的結果與原先的看法不一致，也得放棄成見而承認這最後的結果。這個科學的方法，就是有一分材料說一分話，有八

分材料不說十分話。一切從當時的實際情況出發，不誇大也不遮掩，儘量還原歷史，呈現歷史的本來面貌。」話說得很在理很動聽，可惜的是，韓先生並沒做到。這裏，韓先生僅憑一個旁證，就把話說得如鐵板釘丁那樣死，可謂有一分證據說了十分話。

　　韓先生肯定不同意我的看法，因為，韓先生後來又拿出了一個「最能說明」問題的證據：「最能說明魯迅在革命文化界地位的確立的，是創造社、太陽社突然停止了對魯迅的攻擊。……接到黨內的指令後，還是這些人，對魯迅的攻擊就完全停止了。」[3]

　　可以肯定地說，創造社、太陽社停止對魯迅的攻擊確實是因為「接到了黨內的指令」。但所謂的「黨的指令」卻不能說明「魯迅在革命文化界地位的確立」，因為，「黨的指令」內容不過是說魯迅這樣的人，可以爭取可以團結不該批判，而並非如韓先生說的那樣是「樹魯迅為中國文化革命的領袖」。

　　關於創造社、太陽社為何突然停止攻擊魯迅？王錫榮先生在《魯迅生平疑案》中有詳細而透徹的分析。王錫榮先生在書中分別引用了兩個重要當事人楚圖南、陽翰笙的話，把這個問題已經說得清清楚楚了。

　　關於周總理對上海文化界提出意見的經過，楚圖南的回憶是這樣的：

> 到 1928 年秋，黨的「六大」在莫斯科開會，代表們來去都經過哈爾濱，由組織介紹，分別住在同志們的家裏。代表回來時，通過綏芬河晝伏夜行，到哈爾濱後，住在我家的是王德三。住別家的還有總理和羅章龍等人。他們晝伏夜行，路上又逢大雨，衣服都淋濕了，文件都是捆在褲帶裏，也都濕了。代表們在哈爾濱住了幾天，整理和烘烤這些文件，同時也要我彙報國內，特別是上海文化界和文藝界的情形。我即將我所知道的魯迅來

信的內容說了一遍。後來總理他們夜裏碰頭會時也知道了這情況，據說總理的意見是，如果真像魯迅信裏所講的情況的話，這是不對的，應該團結他，爭取他。他對社會不滿，找不到正確的出路。要把他爭取過來為革命鬥爭服務。因為王德三住在我那裏，所以這事我知道的較詳細。

至於後來總理到上海後的情況，就不清楚了。這件事，我曾同許廣平同志談過，她知道魯迅與任國楨通信，但不知道詳細情況。[4]

而既是創造社成員又同時在上海擔任地下黨工作的陽翰笙則是這樣說的：

記得在一個秋季，是 1928 年還是 1929 年，已記不清了，但在創造社出版部被封之前，是毫無問題的。那時江蘇省委宣傳部負責人李富春同志找我談話（估計別的同志也跟潘漢年談過），地點在霞飛路上一個咖啡館裏。李富春同志對我說：創造社、太陽社和魯迅先生的論戰，我有個意見請你們考慮，你們這樣做是不正確的，現在應該集中火力，把矛頭對準國民黨。魯迅先生是「五四」以來很進步的老前輩，在青年中影響很大，他是先進的思想家。你們批評他，從原則上講是不好的，應該爭取他，團結他。如果他與我們共產黨合作，那力量就更大了。李富春同志還說：中央也有這個意見。批評魯迅，從原則上講是不正確的，應該爭取魯迅，團結魯迅。我當場就說：「我完全同意你的意見。」沒幾天就在北四川路內山書店斜對角的「公啡」咖啡館，約阿英、夏衍、柔石、馮乃超、馮雪峰等幾個人開會，我與潘漢年都傳達了李富春同志的意見。大家一致同意，

> 有人還作了自我批評。當天決定派馮乃超、夏衍，可能還有柔石或馮雪峰，去找過魯迅先生，向魯迅先生表示主要責任在我們，並說明黨過問過這件事，魯迅聽了很高興。
>
> 李富春同志說的「中央」的意見，據我分析和推測可能是指周總理。總理參加「六大」回來，便在上海，主持中央組織局工作。那時中央組織局權力很大，所管的範圍很廣。而且總理與李富春同志的關係很深，他們一起在法勤工儉學，大革命期間，李富春同志擔任國民革命軍第二軍黨代表，也歸總理管的。[5]

以上兩位前輩已經把話講得很清楚了，當時中央確實要創造社、太陽社停止批評魯迅。但當時中央對魯迅的評價不過是「『五四』以來很進步的老前輩，在青年中影響很大，他是先進的思想家」，只是要求創造社、太陽社爭取魯迅、團結魯迅，根本沒有像韓石山先生說的那樣，「樹魯迅為中國文化革命的領袖」。

上述楚圖南、陽翰笙的話早就發表在《魯迅研究資料》第五輯（天津人民出版社 1980 年 5 月出版）上。迄今已有二十又五年。也就是說，創造社、太陽社對魯迅的攻擊嘎然而止的原因在二十五年前就很清楚了。二十五年前的「冷飯」真沒必要再炒了。

「魯迅為什麼不喜歡徐志摩那樣的人呢？」

「魯迅為什麼不喜歡徐志摩那樣的人呢？」這個問題確實很複雜，我認為，如果有把握，你就詳細剖析一下；如果無把握，就老實承認不知道。而韓石山先生一方面認為「人不喜歡人，是很難解釋清的」，另一方面，又三言兩語把這個問題解釋得「清清楚楚」。

　　關於這個複雜問題，韓石山的觀點如下：「魯迅為什麼不喜歡徐志摩那樣的人呢？是徐志摩的性格、作派，還有他那種雖說痛苦，卻十分美好的婚戀生活，都讓魯迅看著心裏不舒服。徐志摩剛回國的時候，他對徐志摩還是不錯的，《中國小說史略》上冊剛出版，還送給徐志摩一本。這些都是我們的解釋，實際上，人不喜歡人，是很難解釋清的，不喜歡就是不喜歡，見了就反感。對徐志摩如此，對胡適、陳西瀅，能有好感嗎？後來果然一個一個都鬧翻了。」[6]

　　竊以為，韓石山寫這段話時太隨心所欲了，所以前後矛盾，漏洞百出，不堪一駁。先說「是徐志摩的性格、作派，還有他那種雖說痛苦，卻十分美好的婚戀生活，都讓魯迅看著心裏不舒服」，又說魯迅開始時「對徐志摩還是不錯的」，這說明魯迅至少開始時並不是看徐志摩心裏不舒服，至於後來為何看徐志摩不舒服，那肯定另有原因了。另外，韓石山認為徐志摩「那種雖說痛苦，卻十分美好的婚戀生活」讓魯迅看了不舒服，這分明是暗示，魯迅不僅心理陰暗而且性格古怪，別人美好的婚姻生活，他看了不舒服；別人痛苦的婚戀生活他看了也不舒服。也許韓石山自己也覺得這番話難以自圓其說，索性不按牌理出牌，來了一句「人不喜歡人，是很難解釋清的，不喜歡就是不喜歡，見了就反感」，對這樣的話，你還怎麼反駁？不過，韓石山這句話，對我卻未嘗不是一種啟發。長久以來，我不理解蘇雪林、王朔、韓石山等為什麼批魯批得那麼起勁？尤其是蘇雪林、王朔，幾乎以一種仇視的目光看魯迅，現在，我總算明白了，他們不過是不喜歡魯迅這個人罷了，「不喜歡就是不喜歡，見了就反感」，如此而已，豈有他哉！然而，我知道，這樣的話，拿來自欺，可以；用來欺人，難！

　　還是孔老夫子說得好，知之為知之，不知為不知，是知也。對於任何複雜的事，不知道就老實承認不知道，千萬不要捕風捉影，胡亂猜測，強不知以為知。

魯迅〈我的失戀〉為何多出一節？

　　1924 年，魯迅為了諷刺當時盛行的失戀詩，做了三段打油詩，題目曰〈我的失戀〉。這首詩本來經孫伏園之手準備發表在《晨報副刊》上，付排時卻被代理總編劉勉己撤下，孫伏園問劉撤稿的原因，劉勉己只是說「要不得」，卻不說「要不得」的具體理由。劉勉己撤了稿，又不說撤稿原因，孫伏園自然大怒，氣頭上他給了這位代理總編一記耳光，隨後辭職。

　　劉勉己不肯說出的撤稿原因，卻被韓石山先生「看」出來了：「明眼人一看，就知道這首詩是諷刺徐志摩的。……《晨報》是研究系的報紙，梁啟超是研究系的首領，徐志摩是梁啟超的大弟子。這樣一個關係，這樣一個背景，劉勉己怎能允許在《晨報副刊》上登載公然嘲諷徐志摩的詩作呢？」果真如此嗎？我們還是來看看魯迅這首詩吧。

　　〈我的失戀〉

　　　　我的所愛在山腰；
　　　　想去尋她山太高，
　　　　低頭無法淚沾袍。
　　　　愛人贈我百蝶巾；
　　　　回她什麼：貓頭鷹。
　　　　從此翻臉不理我，
　　　　不知何故兮使我心驚。

　　　　我的所愛在鬧市；
　　　　想去尋她人擁擠，
　　　　仰頭無法淚沾耳。

愛人贈我雙燕圖；

回她什麼：冰糖葫蘆。

從此翻臉不理我，

不知何故分使我糊塗。

我的所愛在河濱；

想去尋她河水深，

歪頭無法淚沾襟。

愛人贈我金錶索；

回她什麼：發汗藥。

從此翻臉不理我，

不知何故分使我神經衰弱。

　　從詩歌本身來看，實在看不出哪一句哪一節是在「公然嘲諷」徐志摩的。如果劉勉己有充足的證據證明這首詩是在「公然嘲諷」徐志摩，我想，他會把話挑明，絕不會因為吞吞吐吐而白挨一記耳光。他不肯把話挑明，不給孫伏園一個說法，就說明他心虛，說明他撤魯迅的詩稿，某種程度上是故意找茬，雞蛋裏挑骨頭。

　　劉勉己撤掉這首詩如果不是故意找茬，那就是神經過敏。本來嘛，你不能因為徐志摩失過戀，就把失戀當成敏感詞，讓包含失戀這個詞的詩文無法「遞交」，倘若這樣，那和阿 Q 忌諱別人說「亮」有何不同？我想，即便徐志摩本人也不至如此心胸狹窄、神經過敏吧？另外，即便這首詩是在「公然嘲諷」徐志摩，劉勉己撤掉它也屬多管閒事。不錯，徐志摩是梁啟超的弟子，但梁啟超批評起這個弟子來，不也是毫不留情嗎！以梁啟超的心胸和器量，他絕不會「護犢子」、「溺愛」徐志摩，而是完全容得下別人對徐志摩的「公然嘲諷」。如果非要說這首詩在《晨

報副刊》發表後會讓梁啟超不快，那他不快的原因恐怕在於這首詩「公然嘲諷」得過於虛幻、蒼白、無力。

魯迅的這首詩後來發表在《語絲》上，發表時，魯迅又添了一節。關於這多出來的一節，韓石山的看法如下：

> 如果說這三節還不太明顯的話，孫伏園辭職、另辦起《語絲》之後，魯迅就無所顧忌了，在補寫的第四節中，所嘲諷的對象就挑明了。且看這四節是怎樣寫的：

> 我的所愛在豪家；
> 想去尋她兮沒有汽車，
> 搖頭無法淚如麻。
> 愛人贈我玫瑰花；
> 回她什麼：赤練蛇。
> 從此翻臉不理我，
> 不知何故兮──由她去罷。

> 當時在北京城，有汽車的人家是不多的，林徽因已和梁啟超的兒子梁思成訂親了，梁家就有小汽車。

我認為，魯迅之所以要補寫一節，挑明嘲諷的對象，完全是被逼之後的反抗。既然這首打油詩已經被認定是「公然嘲諷」徐志摩，稿子被撤，還連累孫伏園丟了飯碗，在這種情況下，魯迅要是不補寫一節，挑明對象，那簡直就像晴雯一樣「枉擔虛名」了。既然劉勉己認定這首詩是在諷刺徐志摩，那魯迅只好加一節以滿足對方的「閱讀期待」了。

如果徐志摩看到這一節十分刺眼十分窩火，那他要責怪的只能是劉勉己，正是他的多管閒事，才「多」出了這節外生枝的最後一節。

自相矛盾為哪般？

1925 年，北京女子師範大學鬧風潮。當時，許廣平連連給魯迅寫信求援，但魯迅一再王顧左右而言它，態度很明確，不願捲入風潮中。魯迅這樣做，不是因為他冷漠，更不是因為他缺少正義感。他這樣做是因為他有難言的苦衷。「對於女師大的風潮，魯迅一直保持緘默。許壽裳與楊蔭榆是一種上下交接的關係，而自己與許壽裳的關係又是眾所周知的。出於由來的潔癖，他不願惹那種無謂的嫌疑。」[7]

韓石山先生也認為，魯迅對女師大的風潮很不熱心。「不管許廣平們怎樣的焦急，在魯迅看來，事情還沒到不可收拾的地步。果不其然，聲言辭職的教務長在校方和同事的勸說下，又復位視事了。風潮進入一個不溫不火的僵持時期。魯迅也不再操這個心，還和許廣平不停地通著信，止於精神的鼓勵，沒有什麼實際的擘劃。《莽原》正在籌備中，他要為即將誕生的刊物寫文章。4 月 22 日寫了隨筆〈春末閒談〉，載 4 月 24 日出版的《莽原》創刊號。4 月 29 日寫了〈燈下漫筆〉，分載《莽原》第二期和第五期。……5 月 1 日這天，還寫了短篇小說〈高老夫子〉。這麼多事，也就顧不了什麼風潮了。」[8]

然而，在另一處，韓石山又這樣說：「是不是可以說，魯迅後來所以那樣支持甚至鼓動這次風潮，固然有支持學生的一面，是不是也有為他這位老友（指許壽裳──魏注）張目，甚至出氣的成分在裏面呢？」[9] 既說魯迅一心忙自己的事，「也就顧不了什麼風潮了」，又說魯迅「那樣支持甚至鼓動這次風潮」，韓先生之所以這樣自相矛盾，是因為他想以此證明，魯迅「支持甚至鼓動這次風潮」，是在為老友許壽裳張目出氣，這當然是毫無根據的猜測，是以韓石山之心度周樹人之腹。我想，任何人，倘若總是不憚以最壞的惡意來揣測魯迅，那自然會得出如此陰暗的結論的。

眾所周知，是因為楊蔭榆欺人太甚，開除了六名學生自治會幹部，魯迅才忍無可忍，介入風潮的。倘若魯迅想為老友許壽裳張目出氣，恐怕絕不會等到學生被開除、形勢對學生極為不利的情況下才開始介入的吧，這樣做不是太冒險了嗎？

就連韓先生自己不也認為，楊蔭榆開除學生幹部的做法很不妥嗎？「不管怎麼說，我都認為，楊蔭榆開除許廣平、劉和珍等六個學生自治會幹部，是不妥當的。對學生，即便是激進學生，開除是最易激化矛盾，也是最不負責的一種處置。」[10]

你看，連韓先生都坐不住了，魯迅能不拍案而起嗎！倘若風潮到了這個時候，魯迅仍然潔身遠引，保持沉默，那麼，恐怕會有更多的人又要指責魯迅「冷靜，冷靜，第三個冷靜」了。

「多數」的把戲不必再玩了！

1925 年 12 月 26 日出版的《現代評論》第三卷第五十五期上，陳西瀅在他的〈閒話〉裏說：

> 女大和女師大的爭，實在是不容易了解的。我們還是受了某種報紙的催眠，以為女大的學生大半是招來的新生，女師大的學生轉入女大的很少。今天看到女大學生第二次宣言，她們說女師大的舊學生不滿二百人，卻一百八十人轉入女大，讓幾位外界名流維持的「不過二十人」。這是以前誰也不曾知道，誰也沒有想到的。足見我們的報紙是怎樣的可靠了。如此說來，女大和女師大之爭，還是這一百八十人和二十人之爭。就以女師大論女師大，究竟誰應當算主體呢；如說一百八十人已入他校便不能算女師大

學生，那麼我們試問，要是二百人都入了女大便怎樣？難道女師大校務維持會招了幾個新生也要去恢復嗎？我們不免要奇怪那維持會維持的究竟是什麼呢？他們的目的究竟是什麼？[11]

對陳西瀅的這篇〈閒話〉，魯迅撰文〈這回是「多數」的把戲〉予以回擊：

「要是」帝國主義者搶去了中國的大部分，只剩下一二省，我們便怎樣？別的都歸了強國了，少數的土地，還要維持麼？！明亡以後，一點土地也沒有了，卻還有竄身海外，志在恢復的人。凡這些，從現在的「通品」看來，大約都是謬種，應該派「在德國格盜匪數人」，立功海外的英雄劉百昭去剿滅他們的罷。

「要是」真如陳源教授所言，女師大學生只有二十了呢？但是究竟還有二十人。這足可使在章士釗門下暗作走狗而臉皮還不十分厚的教授文人學者們愧死！[12]

對於魯迅的回擊，韓石山先生不以為然，他說：「我們只能說，魯迅是個會做文章的人，至於道理，怕難以令人服氣。」[13]我不這樣看，我認為魯迅說的完全在理。事實上，人數的多少不能說明問題，絕不能如陳源所說的那樣，哪邊人數多，哪邊就成了「主體」；哪邊人數多，哪邊就擁有了真理。實際的情形正如一位先賢所說的那樣：「真理往往掌握在少數人手裏。」在我看來，任何朝代，「不識時務」，勇於反抗，勇於犧牲的勇士總是少數的，但他們才是「中國的脊樑」。你不能認為遇羅克、顧准、張志新、林昭這樣的人太少了，是少數，就認為他們所捍衛的就不是真理。

陳西瀅「玩」了一回「多數」的把戲，被魯迅無情地戳穿了；現在，雖說魯迅早就不在了，但他的文字還在，所以，這種並不新鮮的「多數」的把戲，就不必再玩了。

「陳西瀅說對了十四分之一」？

陳西瀅在一篇閒話裏曾指責魯迅曾「整大本的剽竊」日本人。

> 可是，很不幸的，我們中國的批評家有時實在太宏博了。他們俯伏了身體，張大了眼睛，在地面上尋找竊賊，以致整大本的剽竊，他們倒往往視而不見。要舉個例麼？還是不說吧，我實在不敢開罪「思想界的權威」。總之這些批評家不見大處，只見小處；不見小處，只見他們自己的宏博處。[14]

對陳西瀅的無中生有，魯迅在長文〈不是信〉裏予以了有力的回擊：

> 鹽谷氏的書，確是我的參考書之一，我的《小說史略》二十八篇的第二篇，是根據他的，還有論《紅樓夢》的幾點和一張〈賈氏圖系〉，也是根據他的，但不過是大意，次序和意見就很不同。其他二十六篇，我都有我獨立的準備，證據是和他的所說還時常相反。……[15]

對於這件事，胡適後來給了一錘定音的「判決」：「說魯迅抄鹽谷溫，真是萬分的冤枉。鹽谷一案，我們應該為魯迅洗刷明白。」[16] 考慮到胡適和陳源之間的朋友關係，胡適這一「判決」真有點「大義滅親」的味道。

魯迅的反駁，胡適的「判決」，如此鐵證如山，令陳西瀅啞口無言，卻難不倒韓石山。他在自己的大著裏居然為陳西瀅鳴不平：

「不必看鹽谷溫的著作，僅從魯迅在這裏的供認，再參閱他的《中國小說史略》，也不能說陳西瀅的話全是錯的。……有以上確證，怎麼能說陳西瀅的揭發沒有道理，全是錯的呢？為賢者諱，為聖人諱，也不

能諱到這個地步吧。成就是成就，絕不因其成就的偉大，而諱言其不符合學術規範的地方。至於是參考、引用，還是剽竊、抄襲，那只是各人的看法的不同。該出注的地方不出注，說什麼都不能說是對的。近日閱報，美國哈佛大學有位教授在講課時，講到某個學術觀點，正好到了下課時間，沒來得及說出這一觀點的出處，好像他自家研究似的，學生向學校當局報告，這個教師二話不說，只有辭職了事。不是他想辭職，而是他若不辭職就開除了。」【17】

　　我不同意韓先生的說法。在我看來，韓先生這句話「至於是參考、引用，還是剽竊、抄襲，那只是各人的看法的不同」似乎太離譜了。「是參考、引用，還是剽竊、抄襲」在我看來必須有個標準，否則就亂套了。當年，北師大教授張頤武說韓少功的《馬橋詞典》「全盤照搬」了《哈扎爾詞典》，不是被韓少功告上了法庭嗎，且法庭不是判韓少功勝訴了？這說明「參考、引用」和「剽竊、抄襲」是有著特定的範疇的，而絕非「只是各人的看法的不同」。

　　另外，韓先生以當代學術規範及哈佛大學的學術標準來要求魯迅，豈不是強人所難嘛！倘若用哈佛學術標準來要求國內頂尖學術高手，又有幾人能符合標準呢？關於學術規範和標準，不同的時代，不同的地域會有不盡相同的要求，這是眾所周知的也是不難理解的。倘根據韓先生的邏輯，那我們是不是可以這樣認為，魯迅既非博士，又未在核心期刊發表過學術論文，那他的教授職稱從何而來？莫非是暗箱操作的結果？

　　另外，韓先生還說：「魯迅全書二十八篇，有兩篇是根據鹽谷溫來的，至少沒有出注，就應當說陳西瀅說對了十四分之一吧。」【18】

　　首先，我不認為「陳西瀅說對了十四分之一」。因為魯迅是說：「我的《小說史略》二十八篇的第二篇，是根據他的，還有論《紅樓夢》的幾點和一張〈賈氏圖系〉，也是根據他的，但不過是大意，次序和意見

就很不同」；而陳西瀅說的是「整本的剽竊」，在我看來，「剽竊」一本書，和「根據」一本書絕非一回事。

其次，即使我同意韓先生這個說法，那麼，「說對了十四分之一」又是一個什麼概念呢？假如魯迅為此事把陳西瀅告上法庭，那麼，法庭會不會因為陳西瀅「說對了十四分之一」而判魯迅敗訴呢？打個比方，假如我說「陳西瀅是壞人」，我是不是說對了三分之一呢？因為人不是可分為好人、壞人、不好不壞的人這三種嗎？我想陳西瀅不會因為我說對了三分之一而和我善罷甘休的。韓先生說：「為賢者諱，為聖人諱，也不能諱到這個地步吧」，這話固然有其道理，但我想問韓先生的是，找賢者的碴，挑聖人的錯，也不至於挑到「十四分之一」的地步吧。

胡適在給蘇雪林信裏曾說：「通伯先生當日誤信一個小人張鳳舉之言，說魯迅之小說是抄襲鹽谷溫的」，而韓石山先生則說：「在這裏，不存在什麼誤信小人之言。張鳳舉是留日的，也是北大的教授，平日與周家兄弟又來往甚勤，只有他才能知道鹽谷氏的書是什麼樣子，也只有他才能知道魯迅『根據』到什麼程度。」[19]

在我看來，張鳳舉是「留日的」是「北大的教授」「知道鹽谷氏的書是什麼樣子」，就更說明了他是小人，因為，他沒說實話啊，倘陳西瀅所說的魯迅「整本的剽竊」出自張鳳舉之口，那說明他是謠言的製造者。因為魯迅只是參考了其中的兩章，並未「整本的剽竊」，就連韓先生不也認為，說「整本的剽竊」只對了「十四分之一」嗎？

其實，陳源誤信的不是張鳳舉之言，而是顧頡剛之言。顧潮女士在《歷劫終教志不灰》有一段話：

> 魯迅作《中國小說史略》，以日本鹽谷溫《支那文學概論講話》為參考書，有的內容是根據此書大意所作，然而並未加以注明。

當時有人認為此種做法有抄襲之嫌，父親亦持此觀點，並與陳源談及，1926 年初陳氏便在報刊上將此事公佈出去。[20]

顧頡剛相信道聽塗說，而陳源又散佈未經核實的道聽塗說，這能說妥當嗎？

其實這個問題已經不成為問題了，因為魯迅早就說了：「現在鹽谷教授的書早有中譯，我的也有了日譯，兩國的讀者，有目共見，有誰指出我的『剽竊』來呢？」[21]韓先生若想證明陳源的「整本的剽竊」「說對了十四分之一」，只須把魯迅的書和鹽谷教授的書找來對比一下即可，不願讀原著，卻判定陳源「說對了十四分之一」，恐怕難以令人信服。

韓先生在本書的一開頭說：「研究魯迅，對我來說是一次學術訓練。」

博學如韓先生者，竟然這樣謙遜，令晚生後輩如我者肅然起敬。我相信韓先生寫這本書是為了「學術訓練」而非和魯迅過不去。這裏，我要斗膽仿效一下韓先生，我草成此文是為了「閱讀訓練」，是對韓先生的這本書的「細嚼慢嚥」而絕非是和韓先生過不去。事實上，韓先生寫此書和我草成此文，其目的完全一樣，那就是韓先生所說的：「還魯迅一個公道，也是還歷史一個公道，還歷史上許多人物一個公道。」

如此而已，豈有他哉。不妥之處，敬請批評。

註　釋

[1] 韓石山：《少不讀魯迅，老不讀胡適》，中國友誼出版社 2005 年出版，第 54、69、81、141、143、147、158-159、195、197-199 頁。

[2] 同注【1】。

[3] 同注【1】。

[4] 王錫榮：《魯迅生平疑案》，上海辭書出版社 2002 年出版，第 165、166 頁。

[5] 同注【4】。

[6] 同注【1】。

[7] 林賢治：《人間魯迅》（上卷），安徽教育出版社 2004 年出版，第 395 頁。

[8] 同注【1】。

[9] 同注【1】。

[10] 同注【1】。

[11] 同注【1】。

[12] 《魯迅全集》（3），人民文學出版社 1981 年出版，第 174、229 頁。

[13] 同注【1】。

[14] 同注【1】。

[15] 同注【12】。

[16] 《胡適來往書信選》（中），中華書局 1979 年出版，第 339 頁。

[17] 同注【1】。

[18] 同注【1】。

[19] 同注【1】。

[20] 顧潮：《歷劫終教志不灰》，華東師範大學出版社 1997 年出版，第 103 頁。

[21] 同注【1】。

晚年的感傷與懷舊
——孫犁《芸齋書簡》讀後

　　近讀孫犁先生所著《芸齋書簡》，獲益頗多。孫犁是文壇大家，「荷花淀派」的代表人物，其書信的文字風格與他膾炙人口的早期作品是一脈相承的：清峻、雋永、簡練、乾淨。收入集中的書信，不少寫於作者的晚年。這些信件，真實地記錄了孫犁晚年的生活——平淡但不平庸，清靜但卻有為。當然，從中我們也可感受到一個老人所不可避免的感傷情緒和懷舊心態。

　　本來，一個老人，容易感傷，喜歡懷舊，這是不難想像的，也是可以理解的。但我認為，感傷不宜過度，懷舊不能成癖。感傷情緒過濃，鑒賞文藝作品時，難免為情所「困」；懷舊習氣太深，面對當下生活，常會發出今不如昔之歎。

　　在寫給作家從維熙的一封信中，談及從維熙的小說《大牆下的紅玉蘭》時，孫犁寫道：

> 你反映的是一個時代的、生活方面的真實面貌。對那兩個運動員的描寫，使我深深感動，並認為他們的生活遭遇、思想感情，是典型化了的，是美的靈魂，是美的形象。
>
> 但是，你的終篇，卻是一個悲劇。我看到最後，心情很沉重。我不反對寫悲劇結局，其實，這篇作品完全可以跳出這個悲劇結局。也許這個寫法，更符合當時的現實和要求。我想，就是當時，也完全可以叫善與美的力量，當場擊敗那邪惡的力量的。戰勝他

們，並不減低小說的感染力，而可以使讀者掩卷後，情緒更昂揚。我不是對你進行說教。也不反對任何真實地反映我們時代悲劇的作品。這只是因為老年人容易感傷，在現實生活中見到的，或親身體驗的不幸，已經很少，不願再在文學藝術上重讀它。這一點，我想是不能為你所理解的吧？

其實，從小說的標題《大牆下的紅玉蘭》就可看出，這部作品理應是一出悲劇，而且，從接受美學觀點來看，在當時特定的時代氛圍中，該小說必須是一出悲劇才能產生震撼人心的效果。從小說發表後讀者的反應來看，正因為是一出催人淚下、感人肺腑的悲劇，該小說才能夠在當時產生巨大的反響，作者也因此嶄露頭角脫穎而出。

如果作者真像孫犁所希望的那樣安排一個大團圓結局，所謂「叫善與美的力量，當場擊敗那邪惡的力量」，那麼，這部作品將和無數平庸之作一樣，難逃一「出生」即「死亡」的厄運。

其實，作品中慣有的「大團圓」結局是魯迅所厭惡的，魯迅認為，這種虛假的結局如同麻醉劑只能起到瞞和騙的作用，始於自欺，終於欺人。

當然，如果孫犁的確是「因為老年人容易感傷，在現實生活中見到的，或親身體驗的不幸，已經很少」，不願再在文學藝術上讀到悲劇，那倒情有可原；如果因為容易感傷而低估悲劇的價值，低估悲劇的感染力，那就不妥了。試想，如果托爾斯泰考慮到讀者對安娜・卡列尼娜的喜愛，就不讓她臥軌；如果福樓拜體念到讀者對包法利夫人的同情，就不讓她自殺，那麼，這兩部作品也許就不會進入名著的行列了。

「我不是對你進行說教。也不反對任何真實地反映我們時代悲劇的作品。這只是因為老年人容易感傷，在現實生活中見到的，或親身體驗的不幸，已經很少，不願再在文學藝術上重讀它。這一點，我想是不

能為你所理解的吧？」孫犁這番話在我看來，明顯是客套話而非真心語。事實上，「叫善與美的力量，當場擊敗那邪惡的力量」是孫犁一以貫之的創作實踐，也是他終身恪守的審美標準。在致作家李貫通的一封信中，談及李貫通的小說〈第二十一個深夜〉，孫犁再次老調重談：

「在我讀小說的前半部分時，我非常喜歡，對你的藝術表現的欣賞，幾乎達到了擊節讚歎的的程度。但自從甜妮母親突然死亡的情節出現以後，我的情緒起了變化。這一人物，由於你在小說前半部的藝術處理，給我留下了非常美好的印象，我很喜愛這個女人。她的自盡，使我感到非常意外，非常不自然。⋯⋯她的死，沒有充分的外界和內心的來龍去脈，大禍幾乎是天外飛來。⋯⋯因為這一關鍵性的情節的失當，使你後來的故事，幾乎全部失去了作為藝術靈魂的、自然和真實的統一體系。後面的故事亂了套，失去了節奏，跳動起來，搖擺不定。」

李貫通這篇小說寫得如何，筆者沒讀過，不敢妄加評價。但作為讀者，如果因為喜愛作品的主人公，就不願看到「她」的死，就覺得主人公的自盡「非常不自然」，並最終否定這篇小說，恐怕就有點感情用事，失之偏頗了。我倒覺得女主人公死得「非常突然」恰恰是對生活真實的反映，孫犁認為「大禍幾乎是天外飛來」顯得不可信，其實，大禍往往都是從天外飛來的，所謂天有不測風雲，人有旦夕禍福是也。

上了年紀的人，均喜歡懷舊。比如，喜歡讀兒時讀過的書，喜歡吃往昔吃過的飯，儘管那書是普通的讀物，那飯也是尋常的米飯，但在回憶中品嚐它們，卻是風味獨具、耐人咀嚼的。

晚年的孫犁，對幼年吃過的棒子麵情有獨鍾、念念不忘。在致徐光耀的一封信中，孫犁寫道：「再比如棒子麵，這本是我愛吃的東西⋯⋯偶爾也有朋友從農村帶來一些，農民自吃自用的棒子麵，據說是用人畜糞培植，用石磨碾成者，其味甚佳。」

其實，棒子麵之所以「其味甚佳」，恰恰是因為難得一吃的緣故，天天吃棒子麵的老農，對孫犁的「其味甚佳」恐怕很難產生共鳴的。

在我看來，懷舊者不僅會對昔日的快樂津津樂道，也會對早年的不快耿耿於懷。在致陳曉峰的一封信裏，孫犁寫道：「……但我讀沈（指沈從文──筆者注）的作品不多，唯讀過他寫的《記丁玲》、《記胡也頻》。直到現在，我也不大喜歡他的文字，我覺得有些蹩腳。」

孫犁對沈從文的作品不屑一顧，甚至說沈從文的文字「有些蹩腳」，這實在有些匪夷所思，也讓筆者難以接受，因為沈從文的文字好看應是不爭的事實。不過，得知孫犁早年一段不愉快的經歷，筆者對此也就釋然於懷了：「他（指沈從文）編的《文藝》，當時我卻很注意，也投過稿（一次），他沒有用，退給了我，有鉛筆作的改正。」（《芸齋書簡・致陳曉峰》）

浩然是文革時期最走紅的作家。讀大學時，當代文學老師在概括文革十年的文壇「碩果」時有妙語曰：浩然孤身一人走在文學的「金光大道」上。當時，浩然的《金光大道》《豔陽天》可謂集萬千寵愛在一身。不過，時過境遷，今非昔比，到了新時期，人們對浩然其人其文均頗多微詞，然而孫犁卻與眾不同，時至二十世紀九〇年代，他竟然仍對浩然的作品讚不絕口：「這兩天翻閱浩然新出版的長篇小說《豔陽天》，這是有生活、有情節、有語言、有人物的作品，雖然我是跳著看的，但很讚賞。」（《芸齋書簡・致徐光耀》）

孫犁出生於農村，幼年、青年基本在農村度過，對鄉村生活十分懷念。在他寫於晚年的書信中，時有對鄉居生活的神往和對田園風光的讚美。因為對鄉村生活的迷戀，孫犁對農村題材的文學作品也十分偏愛，甚至認為「在農村，是文學，是作家的想像力，最能夠自由馳騁的地方」。他對鐵凝的農村題材的小說不吝讚美，對她的反映城市生活的作品則不置可否。

「我也算讀過你的一些作品了。我總感覺，你寫農村最合適，一寫到農村，你的才力便得到充分的發揮，一寫到那些女孩子們，你的高尚的純潔的想像，便如同加上翅膀一樣，能往更高處、更遠處飛翔。……在農村，是文學，是作家的想像力，最能夠自由馳騁的地方。我始終這樣相信：在接近自然的地方，在空氣清新的地方，人的想像才能發生，才能純淨。大城市，因為人口太密，互相碰撞，這種想像難以產生，也容易夭折。」（《芸齋書簡·致鐵凝》）

我想，正是內心深處濃得化不開的鄉村情結，才使孫犁下此斷語的；也正是他的鄉村情結才使他愛屋及烏喜愛上反映農村生活的《豔陽天》的。然而，無論是誰，無論對何事，倘若愛得太深，判斷就難準確了。孫犁對《豔陽天》的錯愛，原因在此。

在本文的最後，筆者想申明的是，對孫犁晚年書信中流露出來的感傷與懷舊，筆者完全理解，當然不可能也沒有理由加以責備。

在我看來，一個老人容易感傷、喜歡懷舊，正是人們通常所說的暮氣。既然對孩子身上的稚氣，我們熟視無睹，且不無欣賞；那麼，對老人身上的暮氣，我們也不必大驚小怪，何妨聽之任之。

無庸諱言，作為老人，總不可避免受到感傷與懷舊的困擾，他的某些言論也就難免帶有情緒化，對此，我們做晚輩的，就不必深究了，更不必打著「吾愛吾師，吾更愛真理」的牌子和長者爭個臉紅脖子粗了。人都有老的時候，何必把這些情緒化的論斷放在心上呢，我認為，只要我們自己的言行不受這些情緒化言論影響，也就夠了。

「菩薩低眉」與「金剛怒目」：
一位儒家的矛盾心聲
——程千帆《閒堂書簡》讀後

倘想瞭解程千帆教授的人生情懷、價值取向，他的一番夫子自道不可不讀。在給朋友周勃的一封信中，程先生說：「我始終是個儒家，也信馬克思主義，但儒家是本體。我相信人與人之間的關係是一切的根本，人活著就得做一點對人類有益處的事。就憑這一點，我在十八年的右派生活中活了下來。老子主張守靜，莊子主張達觀，我不羨慕榮華富貴，也不想和別人計較（雖有時也不免）。我同陶芸結婚後生活很安靜，根本的一條是知足，我刻了一方圖章叫『殘年飽飯』。」

程先生是一位儒家，這一點應該無庸置疑。作為一名飽受儒家文化薰陶的恂恂儒者，他的人格修養、治學態度、處世方法無不深深打上儒家文化的烙印。

「菩薩低眉」：「退一步想，則心自安。」
「人活著就得做一點對人類有益處的事。」

1957 年，程先生響應幫助黨整風的號召，一夜之間被打成武漢地區的「大右派」，從此，這個善良正直的知識份子失去了教書的權利，被發配到某偏遠農場放牛牧羊，突然而至的厄運，並沒有讓程先生屈服，也沒能讓他放棄學術上的追求。當時的沙洋農場有一個圖書室，裏面沒有多少書，但倒有一套中華標點本的晉隋八史。程先生如獲至寶，他自

天勞動、挨鬥，晚上就細細地閱讀這套書，從而為自己在日後重創學術輝煌作了切實的準備。

程先生在逆境中發憤苦讀，讓我們想起《論語》中的那句話：「士不可以不弘毅，任重而道遠。」事實上，程先生身處逆境、不言放棄的背後蘊涵著的正是一種孔子所說的「歲寒知松柏之後凋」的不屈不撓、堅持到底的韌性精神。而正是憑這種精神，程先生才得以「在十八年的右派生活中活了下來」；正是憑這種精神，程先生在年逾六旬、重新復出後，以驚人的毅力，夜以繼日、發憤著述，留下煌煌十六卷本《程千帆文集》，給後人留下一筆巨大的精神財富。

程先生六十五歲復出，一直到七十七歲才從博導的位置上退了下來。即使退休後，程先生仍主動請纓，繼續擔任幾位留校弟子的義務導師，並指導弟子合作著書，他在給南大中文系領導的一封信中說：「退休後，我想做幾件有利於學校發展的事。第一件，我要對已經畢業留校工作的五位博士繼續指導三至五年。我願意在退休後將平生所學，繼續傳授給他們。我想這對保持和發展中國古代文學這一重點學科將有所幫助。……」即使在去世的前兩年，程先生仍擔任《中華大典》中的《文學典》的主編工作。

如此誨人不倦，如此勤勉著述，真可謂鞠躬盡瘁，死而後已，也使人不由得想起孔子所說的那句話：「其為人也，發憤忘食，樂以忘憂，不知老之將至雲爾。」

「我相信人與人之間的關係是一切的根本。」

胡河清在〈重論孫犁〉一文中曾說：「這表明他的文字背後深藏著一種對人際關係的病態的敏感。而這也許正是他的『儒風』之所在。」我想，程千帆的「儒風」之所在，也體現在他對人際關係的敏感上。

　　在給弟子楊翊強的信中，他多次強調人際關係的重要性。如：「來信收到。能到荊師，最好。如果實現，希望做到下列三句話：多做事，少說話，不吵架。（極重要）（能容於物，物亦容矣！）」如：「業務上要爭氣，人事上要和氣。」這是正面的指點，也有反面的批評，如：「你對李先生提出比賽，完全是書呆子，不通世故，徒然增加不必要的壞印象。不策略之至！」

　　那麼，怎樣才能搞好人際關係呢？程千帆認為，必須能忍，不爭，大度，謙虛謹慎，不計前嫌。在給弟子張宏生的信中，他說：「你在客中，飲食起居要自保重。近來一切很順，要接物待人謙沖自牧，不獨顯示個人，也代表師承也。」在給弟子蔣寅的信中，程先生說得更具體：「照目前看來，你的生活住宿存在著一定的困難，這要有一些書呆子氣才能抗得住。孔夫子說，士志於道，而恥惡衣惡食者，未足與議也。……如果人事處採取的辦法不合你的意，千萬不要和他們爭執，切記切記。才來一個單位，要給人事部門留一個好的印象。」

　　楊翊強是程千帆的老門生，此人也曾被打成「右派」，經歷坎坷，為人戇直，最不擅處理人際關係。對這位弟子，程千帆可謂不厭其煩，反覆開導，一再提醒他要大度，要向前看。如「到了新地方，往事一筆勾，要絕口不發牢騷，顯得有氣度。」如：「一切過去了的，讓它過去吧。世界永遠屬於樂觀的現實主義者、實幹家。」程千帆說的這番話，使我們很自然地想起孔子對我們的教誨，所謂「成事不說，遂事不諫，既往不咎。」由此可知，程千帆是按照孔子的教誨來處理人際關係的，並且，直到晚年，他還認為自己的所作所為與孔夫子的要求相差甚遠：「人際關係乃一門『終身由之而不知其道』的大學問，我到快要向孔二先生報到時，才意識到他老人家所說的『有一言而可以終身行之者乎？』

『其恕乎！己所勿欲，勿施於人。』實在是極平凡，極偉大。有點知道，仍然不能實踐，這實在是人生道路上的一種永恆的悲哀。」

說「有點知道，仍然不能實踐」，這當然是程先生的謙虛了，其實，在「忠」、「恕」兩方面，程先生已做得相當好了。

「退一步想，則心自安。」

程千帆一再要求弟子要忍，要不恥於惡衣惡食，要待人和氣，然而，遭逢亂世，想做到這一點，何其難也！

在給弟子楊翊強的信中，他曾說：「我這個病一不能勞累，二不能動感情。一生氣就發病，其應如響。今天我才明白，處世為一忍字為最難，張公百忍所以傳為美談也。」不過，飽經憂患的程先生知道，不管什麼事，再難忍也得忍，所以，他常以蘇東坡一番話聊以自慰。在給楊翊強的信中，程先生說：「昔東坡謫居惠州，人以為苦，坡曰：『譬如原是惠州不第秀才。』其地缺衣少藥，坡曰：『京師國醫手中死人尤多。』祖棻之祖父自號退安，或問其義，則曰：『退一步想，自心自安也。』與吾弟共患難時，亦嘗借此思想度厄。」

由此可見，「退一步想，則心自安」正是程千帆化解憂愁、除卻煩惱、忍受厄運的首選妙方。程先生在南大工作時，住房狹小簡陋，但因為能「退一步想」，對此他也就「心自安」了，在給弟子吳志達的信中，提及自己的住房，他說：「我住二樓，兩間房，約三十平方不到一點。這是暫時的，聽說以後要調整。勝牛棚多矣，士志於道，則不恥惡衣惡食。隨緣吧！」「我在南大十五年，只是在退休後三年，乃分得一劣寬之屋，亦不如弟今所舍。先賢有云：退一步想則心自安，幸善自葆愛。」

　　當弟子遇到類似的問題，他授之以同樣的「藥方」。程千帆認為，對住宿上的困難要「抗得住」，對他人的褒和貶也要「抗得住」。程先生在給弟子的信中，多次引用了莊子的一句話來開導他們：「呼我為馬，則應之以馬。呼我為牛，則應之以牛，斯可已矣。貶者如此，褒者亦然。」

　　「呼我為馬，則應之以馬。呼我為牛，則應之以牛」，表面上看，這是逆來順受，骨子裏卻透著一種自信。《論語》裏有這樣一段話：

> 司馬牛問君子。子曰：「君子不憂不懼。」曰：「不憂不懼，斯謂之君子乎？」子曰：「內省不疚，夫何憂何懼？」。

　　既然能做到「內省不疚」，別人的褒和貶也就無關痛癢了。

　　對弟子的職稱問題，程先生一方面很關注，因為，職稱與住房、工資等待遇直接掛鉤；另一方面，他也告戒弟子要以平常心對待職稱的晉升與否。在給弟子蔣寅的信中，他說：「關於晉升的事，主要靠實力，也要看『緣法』、『關係』等等。並不完全是本領問題。竹子總要衝出牆的。所以要抱『成固欣然，敗亦可喜』之態度，不必學習賈長沙、李長吉也。」

　　程先生是一位儒家，他自然信奉孔子所說的「不患人之不己知，患其不能也」。既然相信自己並非無能，既然相信「竹子總要衝出牆的」，也就不必為職稱晉升大動腦筋、大費心思、大傷感情了，不妨順其自然、聽之任之。

　　程千帆先生安貧樂道，與世無爭，但這並不表明他是個無原則之人，並不表明他對什麼都可以忍；對什麼都無可無不可。倘若事關人格尊嚴，事關學術大義，他也會毫不妥協，絕不讓步。

　　粉碎「四人幫」後，武漢大學欲返聘程先生，程先生則毫不猶豫一口拒絕：「前時武大邀復職，以積三十年之經驗，覺此校人情太薄，不

能保餘生之清吉平安,已峻拒之。」後,南京大學邀其復出,他則慨然允諾,其原因是南大的領導能待人以誠,用程先生的話來說就是「相待以禮以誠」。在給他人的書信中,程先生一再提及南大對他的知遇之恩:「此間相待以禮以誠,大異武漢,想來可在此間以著述終老。」「當事者以禮相待,或可老死於此矣。」感激之情溢於言表。

孔子曰:「君使臣以禮,臣事君以忠。」看來,程千帆捨武大就南大,做出這樣的選擇完全是儒家文化薰染的結果。

「金剛怒目」:「獨善其身,似清高實可恥也。」

程千帆先生雖終身潛心學術,但他並不是一個「兩耳不聞窗外事,一心唯讀聖賢書」的「隱士」,相反,從他寫給弟子、朋友的書信中,我們可看出,程先生其實是一位密切關注現實,敢對當下發言的「猛士」。正如其弟子莫礪鋒所說的那樣:「程先生在日常生活中顯得恂恂如也,相當的平易近人,可是其內心卻剛強不可犯的。」在給弟子周勃的信中,程先生說:「如果伸出腦袋到大街上去看看,那些渾濁的情況會叫你氣死!」可謂快人快語,直言無忌。在給弟子楊翊強的信中,他說:「對於那些潑皮無賴,仍只能按照魯迅先生之辦法,一概稱之曰畜生,若張某則更下一等,曰次畜生可矣。」其拍案而起、怒髮衝冠之態躍然紙上。

程先生一輩子都是學界中人,用他自己的話來說就是「千帆廁身學術界已五、六十年,冷暖短長,略有自知」,正因如此,對學術圈中的腐敗和混亂,他了然於胸,洞若觀火:「職稱大戰,此間亦正熱烈展開。世態百相,真吳道子畫鬼趣圖也。若旁觀不介入,則有讀《死魂靈》之樂。」程先生對「職稱大戰」下此斷語,足見「職稱大戰」混亂無序、骯髒不堪到了何種程度。

在給弟子吳志達的信中，程先生對眼下的「學術活動」作了批評：「我現在一般學會都謝絕參加了。黃岡恐怕也不會去。因為我發現還是吃、遊，然後按資封官。也就是說，將學術活動納入封建官僚主義軌道。」

「將學術活動納入封建官僚主義軌道」可謂公開的秘密，對此，人人心知肚明，卻閉口不談。程先生在此一語道破天機，既揭露了問題的實質，也反襯出他人的麻木和虛偽。倘若缺少勇氣缺少良知，程先生就不會說出這種「不識時務」的逆耳之言了。

在給弟子蔣寅的信中，談及「解決院士問題」，程先生說：「然聞工程院院士與科學院不大同，多為『官』，如部長之類，則亦不過賜同進士出身，如大款之買碩士，沒有什麼意思了。大概錢能通神，勢能得錢，有錢有勢，攻利，古今一耳。」因為明察秋毫，所以能看清問題的實質；因為看清實質，所以才憂心忡忡。

作為一名治古典文學的教授，談及人文學科在當代的備受冷落，程先生的話顯得十分無奈、悲哀：「國家規定，研究生要通過六級英語考試，而中文文理不通，錯字連篇，則聽之任之。現代化的進程，在某種意義上也將成為傳統優秀文化消亡的過程。一方面，實施提倡京劇以弘揚保存古典藝術之手段，另一方面，卻是『三無世界』（無社會科學院院士，無社會科學科委，無社會科學科協。且聞自科學院與社科院分家，北京科學會堂即不許社會科學家入內活動）。諸如此類，實所不解。因見大文，想到尚有青年學士留心此關係國運之大問題，不竟悲從中來，發其狂悖之論，幸恕之也。」程先生這番話高屋建瓴、令人深思。如果程先生此番肺腑之言能引起有關人士的警醒並切實採取行動以挽救傳統文化、振興人文學科，則善莫大焉。

對一些學術刊物，程先生也提出了一些批評，在給舒蕪的信中，他說：「因此遂與《評論》、《遺產》不再有來往。今則其負責人都是新面

目，幾乎無所知矣。大體看來，官多作家少，學者少，空談者多，實踐者少。大勢所趨，賢者不肖者皆不免也。」

「官多作家少，學者少，空談者多，實踐者少」此種陋習並非個別現象而是普遍現象，且有愈演愈烈之勢，難怪程先生的話語隱含一種絕望的情緒。

在給舒蕪的另一封信中，談到錢鍾書，程先生說：「……又絕口不及時事，似在雲端裏活，天下之至慎，……」。對錢鍾書的「似在雲端裏活」，程先生頗不以為然，這表明程先生自己是不想活在雲端裏的，也不想謹小慎微到「絕口不及時事」的地步。事實上，也確實如此，對時弊，程先生從來不諱莫如深、閉口不談而是口無遮攔、一吐為快。在給楊翊強的信中，他說：「『上下相蒙』、『上下交征利』，『而國危矣』。先民之言，仍是真理。」在給另一個弟子張三夕的信中，他再次重申了自己的看法：「國步艱難，大約『上下交征利而國危矣』，『上下難蒙，難與處矣』二語足以見之。」

在程先生的筆下，貪污腐敗、官官相護已到了是可忍孰不可忍的地步。對此程先生當然痛心疾首、憂心如焚了。

程先生的弟子曹虹曾去日本訪學，在給這位身處異國他鄉的弟子的一封信中，程先生發過一番感慨：「談日本同行治學之勤苦，令人感歎。我們讀書的時候，老師們都這樣。季剛先生和其他老師都喜歡遊山玩水飲酒賦詩，但如白天耽誤了功課，晚上一定補足。當時作為學生的我們，也無不敬佩效法。大（鍋飯）、低（效率）、鐵（飯碗）不但使人變懶，變得無責任感無能力，而且使多數中國人素質下降，現在改革開放中，又有人利用商業廣告一味提倡豪華、高貴、舒適。電視上的廣告畫面多數以上都是美女圖像。我這個即屆八十的老人，真不知道中華民族向何方前進。詩云：『知我者，謂我心憂；不知我者，謂我何求。』言之傷痛。」

　　此番椎心泣血、披肝瀝膽的話語背後蘊藏著一個老知識份子愛國愛民的赤忱之情，感人肺腑，令人欽佩，亦發人深思。對程先生這樣的知識份子而言，「位卑未敢忘憂國」不僅是一種源遠流長的傳統，更是一種來自血液的呼喚。

　　我認為，下面這番話充分證明了程千帆先生是一位具備良知與勇氣的知識份子。在給友人的一封信中，程先生說：「國事系事多不堪言，亦不僅某一學校如此。現在政治『愛滋病』是黨風不正，已淪肌浹髓，『上下相蒙，上下交征利』二語盡之矣。我數十年來，總是希望免疫，但個人免疫又如何。獨善其身，似清高實可恥也。」

　　「獨善其身，似清高實可恥也。」此語堪稱的論。程先生這番推心置腹之語道盡一個知識份子對不正之風的無奈、憤激和不甘。更可貴的是，程先生這番話顯示了一種勇於自剖、勇於反思的自我批判精神。那些喜歡往臉上貼金，喜歡為自己辯解之輩，讀之能不耳熱心跳、坐臥不寧乃至無地自容？

　　我認為，正是密切關注現實、敢對當下發言確立了程千帆先生作為獨立的知識份子的人格形象，從而使他與那些躲進書本躲進書齋的「鴕鳥」型學者（如錢鍾書）區別開來。

　　程千帆弟子莫礪鋒先生曾說：「陶詩在平淡質樸的字句中不時流露出『金剛怒目』的本相，正是其抗爭精神所體現的光輝。」，那麼，我們是否也可以說：程千帆先生的書信，「在平淡質樸的字句中不時流露出『金剛怒目』的本相，正是其抗爭精神所體現的光輝」。

　　程先生是個溫文爾雅的儒者，但也有疾言厲色的時候；程先生是「菩薩低眉」的「忍者」，但也有「金剛怒目」的一面；程先生是清高的學者，但他卻打心眼裏瞧不起清高。程先生身上的矛盾是一目了然的也是耐人尋味、促人深思的。魯迅在《野草・題詞》中寫道：「我自愛我的

野草，但我憎惡這以野草作裝飾的地面。地火在地下運行，奔突；熔岩一旦噴出，將燒盡一切野草，以及喬木，於是並且無可朽腐。」如果把「野草」置換成「清高」，那麼，這段話就可當作程千帆先生的心聲來讀了：「我自愛我的『清高』，但我憎惡這以『清高』作裝飾的地面。地火在地下運行，奔突；熔岩一旦噴出，將燒盡一切『清高』，以及喬木，於是並且無可朽腐。」

對程先生而言，「菩薩低眉」是其清高的表像，而「金剛怒目」則是其「地火」的本相。

作為「菩薩低眉」的忍者，程先生讓我們同情而心酸；作為「金剛怒目」的猛士，程先生又令我們欽佩、敬仰。程先生身上的矛盾使我們對他的態度也不能不矛盾了。

（程千帆著‧陶芸編《閑堂書簡》上海古籍出版社 2004 年出版）

三個女孩，令我心碎

2004 年，在我的閱讀視野裏，有三個女孩給我留下終身難忘的印象。三個女孩純潔、高貴的品質，令我敬佩；三個女孩不幸、悲慘的遭遇，讓我心碎。

桌婭・列舍娃：正氣凜然，視死如歸

桌婭是一個俄國女孩。十歲那年，她父母及哥哥均因信仰上帝的緣故被關進不同的集中營。年幼的她被送進保育院。在那裏，她拒絕放棄自己的信仰，她說：「誰也別想把我脖子上的十字架取下來，你們要取下它，就先把我掐死。」由於她的「不聽話」、「不合作」，當局把她關進「殘疾兒童保育院」。

所謂「殘疾兒童保育院」，關押的都是一些品性惡劣的社會渣滓。在那裏，桌婭以其過人的勇敢與堅強的意志頂住了一切：她沒有變壞，反而以其善良與純潔感化了不少不良少年。

保育院裏有一座史達林的石膏標準塑像。一天早晨，塑像的腦袋被砸了下來，翻倒在地，裏面的空洞裏竟然有一坨屎。國家安全局的人如臨大敵，迅速包圍了「保育院」，對所有少年犯進行審問。他們威嚇道：「把恐怖分子集團交出來，否則，按恐怖行動論罪，統統槍斃！」在這個當口，桌婭挺身而出，發表聲明，說：「這都是我一個人做的。老爺子的腦袋還能派別的用場嗎？」

她被判了刑。當局原本要判她極刑，但由於她當時年僅十四歲，當局「開恩」，判了她十年。因為生性率直和勇於反抗，她後來一再被加刑。父母和哥哥相繼出獄後，桌婭仍在服刑。她的一生，真可謂把牢底坐穿。

桌婭的遭遇令人心碎，桌婭的行為令人震撼。

這是一個有堅定信仰的女孩，為了信仰，她甘願放棄自由，乃至生命。

這是一個敢於承擔，視死如歸的女孩。承認塑像的腦袋是自己砸掉的，無異於把自己推入絕境，可她卻毫不畏懼，視死如歸。

這是一個充滿愛心，奮不顧身，捨己救人的女孩。像她這樣純潔、善良、知書達理的女孩，是不可能幹出往塑像的空洞裡拉屎這樣頑劣的事，但她不忍心看到同齡人因此喪命，只能挺身而出，捨己救人了。

眼下，人們慣於投機取巧，精於明哲保身，善於委曲求全。「忍一時，風平浪靜；退一步，海闊天寬」成為多少人視若拱璧的處世法寶；「識時務者為俊傑」成了人們自我開脫的絕妙遁詞，和桌婭這個十來歲的孩子比，我們豈止是臉紅、羞愧而已！

桌婭的故事，應該促使我們反思一下自己圓滑世故、充滿智慧的言行。

桌婭‧弗拉索娃：心明眼亮，情深意長

桌婭‧弗拉索娃的父親是區消費合作社主任弗拉索夫，一個極富正義感的好人。因為同情農民，弗拉索夫允許他們建立自己的公共麵包房，並供應他們麵粉，此舉違反了前蘇聯當局當時不合理的政策。弗拉索夫因此被判死刑。

在法庭上，弗拉索夫無所畏懼，慷慨陳詞，他說：「我不認為你們是法庭，我認為你們是一群戲子，正在按寫好的臺詞演一出審判的鬧

劇。你們是內務人民委員部卑鄙挑釁勾當的執行者。不管我對你們說些什麼，反正你們都會把我判處槍決。我只是相信，時間一到，你們也會站到我們的地位上來！」

像弗拉索夫這樣的悲劇在當時的蘇聯為數不少，像弗拉索夫這樣的寧死不屈的硬漢在當時的蘇聯卻為數不多。弗拉索夫年僅八歲的女兒桌婭・弗拉索娃更是一個罕見的令人肅然起敬的小姑娘。

她沒命地愛她的爸爸。她再也不能去上學（別人故意刺激她：「你爸爸是壞蛋！」她就跟人打架：「我爸爸是好人！」）她在父親死後只活了一年（此前從未生過病）。在這一年裏她一次也未笑過，走在路上總是低著頭。老太婆們預言：「老往地裏瞧，快死啦！」她死於腦膜炎，臨死的時候還不斷地叫喊：「我的爸爸在哪裡呀？還我爸爸！」

她不承認自己的爸爸是壞人，是出於對爸爸的愛，也表明她人雖小，卻有頭腦，有主見（此點最為難得）。文化人革命時，多少兒子揭發老子，多少妻子檢舉丈夫。有些紅衛英雄為顯示自己的革命立場，竟衝上臺去對自己的父親飽以老拳。和年僅八歲的弗拉索娃相比，他們是多麼無知、野蠻！

失去親人，人們當然會悲痛欲絕，然而，悲痛本身也會有疲倦的時候，時間的流逝，會讓人們的心靈變得麻木，會讓人們忘記那些哀傷的往事。可這個八歲的小姑娘卻無法麻木，無法接受父親被處死這一殘酷的事實。她對父親的愛太深太厚了，所以，父親的離去讓她陷入深重的悲哀中難以自拔。沉重的悲哀最終壓碎了她花蕾般的生命。

當我們為八歲的弗拉索娃灑一掬同情之淚時，我們也不由得對前蘇聯當局的野蠻行徑增添了一份憎恨。

高林：苦命的女孩，無辜的羔羊

　　高林父親是一個右派，母親受到牽連，在高林三歲那年病故。從此，高林和父親在五七幹校相依為命。下面兩個細節，就足以說明高林的童年有多麼淒慘。

　　父親下田幹活，高林就獨自在幹校裏玩。天黑下來，就到路邊等父親。收工路上，父親老遠就望見高林垂著手朝隊伍的方向眺望，小小的身影在蒼茫的暮色裏一動不動。近了就跑過來，仰起臉，張開手，要父親抱。一次，父親抱起高林時，發現女兒嘴裏含著一塊肉。以為那是拾來的，不問情由大發雷霆。說你不怕髒嗎？不怕病嗎？不怕丟臉嗎？……父親惡狠狠吼叫一通，喝令高林立即吐掉。高林一直靜靜地看著父親，吐掉以後說，肉是中午父親給自己吃的，最後一塊，含著吮吮滋味，玩玩麼。父親向高林道歉，請女兒原諒，高林忍不住哭了。哭得那麼委屈那麼傷心，嘴唇都烏了。

　　那年年底，幹校排歌舞，出壁報，佈置會場，準備慶祝元旦。高林的父親也得去幫忙，高林也跟著熬夜。夜深了，父親送高林回家，高林直到父親答應了不再回去才上床。等高林睡著了，父親輕輕地封上爐子，滅了燈，穿過兩個大院，又回到會議室。會議室的窗玻璃上，結著厚厚的一層冰花。雖然燈火通明，人聲鼎沸，又燒著兩個紅紅的大煤爐，煙囪呼隆隆吼叫，大家還是覺得，從門窗縫裏鑽進來的夜風，像剃刀片一般的鋒利。突然大門洞開，湧進團團白霧，高林大哭著衝進來，渾身上下光溜溜連鞋都沒穿。滿屋子人聲頓息。父親大吃一驚，瘋狂暴怒，抓住女兒狠打屁股，狂叫著問為她為什麼找死。高林哭得張大嘴巴，好半天出不來氣。父親只得用大衣包起高林，抱著在爐邊烤。高林堅持把手伸出來，捉著父親的一個手指。透過老厚的羊皮，父親感覺到高林在

一陣陣顫抖。後來高林睡著了，小手仍捉著父親的手指。望著女兒凍得青紫的小臉，和微微地一動一動的手指，父親直罵自己是個渾蛋。父親想，深夜裏一個小女孩赤身露體光著腳丫在冰天雪地裏奔跑的景像，即使天上的星星見了，也定會駭然驚心。

苦難中長大的孩子特別懂事、特別用功。高林後來以優異成績考取某名牌大學，但因為父親當時受到衝擊，高林被剝奪了入學資格，遭此打擊，高林一病不起，不得不進精神病院接受治療。病情時好時壞，最終還是因病自殺。死時年僅二十五歲，和她去世的母親，同年。

如果從宿命的觀點來看，高林的命太苦。但我不相信宿命，我認為高林的悲劇完全是人為的。每一次對其父親的懲罰都無一例外地殃及池魚，波及無辜的高林。她是一個無辜的受難者。即使父親所受到的懲罰是其罪有應得，也不應該因父親的過錯剝奪女兒上大學的權利。作為一個善良而無能的人，我給予苦命高林的只能是毫無價值的同情；作為一個良知未泯的人，我想呼籲更多人關注這一問題、思考這一問題。如果我們能逼出這一問題的病根，並最終剷除這一貽害無窮的病根，那高林的悲劇就不會重演，我們也就能以此告慰高林於九泉之下了。

國家圖書館出版品預行編目

隱痛與暗疾──現代文人的另一種解讀 / 魏邦良
著. -- 一版. -- 臺北市 : 秀威資訊科技,
2009.1
　　面 ；　公分. -- (史地傳記類 ；PC0065)
BOD 版
ISBN 978-986-221-147-2(平裝)

1. 知識分子 2. 傳記 3. 中國文化

782.248　　　　　　　　　　　　97024991

史地傳記類　PC0065

隱痛與暗疾──現代文人的另一種解讀

作　　者 / 魏邦良
主　　編 / 蔡登山
發 行 人 / 宋政坤
執行編輯 / 藍志成
圖文排版 / 姚宜婷
封面設計 / 陳佩蓉
數位轉譯 / 徐真玉　沈裕閔
圖書銷售 / 林怡君
法律顧問 / 毛國樑　律師
出版印製 / 秀威資訊科技股份有限公司
　　　　　台北市內湖區瑞光路 583 巷 25 號 1 樓
　　　　　電話：02-2657-9211　　　傳真：02-2657-9106
　　　　　E-mail：service@showwe.com.tw
經 銷 商 / 紅螞蟻圖書有限公司
　　　　　台北市內湖區舊宗路二段 121 巷 28、32 號 4 樓
　　　　　電話：02-2795-3656　　　傳真：02-2795-4100
　　　　　http://www.e-redant.com

2009 年 1 月 BOD 一版
定價：320 元

讀　者　回　函　卡

感謝您購買本書，為提升服務品質，煩請填寫以下問卷，收到您的寶貴意見後，我們會仔細收藏記錄並回贈紀念品，謝謝！

1. 您購買的書名：＿＿＿＿＿＿＿＿＿＿＿＿＿＿＿＿

2. 您從何得知本書的消息？

　　□網路書店　□部落格　□資料庫搜尋　□書訊　□電子報　□書店

　　□平面媒體　□ 朋友推薦　□網站推薦 □其他＿＿＿＿＿

3. 您對本書的評價：(請填代號　1.非常滿意 2.滿意 3.尚可 4.再改進)

　　封面設計＿＿＿　版面編排＿＿＿　內容＿＿＿　文/譯筆＿＿＿　價格＿＿＿

4. 讀完書後您覺得：

　　□很有收獲　□有收獲　□收獲不多　□沒收獲

5. 您會推薦本書給朋友嗎？

　　□會　□不會，為什麼？＿＿＿＿＿＿＿＿＿＿＿＿＿＿＿＿

6. 其他寶貴的意見：＿＿＿＿＿＿＿＿＿＿＿＿＿＿＿＿

　　＿＿＿＿＿＿＿＿＿＿＿＿＿＿＿＿＿＿＿＿＿＿＿＿＿

　　＿＿＿＿＿＿＿＿＿＿＿＿＿＿＿＿＿＿＿＿＿＿＿＿＿

　　＿＿＿＿＿＿＿＿＿＿＿＿＿＿＿＿＿＿＿＿＿＿＿＿＿

讀者基本資料

姓名：＿＿＿＿＿＿＿＿＿　年齡：＿＿＿＿　性別：□女 □男

聯絡電話：＿＿＿＿＿＿＿　E-mail：＿＿＿＿＿＿＿＿＿

地址：＿＿＿＿＿＿＿＿＿＿＿＿＿＿＿＿＿＿＿＿＿＿＿

學歷：□高中(含)以下　　□高中　　□專科學校　　□大學

　　　□研究所(含)以上 □其他＿＿＿＿＿＿＿

職業：□製造業 □金融業 □資訊業 □軍警 □傳播業 □自由業

　　　□服務業 □公務員 □教職　□學生 □其他＿＿＿＿＿

To：114

台北市內湖區瑞光路 583 巷 25 號 1 樓

秀威資訊科技股份有限公司　　　收

寄件人姓名：

寄件人地址：□□□

(請沿線對摺寄回,謝謝!)

秀威與 BOD

BOD（Books On Demand）是數位出版的大趨勢,秀威資訊率先運用 POD 數位印刷設備來生產書籍,並提供作者全程數位出版服務,致使書籍產銷零庫存,知識傳承不絕版,目前已開闢以下書系：

一、BOD 學術著作—專業論述的閱讀延伸

二、BOD 個人著作—分享生命的心路歷程

三、BOD 旅遊著作—個人深度旅遊文學創作

四、BOD 大陸學者—大陸專業學者學術出版

五、POD 獨家經銷—數位產製的代發行書籍

BOD 秀威網路書店：www.showwe.com.tw

政府出版品網路書店：www.govbooks.com.tw

永不絕版的故事・自己寫・永不休止的音符・自己唱